Eugen Drewermann/Michael Albus

Die großen Fragen

oder: Menschlich von Gott reden

Patmos Verlag

VERLAGSGRUPPE PATMOS

PATMOS
ESCHBACH
GRÜNEWALD
THORBECKE
SCHWABEN

Die Verlagsgruppe
mit Sinn für das Leben

Für die Schwabenverlag AG ist Nachhaltigkeit ein wichtiger Maßstab ihres Handelns. Wir achten daher auf den Einsatz umweltschonender Ressourcen und Materialien. Dieses Buch wurde auf FSC®-zertifiziertem Papier gedruckt. FSC (Forest Stewardship Council®) ist eine nicht staatliche, gemeinnützige Organisation, die sich für eine ökologische und sozial verantwortliche Nutzung der Wälder unserer Erde einsetzt.

Bibliografische Information der Deutschen Nationalbibliothek
Die Deutsche Nationalbibliothek verzeichnet diese Publikation in der Deutschen Nationalbibliografie; detaillierte bibliografische Daten sind im Internet über http://dnb.d-nb.de abrufbar.

Umschlaggestaltung: Finken & Bumiller, Stuttgart
Umschlagabbildung: @ behrchen/photocase.com
Druck: CPI – Ebner & Spiegel, Ulm
Hergestellt in Deutschland
ISBN 978–3–8436–0143–6

Inhalt

Vorwort

In den unruhigen Jahren am Beginn des 3. Jahrtausends christlicher Zeitrechnung gerät vieles auf vielen Ebenen langsamer oder schneller in Bewegung – im Inneren der Menschen und im Äußeren. Institutionen, die »bombensicher« schienen, geraten ins Wanken, rutschen ab, gehen unter, lösen sich auf – wie von selbst oder gewaltsam. Die Zeit für Untergangspropheten, Betonfacharbeiter, Schönredner und Gesundbeter scheint gekommen.

Aber die Autoren dieses Buches wollen deren Geschäft nicht betreiben. Wir waren und sind davon überzeugt, dass die großen Fragen der Menschen in allen Umbrüchen und Untergängen gestellt bleiben, ja gerade wieder neu gestellt werden und werden müssen. Die Fragen nach Angst, Liebe, Tod und Leid, nach Freiheit, Schicksal, Macht, Gewalt und Schuld, nach Gott und der Seele und nach der Bedeutung unserer Träume. Als bleibende Fragen aber verlangen sie nach neuen Antworten. Nach Antworten, die nicht von der Blässe der Gedanken, der Starre der Ideologie oder vom Willen zu Macht bestimmt sind, sondern von aufmerksamer und liebevoller Wahrnehmung und Erfahrung dessen, was ist – was wir LEBEN nennen.

Eugen Drewermann und ich sind diesen Fragen in intensiven Gesprächen nachgegangen. Wir haben die Gespräche aufgezeichnet und anschließend bearbeitet. Daraus ist dieses Buch entstanden.

Was wollen wir damit? Wir wollen zum ehrlichen, zum ebenso nüchternen wie leidenschaftlichen Nach-Denken anregen. Uns war von vornherein klar, dass darin – nicht nur zwischen den Zeilen – auch einige »Sprengsätze« sein würden, die das herkömmliche – nicht nur theologische – Denken frappieren. Nun ist es so geworden. Wir wollten es so.

Es ging und geht uns nicht um billige Polemik. Redlichkeit war und ist unsere Absicht. Nicht die Augen verschließen vor der Wirklichkeit und Tatsächlichkeit, nicht gesundbeten, was krankmacht, nicht schönreden, was hässlich ist. Wir wollten einen Vorschlag machen, wie HEUTE menschlich zu leben, zu glauben und von Gott zu reden wäre.

Über Eugen Drewermann wird man noch reden, ihn lesen, sich von ihm anregen und provozieren lassen, wenn andere, die sich für »groß« halten, schon vergessen sind. Davon bin ich überzeugt. »Nur er hat mit Entschiedenheit Kosmologie, Chemie, Biologie, Neurologie, Philosophie und Literatur befragt, um die vagen Formeln und metaphysischen Gedankengebäude der Theologie mit dem Wissen und Denken der Gegenwart zu konfrontieren«, schreibt Hubertus Halbfas in seinem Buch *Glaubensverlust* (Patmos Verlag, Ostfildern 2011, S.70).

Es war und ist ein Jammer, ein bleibendes Zeugnis klerikaler Blindheit und Verbohrtheit, dass die Männer der Kirche Eugen Drewermann vor über 20 Jahren über Bord ihres nicht mehr hochseetüchtigen Kirchenschiffs geworfen haben. Ein kleines Beispiel ihres damaligen Vorgehens kann man in diesem Buch auf Seite 212 ff. nachlesen. Aber dadurch, so scheint mir, wurde auch wider Willen und gegen alle Absicht etwas freigesetzt, was im engen Rahmen der Institution gefesselt und gebannt geblieben wäre. Es sind Gedanken, frei »wie ein Vogel dem Netz des Jägers entkommen« (Psalm 124,7).

Flieg Vogel, flieg…!

Frühjahr 2012
Michael Albus

Angst

Territus terreo – Angst macht Angst

oder: Von einem Teufelskreis und seiner Überwindung

MICHAEL ALBUS: Angst kommt von Enge. »Jetzt wird's eng«, sagen wir, wenn eine Sache schwierig oder gar bedrohlich wird. Angst steht am Anfang und am Ende unseres irdischen Daseins. Auf dem Weg aus dem Mutterleib müssen wir durch den Geburtskanal. Da wird es eng. Für die Mutter und für das Kind. Am Ende müssen wir durch den Prozess des Sterbens in den Tod. Auch da wird es eng. Wer gesehen hat, wie Sterbende um Atem ringen, kann sich eine Vorstellung davon machen, was ihn erwartet in der letzten Stunde. Ob vor der Geburt und nach dem Tod noch Angst herrscht, wissen wir nicht. Wir hoffen, dass uns einer aus unseren Ängsten reißt.

Angst ist in unserer Umgangssprache meist negativ besetzt. Aber sie hat, wie alle großen Gefühle des Lebens, auch eine gute Seite. Sie warnt uns ganz unvermittelt vor drohender Gefahr, lehrt uns im guten Sinne vorsichtig zu sein.

Angst kann man nicht aus der Welt schaffen. Ein Leben in der Welt ohne Angst gibt es nicht. Die ältesten Mythen der Menschheit sprechen davon. Da gibt es nichts schön zu reden. Angst kann man auch nicht wegbeten. Da beißt die Maus keinen Faden ab.

Die Bibel spricht, wie die Heiligen Schriften aller Religionen, oft von Angst. Nüchtern wird im Evangelium des Johannes festgestellt: »In der Welt habt ihr Angst« (16,33). Der darauf folgende Trost klingt wie das Pfeifen im Keller: »Aber habt Mut: Ich habe die Welt besiegt.« Offenbar gibt es Angstfreiheit nur um den Preis des Todes.

Es gibt eine Reihe von der Angst verwandten Wörtern: Drangsal, Bangigkeit, Not. Furcht ist etwas anderes als Angst. Sie richtet sich auf etwas Bestimmtes. Angst bleibt in der Regel diffus. Angst durchwirkt unser Leben. Sie beherrscht auch die großen Gefühle. Liebe ist nicht frei von Angst, Macht und Gewalt sind angstbesetzt, unsere Seele ängstigt sich. Angst ist ein starker Motor des Lebens im Guten wie im Bösen.

Der Amerikaner FREDD CULBERTSON hat in mehr als zehnjähriger Arbeit sämtliche klinisch festgestellten Ängste, die dokumentiert worden sind, zusammengetragen. 426 Namen der Angst hat er aufgeschrieben. Es kann einem eng dabei werden, wenn man sie liest.

Das Faktum wirft schwerwiegende Fragen auf.

Warum gibt es überhaupt Angst? Woher die Angst? Warum geht es nicht ohne? Ist Angst ein Konstruktionsfehler unserer Existenz? Wer kann Angst gewollt haben? Die Natur? Ein Gott? Der Teufel?

In jedem Fall muss man genau hinsehen, die faktischen Abläufe und Erscheinungen der Angst so genau wie möglich zu erforschen und zu benennen. Es gibt Möglichkeiten, die Angst zu lindern, den Ängsten entgegenzutreten, mit den Ängsten sinnvoll umzugehen.

Die Naturwissenschaften haben in den Arealen der Angst vieles entdeckt und aufgeklärt, viel Hilfreiches auch. Die Kirchenmänner und die Theologen haben lange Zeit davor die Augen und Ohren verschlossen. Sie müssen heute die Zeche bezahlen für ihre Angstmacherei, für ihre Angsthypothesen, die schließlich zur Angsthypothek wurden. Wie war und ist das mit dem »lieben Gott«, der den Menschen wie ein Verfolger im Nacken sitzt und sie in die Enge treibt? »Ein Auge ist, das alles sieht, auch was bei finst'rer Nacht geschieht.« Diesen gereimten Satz haben Generationen von Christinnen und Christen als Kinder gelernt – und konnten sich keinen Reim machen darauf. Angst isst die Seele auf.

Der Kampf gegen die Lebensangst kann entmutigend, kann erschöpfend sein – und manchmal war alles umsonst.

Könnte es nicht eine Alternative zum Widerstand und zum Kampf sein, wenn wir die Angst wissend umarmen?

EUGEN DREWERMANN: Natürlich malt sich Angst in unendlich vielfachen Szenen; also macht es keinen Sinn, Angst inhaltlich zu qualifizieren und dann zum Beispiel all die möglichen Formen von Phobie aufzulisten: Spinnenphobie, Mäusephobie usw.; die Frage ist vielmehr nach den Gründen hinter den Erscheinungsformen der Angst zu stellen, mithin ihren neurologischen, biopsychologischen und existentiellen Ursachen und möglichen Verarbeitungsweisen nachzugehen; dann erst wird sich zeigen, welch eine ursächliche oder therapeutische Funktion dem Umgang mit der Angst zukommt.

Wir Menschen können unsere eigenen Gefühle nur verstehen, wenn wir sie als das Ergebnis von 200 Millionen Jahren der Säugetierevolution interpretieren. Der erste, der naturwissenschaftliches Denken auf das Phänomen von Gefühlen insgesamt angewandt hat, war CHARLES DARWIN (1809–1882). Er hat in den achtziger Jahren des 19. Jahrhunderts die These vertreten, dass Gefühle zuerst einen Körperzustand wiedergeben, der dann ins Bewusstsein dringt und das erzeugt, was wir Gefühle nennen. WALTER B. CANNON hat um 1920 von Notfallreaktionen gesprochen, um das Anfallartige bestimmter angstgeprägter Affekte deutlich zu machen. Angst ist in der Tat ein Affekt in einer Krisensituation, die im Bewusstsein als Gefahr wahrgenommen wird. Sie ist identisch mit der Bereitstellung des gesamten Organismus auf Angriff oder Verteidigung.

Neurologisch gesprochen, wird in dieser Situation vom präfrontalen Cortex eine Expressstrecke zur Amygdala gelegt, von dort zum Hypothalamus und über die Hypophyse zur Nebennierenrinde zur Ausschüttung von Cortisol. Hinzu kommt die verstärkte Ausschüttung von Adrenalin über das Rückenmark zur Innervierung des sympathischen Nervensystems. Beides zusammen geschieht so elementar, dass es aus Gründen der Zeitersparnis am Bewusstsein vorbeigeschaltet wird. Wenn wir erst noch überlegen müssten, was im Augenblick einer Gefahr zu machen wäre, käme die Handlung in aller Regel viel zu spät, so ähnlich wie die Reaktion eines Tennisspielers, der auf dem Center Court einen Ball zurückspielen will: Ein solches Return hat er tausendmal geübt, aber wenn er es im Einzelfall macht, denkt er an gar nichts, er hat gewissermaßen verinnerlicht, was zu tun ist; später dann kann er sich im Video ansehen, ob er optimal oder suboptimal gespielt hat.

Ein solches nachträgliches Betrachten ist auch neurobiologisch vorgesehen. Denn eine zweite Leitung wird kortikal geführt und erlaubt uns tatsächlich, die Angstsituation nach der erfolgten automatischen Notfallreaktion bewusst zu beurteilen, das heißt, sie zu vergleichen mit früheren Erfahrungen: Hat sich die Angst gelohnt? War diese Art von Reaktion nötig? Auf diese Weise ergibt sich die Chance zur Angstberuhigung durch Eigenreflexion oder durch psychotherapeutische Intervention. So im Nachhinein kann man auch zum Beispiel zu traumatischen Ängsten oder zu alten, in infantilen Resten vorhandenen Ängsten neu Stellung nehmen und sie dann eventuell durch Vergleich mit der Gegenwart analysieren, relativieren, erübrigen, verschwinden lassen.

Angst ist so betrachtet eine äußerst wichtige Mitgift der Natur. Sie dient dem Lebenserhalt, sie bildet ein entscheidendes Moment im Überlebenskampf, und weitgehend können Tiere denn auch damit auskommen: Sie haben situativ Angst. Entweder retten sie ihr Leben oder sie verlieren ihr Leben, und wenn sie überleben, sorgt die Amygdala dafür, dass sie eine bestimmte Gefahrensituation nicht mehr vergessen. Auch wir Menschen erleben Angst nach diesem vorgeprägten Muster, und doch ergibt sich gerade an dieser Stelle ein wesentlicher Unterschied von Mensch und Tier, weil wir begreifen, dass die klassischen Angstsituationen im Erleben der Tiere nicht einfach abzuschütteln sind. Unsere planende Vernunft richtet sich darauf ein, dass wir irgendeine Vorsorge treffen sollten, also nicht nur im Nachhinein zu überlegen haben, was mit den Ängsten, die wir gelernt haben, anzufangen sei, sondern überlegen, was wir mit den Gefahrenmomenten machen, die uns zu jeder Zeit bedrohen können.

Klassische Angstsituationen im Tierreich sind zum Beispiel die Sorge um Nahrungsmittel oder die Situation eines Beutetieres beim Anblick eines Beutegreifers. Gerade die letztere Form, die Angst vor dem Beutegreifer, ist ein ganz elementarer Zug im Erleben der Tiere. Man könnte sich etwa vorstellen, eine Antilope, die unter dem Glast der Sonne völlig ausgedürstet ist, würde, wenn sie eine Tränke findet, sich gierig, triebhaft auf die Wasserstelle stürzen – sie hat ja keine Selbstbeherrschung, unterstellen wir; in Wirklichkeit aber wird sie genau das Gegenteil tun; sie wird in jeder Form *sichern*, und das zu Recht; denn dass Antilopen zu dieser Wasserstelle kommen, wissen vermutlich auch Geparden oder Löwinnen, sie werden bereits im Dickicht lauern. Das Paradoxe ist, dass der Augenblick des höchsten Glücks im Erleben einer Antilope, endlich trinken zu können, sofort mit der Feindgewärtigung verbunden ist: Wie kann sie sich retten?

Wie kann sie augenblicks von der Quelle weg um ihr Leben laufen und warten, bis sie einen günstigeren Augenblick zum Trinken findet? – Was sich im Erleben etwa einer solchen Antilope von Fall zu Fall ereignet, tritt in unser menschliches Erleben als das Bewusstsein einer fundamentalen Gefährdung ein: Wir können verhungern, wir können gefressen werden, wir sind irgendwann dem Tode ausgesetzt, und wir versuchen, mit dem Verstand dagegen anzugehen.

Zwei einfache Möglichkeiten, auf die Angst vor dem Verhungern und auf die Angst vor dem Beutegreifer zu reagieren, die sich auch politisch aktualisieren lassen, bestehen zum ersten darin, Nahrungsmittel so zu horten, dass es kein Verhungern mehr gibt. Spätestens seit dem 19. Jahrhundert haben wir durch die Mechanisierung und Industrialisierung der Produktionsmittel sowie durch verbesserte Anbaumethoden theoretisch den Hunger besiegt. Es müssten nicht Jahr für Jahr 50 Millionen Menschen auf der Südhalbkugel verhungern, während im Norden sich die Regale vor Überfluss biegen. Gerade an dieser Tatsache zeigt sich aber, wie irrational unsere derzeitige Vorsorgestrategie immer noch ist. Sie kann nicht grenzenlos genug sein, weil eine bestimmte Angstsituation aus dem Erleben der Tiere im Verstande verunendlicht wird, und diese Angst hindert uns, vor allem wenn Hunger in seiner Geldform, als Armut, uns bedroht, die enormen Vorräte, über die wir verfügen, einigermaßen gerecht umzuverteilen, so dass alle davon etwas zum Leben haben.

Noch viel extremer verhält es sich mit der Angst vor dem Beutegreifer. Wir haben gerade sie in der gesamten menschlichen Geschichte kennengelernt als Angst vor dem Feind, der in der schlimmsten Form kein Tier mehr ist, sondern ein anderer Mensch: – Ungleich gefährlicher als jedes Raubtier ist dem Menschen der Mensch. Er ist nicht nur ein Wolf, er hat Bewusstsein und Verstand, er ist wie wir selbst. Anders als die Tiere, so meinte NICO TINBERGEN (1907–1988), ein holländischer Verhaltensforscher in den dreißiger Jahren des letzten Jahrhunderts, haben einzig die Menschen als Spezies gelernt, dass nur ein toter Feind ungefährlich ist. – Ein Beispiel, um an dieser Stelle den Unterschied im Erleben von Angst bei Tieren und bei Menschen zu verdeutlichen: Zwei Hirsche im Kampf um das Weibchen werden sich ganz selten ernsthafte Verletzungen zufügen. Der Schwächere wird nachgeben. Er verliert damit die Möglichkeit, seine Gene an das ersehnte Weibchen weiterzugeben, und scheidet, für diesen Moment jedenfalls, aus der Evolution aus. Schlimmeres aber passiert ihm nicht. Seine individuelle Existenz steht nicht auf dem Spiel. Das wollen Tiere nicht.

Wir Menschen reagieren anders. Ein besiegter Feind wird sich hinsetzen und darüber nachdenken, warum er verloren hat. Er kann sein Waffenarsenal verbessern, er kann den Augenblicksvorteil der Wahl des Geländes besser nutzen, er kann beim nächsten Mal hinterhältiger angreifen, er kann die Gunst der Umstände modifizieren. Kurz: Er wird, weil er besiegt wurde, gefährlicher zurückkommen, als er vordem war. Das muss der Sieger wissen.

Politisch bedeutet diese Lektion bis heute, unter dem Druck einer endlos ausgedehnten Angst, ein unablässiges Auf-, Nach- und Weiterrüsten. Die Amerikaner geben – bei einer Verschuldung von jetzt schon rund 14 000 Milliarden Dollar – 700 Milliarden Dollar pro Jahr nur für das Militär aus, – gigantische Summen, die aber noch immer nicht bewirken, dass dieser gepflegte Wahnsinn des Pentagons ein Ende hat. Es werden ständig Angstszenarien technisch simuliert und medial hypnotisiert, gegen die wir uns mit totaler Abwehr schützen zu müssen meinen – zumindest im Gestus des Drohens. Wir bekommen noch nicht einmal die amerikanischen Atomwaffen aus der Zeit des Kalten Krieges vom deutschen Boden weg, – niemand braucht sie, aber wir müssen sie trotzdem haben, weil ja angeblich ein Restrisiko an Sicherheit besteht.

Insofern ist der menschliche Verstand im Umgang mit dem Erleben von Angst höchst zwiespältig. Das Paradoxe ist, dass die menschliche Existenz nicht nur mit den Ängsten leben muss, die ihr in der Natur von außen auferlegt werden, sondern vor allem mit denen, die in der Eigenreflexion gebildet werden. Mit anderen Worten: Wir Menschen können in dieser Welt bis zur Paranoia hin verrückt werden, wenn wir gegen die drohende Verunendlichung der Angst im Bewusstsein nicht ein Gegenüber finden, das unsere Angst beruhigt. Und an gerade dieser Stelle läge der entscheidende Auftrag der Religionen. Sie müssten auf die Verunendlichung der Angst im Bewusstsein mit unendlichen Inhalten des Vertrauens für das Bewusstsein antworten. Dies können die Religionen eigentlich nur, indem sie den Tod letztlich nicht als die reine Verneinung des Lebens erscheinen lassen, und so versuchen sie es denn auch. Keinesfalls stimmen sie ein in das übliche Pfeifkonzert im Keller: »Du musst stark sein, du musst durchhalten, du musst weitermachen – ›Angst ist ein schlechter Ratgeber‹«, um viele Politiker zu zitieren; die Religionen vermitteln vielmehr einen Zuspruch, eine

Anrede, einen Trost, der hilft, die endliche Welt zu öffnen ins Unendliche und damit die situativ bedingten Ängste im Erbe der Tierreihe zu relativieren, statt sie zu totalisieren.

Aber es gibt natürlich nicht nur die basalen Ängste unserer Existenz. Das Problem ist, dass Angst sehr vielschichtig strukturiert ist. Eine fast unbehandelbare Form ständiger Vergegenwärtigung von Angst kann sich neurobiologisch schon aus vorgeburtlichen Einflüssen ergeben: Menschen fürchten sich nicht vor der Wirklichkeit, die sie umgibt, sondern sie leben im Grunde in der Angst ihrer Mutter vor ihrer Geburt. – Da sind zum Beispiel Kinder, die im Juli 1943 in Hamburg, als Admiral Harris seine Operation Gomorrha startete, eben dabei waren, zur Welt zu kommen, – in einem Feuersturm mit 42 000 Toten in einer einzigen Nacht. Wir können heute neurologisch zeigen, was in solchen Augenblicken geschieht. Die erwähnte Stressachse zur Nebennierenrinde setzt Kortisol frei, ein klassisches Angsthormon, das eigentlich die Erregung dämpfen soll; es hat im Grunde eine beruhigende Wirkung, – Leute, die Schmerzen haben, werden in aller Regel damit behandelt. Aber es führt auch dazu, dass die Erinnerung, die Fähigkeit, Inhalte zu speichern, gestört wird, – was jeder weiß: Man lernt in Angst nicht gerade gut, und man kann sogar, bei bester Vorbereitung, in der Prüfung durch Angst einen Blackout erleben. Kortisol wird nun durch die Placenta der Mutter nicht ausgefiltert, es dringt also direkt in die Hirnentwicklung des Embryos ein. Und dieser Umstand hat schwerste Folgen: Ein Kind hat die Welt noch gar nicht gesehen, da hat es sie schon als angstgetönt erlebt über das Erleben der Mutter, das sich jetzt biopsychologisch bzw. neurobiologisch vermittelt. Das Resultat: Man hat am Ende Patientinnen und Patienten, die ihr Leben lang Angst haben, ohne recht zu wissen, warum. Man kann ihnen in der Aufarbeitung ihrer Biographie mitunter durchaus plausibel erklären, dass ihre gegenwärtige Angst Gründe bereits in ihrem vorgeburtlichen Leben hatte, aber die Chance, sie davon zu befreien, ist sehr gering; – im Angebot sind immerhin die aus der Lernpsychologie abgeleiteten verhaltenstherapeutischen Verfahren einer mechanischen Abgewöhnung von Angstreaktionen in bestimmten Situationen, begleitet in aller Regel von dem Einsatz medikamentöser Mittel zur Manipulation der Ausschüttung von Botenstoffen entlang der Stressachse.

Eine andere Situation anfallartiger Angst jenseits einer realen Gefahr in der Gegenwart kann bei der Wiedererinnerung traumatischer Erfahrungen gegeben sein. Ein einfaches Beispiel: Eine Frau ist in einer fremden Stadt und will in die U-Bahn, – eigentlich eine Sache, die für einen Erwachsenen am hellen Tag kein Problem darstellen sollte. Doch plötzlich geschieht es: Bebende Angst bricht aus, und zwar ohne erkennbaren Grund im Bewusstsein. Es dauert für gewöhnlich lange, im Therapie-Gespräch herauszufinden, was im Hintergrund eines solchen Angstanfalls eine Rolle spielt, bis schließlich, wenn man bestimmten Assoziationen – nicht wirklichen Erinnerungen – folgt, ein bestimmtes Thema vorstellbar wird: Da war diese Frau etwa sieben Jahre alt und musste zur Beaufsichtigung der Schularbeiten zu einem Lehrer am Nachmittag durch eine Unterführung gehen. Es dauert im Gespräch womöglich noch viele Stunden, und man kommt auf eine Missbrauchsthematik, die man zumindest jetzt vermuten kann, die aber nicht als solche erinnert wird. Die Angst auf dem Wege zur U-Bahn macht es immerhin wahrscheinlich, dass vormals wirklich eine große Gefahr bestanden haben wird, als diese Frau in Mädchentagen durch die kurze Tunnelpassage zu diesem Lehrer ging. Es sind jetzt ausgestanzte Erinnerungsreste, die wie Sprengstücke, wie Tellerminen am Wegesrand, plötzlich aus einem szenisch vergleichbaren Anlass explodieren.

Von dieser Art sind im Prinzip all die Ängste, die wir als neurotisch bezeichnen: Sie passen nicht in die reale Gegenwart, sie ergeben sich vielmehr aus unbewussten Erinnerungen an Prägungen in Kindertagen, die sich assoziativ aus gewissen Ähnlichkeiten der Wahrnehmung ohne jede Kontrolle und ohne jede reale Gegenwartsverbindung zurückmelden.

Vieles an Angst kann im übrigen mechanisiert sein; es ist relativ bewusstseinsnah, hat aber nie eine befriedigende Aufarbeitung erfahren. – Eine Frau zum Beispiel wacht morgens auf und fühlt sich bleischwer, sie kommt kaum hoch. Es ist jeden Morgen dasselbe. Um zu verstehen, was sich da abspielt, muss man zurückgehen in die Zeit, in der sie als Kind aufstehen musste: Da war sie bei Pflegeeltern. Jeden Morgen wurde in das Zimmer gebrüllt, dass sie jetzt endlich aufstehen soll. Damals wusste sie nur zu gut, dass sie als Person, als existierendes Wesen, höchst unerwünscht war und die Pflegeeltern sie eigentlich loswerden wollten. Anders gesagt: Morgens wach zu werden, ist auch heute noch für sie schon deshalb nicht wünschenswert, weil es noch nie einen Wunsch gab, den sie in den Tag hätte tragen können. Auch diese Frau ging unsichtbar durch einen psychischen Tunnel, – es war alles schwarz und kein Ende abzusehen, und dieses Erleben hat sich jeden Morgen aufs neue automatisiert. Um dagegen anzukommen, müsste diese Frau sich nun jeden Morgen ein Lernprogramm angewöhnen, das in Aussicht stellt, der heutige Tag werde überhaupt nicht so sein, wie sie ihn ohne eine solche bewusste Kontrolle erwarten würde. Er kann doch auch wunderschön werden, – man trifft nette Menschen, man sieht sich nicht unerfüllbaren Aufgaben gegenüber, man hat um vier Uhr Feierabend, man hat am Wochenende frei, man ist gesund, man könnte vieles machen, wenn man es bewusst überlegen wollte. – In dieser Art kann es viele Beispiele von mechanisierten Ängsten geben, die in Kindertagen bereits auf Dauer gestellt wurden und deren Abarbeitung heute nur durch mechanisierte Gegenstrategien möglich ist.

Wichtig ist nun, das Schicksal solcher generalisierter und chronifizierter Ängste nicht endgültig zu nehmen und als »gottgegeben« zu erklären oder aber in ohnmächtiger Klage und Rebellion zu versinken. Die Gefahr dazu ist groß, weil viele Theologen so tun, als könnten sie mit »Gott« den Verlauf der Geschichte eines einzelnen Menschen, ja, eines ganzen Volkes oder gar der ganzen Welt erklären.

Viele fragen deshalb, wie sie es religiös gelernt haben: Warum ist das so? Bei mir? Was für ein Schicksal hat mich getroffen? Wie kann ein Gott das zulassen? Gibt es überhaupt einen Gott? Aber wie alle falsch gestellten Fragen sind auch diese unbeantwortbar, – meist ist ja die Unbeantwortbarkeit einer Frage bereits ein deutliches Anzeichen dafür, dass mit der Frage etwas nicht stimmt. Man kann Gott oder der Religion nicht anlasten, dass man in eine Kindheitssituation hineingeboren wurde, die mit Angst belastet war, und es kommt sehr darauf an, die Bedingtheiten unseres Daseins als solche klar zu erkennen und sie nicht als »Fügungen« Gottes zu metaphysizieren. Es ist zum Beispiel durchaus möglich, dass in Kindertagen sogar mehrfache Stressursachen zusammenwirkten, – auf Seiten der Eltern etwa: deren Angst vor dem Berufsalltag oder ihr ständiger Ehestreit oder ihre Suche nach einer Aufenthaltsgenehmigung im Asylamt oder ihre dauernde Furcht, abgeschoben zu werden, – all solche ganz normalen Belastungen, die uns der sogenannte Sozialstaat auferlegt, mögen schon im Erleben der Eltern ins Unerträgliche gewachsen sein und die Kinderseele schwer belastet haben. Die Religion hat mit all diesen Ursachen nichts zu tun; sie kann bestenfalls auf der existentiellen Ebene die Frage beantworten, wie man im Rückblick mit vorhandenen Ängsten umgeht; medizinisch insbesondere gibt es, Gott sein Dank, heute bessere Chancen zur Angstberuhigung als noch vor wenigen Jahrzehnten, vor allem durch den Fortschritt der Neurologie, Psychiatrie und Psychologie.

Ein Problem liegt darin, dass chronifizierte Ängste Depressionen hervorrufen können. Bewährt hat sich zur Erklärung solcher seelischen Erkrankungen die sogenannte CRH-Hypothese. Wie gerade gesagt, wird vom Hypothalamus zur Hypophyse entlang der Stressachse eine erste Signalstrecke gelegt, und deren Botenstoff ist das cortikotrope Releasinghormon, abgekürzt CRH. Die CRH-Hypothese bei der Erklärung von Depressionen basiert auf einem entscheidenden Erlebnisunterschied. Stress ist nicht einfach gleich Stress.

Nehmen wir an, jemand sieht sich Aufgabenstellungen gegenüber, denen er sich eigentlich gewachsen fühlt; eine solche Situation kann Anspannung, eben »Stress« bewirken, doch diese Anspannung wirkt motivierend, in gewissem Sinn sogar euphorisierend: Man krempelt die Ärmel auf, man will jetzt »ran«, man will, im Bewusstsein, es zu schaffen, auf den Fußballplatz und dort den Gegner niederringen, – wunderbar! Man ist gewissermaßen schon der kommende Sieger. Eine solche Erlebnisform wird neurobiologisch dargestellt durch eine mit Dopamin arbeitende (eine »dopaminerge«) Strecke, die vom unteren tegmentalen Areal zum Nucleus accumbens hochgeschaltet wird. Das ist eine Strecke, die Belohnung auf Grund von Anstrengung in Erwartung stellt, – eine Art Hechelglück bei der Jagd. Das Entscheidende ist: Wenn dieser Mechanismus zusammenbricht, wenn klar wird, dass man die gestellte Aufgabe nicht bewältigen kann, oder wenn man von vornherein schon weiß, dass sie nicht zu bewältigen sein wird, werden resignative Gefühle diese Strecke lahmlegen. Stattdessen geht der Angstmechanismus weiter und schaltet entsprechende Mechanismen ein, die sich neurobiologisch beobachten und messen lassen. Und das besagt die CRH-Hypothese: Dauerstress macht Depression. Um einen solchen Zusammenhang weiß im Grunde ein jeder von sich selber: Man will am Ende gar nicht mehr das helle Licht, den Tag anbrechen sehen, man will eigentlich nur noch Ruhe haben, die Augen schließen und die Vorhänge dichtmachen, – man verhält sich defensiv, man will keine Aufregung mehr. Es ist alles sowieso viel zu viel.

Religionspsychologisch kommt es jetzt entscheidend darauf an, das ohnehin schon schwer erträgliche Los depressiver Gestimmtheiten nicht mit theologischen Aussagen noch weiter zu überfrachten oder endgültig festzuschreiben – als handle es sich hier um »Prüfungen« oder »Strafen« Gottes oder jedenfalls um die Folgen seiner unergründlichen Ratschlüsse. Denn in all solchen Auskünften spricht sich ein durch und durch magisches und abergläubisches Weltbild aus. Man verdinglicht Gott, indem man ihn zu einer Ur-Sache nimmt, mit der man innerweltliche Vorgänge erklären könnte. Man tut als Theologe und Hüter einer Offenbarungsreligion in dieser Manier so, wie wenn man, über den rechten Schulterrand Gottes auf die Welt herabschauend, in den Plänen des Allmächtigen Bescheid wüsste und den Menschen zu verkünden vermöchte, was sich Gott gedacht hat, als er dem Einzelnen dieses oder jenes Schicksal auferlegte. Über eine solche Perspektive von oben herab verfügen wir aber nicht. Wir können nur von der Erde hoch zum Himmel schauen, fragend, verzweifelnd, klagend, bittend, flehend und, wenn es gut geht, sich allmählich aufrichtend. Die Religion kann uns subjektiv Vertrauen schenken, sie kann aber nicht objektiv deuten, wie etwas zustande gekommen ist. Das können in gewisser Weise die Naturwissenschaften, doch ihnen wiederum steht die Sphäre der Sinndeutung nicht zu. Was sie erklären können, hat Ursachen, aber es macht keinen Sinn, dass man zum Beispiel ausgerechnet im Bombenhagel in Hamburg zur Welt gekommen ist oder dass die Mutter bei der Geburt verstarb, oder dass sie anlässlich ihrer Niederkunft in die Psychiatrie musste. Was soll es auch für einen Sinn machen?! Es ist ein einziges Leid und Chaos. Von Gott her ist dabei überhaupt nichts zu erklären. Aber mit dem Blick auf Gott lässt sich deuten, wie man gegebenenfalls damit umgehen kann – das immerhin! Und einzig darin liegt die Bedeutung der Religion: Sie vermag Ängste, Depressionen, Unglück und Leid davor zu bewahren, sich als letzte Aussagen über unser Leben zu verfestigen. Sie kann das wie fraglos selbstverständlich Gewordene noch einmal in Frage stellen – vor allem das Gefühl der Ungeliebtheit, der Unberechtigtheit, des Überflüssigseins, der Schuldverhaftetheit, des ewigen Scheiterns und Versagens ...

Ein Mensch, der dauernd überstresst ist, sollte sich etwa fragen, wie viele Aufgaben von außen her er sich immer noch zumuten lässt, mit welchen Perfektionsidealen er an die jeweiligen Aufgabenstellungen herangeht, wie viele Verneinungen er überwinden muss, um einmal mit sich zufrieden zu werden, und vor allem, warum er dauernd andere zu Quasi-Göttern erklärt, die darüber entscheiden, ob er leben darf oder nicht. Das war vermutlich in seinen Kindertagen wirklich einmal so. Aber für ihn als erwachsene Person heute sollte nicht sein Chef existenzbegründend sein, auch nicht der Ehemann oder die Ehefrau, und schon gar nicht die Zeitung, die morgen erscheinen wird. Niemand sollte die Macht haben, von außen zu bestimmen, was wir für Menschen sind. Indem die Religion das menschliche Dasein auf etwas Absolutes an Zuwendung und Bejahung bezieht, hören die Verneinungen, Ablehnungen, Vorwürfe und Widersprüche in unserem Leben auf, sich als »allmächtig« zu behaupten.

Von daher entdecken wir den eigentlichen religiösen Ort all dieser Fragestellungen im Umfeld der Angst: Die Religion sollte eine Asylstätte sein, an welcher Menschen sich fragen dürfen, wer sie selber sind. IMMANUEL KANT (1724–1804) hat das einmal sehr schön ausgedrückt. Die ganze Ethik, meinte er, bestehe darin, dass Menschen nie Mittel zum Zweck sein sollten, sondern Zwecke an sich selber. Wer also bist du, wenn du dich so betrachtest: als Zweck an dir selber? Das setzt, religiös gesprochen, voraus, dass es einen Hintergrund gibt, der möchte, dass du bist, dass du glücklich wirst, dass du leben kannst, dass du Dinge tust, die dich innerlich befriedigen. Und das ist es, was man »Glauben« oder, richtiger, Vertrauen nennt.

Das allein hindert natürlich nicht, dass die Angst so stark sein kann, dass ein Mensch zu der Erfahrung kommt, der Hintergrund seines Lebens sei einfach nur dunkel, und er sich fragt: Warum hat mich Gott überhaupt gewollt? – Eine derartige Frage ist menschlich oft genug mehr als verständlich, doch sie darf eben deshalb nicht das konsequente Echo jener Erklärung darstellen, welche die Theologen der Bibel meinen entnehmen zu können, um das menschliche Dasein von Gott her kausal zu interpretieren. Ein solches Vorgehen ist immer falsch, ja gefährlich, weil es darauf hinausläuft, den endlichen Geist des Menschen in die Planung des Ewigen einzuschalten; alles hoffentlich Begrenzte wird dann unbegrenzt, alles, was sich ändern müsste, erscheint dann als unveränderlich, alles Unmenschliche als göttliches Verhängnis; statt die Religion als ein Medikament zur Linderung von Angst und Unglück zu nutzen, gerät sie dann selbst zur Hauptursache seelischer Erkrankungen: der Vater, die Mutter im Erleben des Kindes verschattet dann als verunendlichtes und verewigtes Bild eines willkürlichen Patriarchen oder Matriarchen im Himmel das gesamte Leben auf Erden. Gleichwohl wird eine solche Sprache des »Gott hat es so gewollt« in der Theologie leider nach wie vor noch immer verwendet, weil sie so ähnlich auch in der Bibel zu stehen scheint. Insofern verlangt die Auseinandersetzung mit der menschlichen Angst nicht mehr und nicht weniger als eine vollkommene Umkehrung der biblischen Hermeneutik. Zu lesen ist die Heilige Schrift nicht von Gott herab auf den Menschen, sondern von der Not der Menschen her in Richtung auf Gott. Es wird offensichtlich zu wenig reflektiert, dass die Sprache der Bibel im Reden von Gott durch und durch mythisch ist und mythisch sein muss. Wenn man schildern will, wie Gott in der Welt wirkt, dann braucht man den Mythos. Denn aller Mythos besteht darin, die Begegnung mit Göttlichem als eine Erfahrung mitten in dieser Welt zu schildern. Gerade deshalb aber muss man wissen, dass die mythische Rede stets symbolischer Natur ist; man missversteht sie, wenn man sie als eine Information über äußere Tatbestände oder als eine Auskunft über Gott, wie er ist oder wie er denkt, nimmt. Die Theologie im 20. Jahrhundert hätte durchaus die Chance gehabt, an dieser wichtigen Stelle das Verständnis der Dogmen vor allem der katholischen Kirche (von der Jungfräulichkeit Mariens, der Himmelfahrt Jesus, der leiblichen Aufnahme Mariens in den Himmel usw.) entscheidend zu ändern; aber diese Chance einer »anthropologischen Wende« der Theologie wurde aus Gehorsam zum kirchlichen Lehramt nicht wirklich ergriffen, mit dem Ergebnis, dass viele nachdenkliche Menschen in den »Unglauben« beziehungsweise in den Aberglauben geraten. Und die dadurch entstehende Sinnleere erzeugt wiederum neue und noch tiefere Ängste.

Was also ist zu tun? Um die Kluft von Glauben und Wissen (wieder) zu schließen, muss man die gesamte Betrachtungsweise umkehren. Auszugehen ist nicht von einem fertigen Wissen von Gott, sondern von den Fragen der Menschen. Man muss über den Menschen sprechen, damit man von Gott glaubwürdig reden kann; man muss vom menschlichen Leid sprechen, von der Not, von der Unabgegoltenheit aller möglichen Angstsituationen. Dann wird man allerdings sehr bald merken, dass über die Psychologie, über die Neurobiologie hinaus, über die Angst der Tiere und der kleinen Kinder hinweg, für unser Dasein eine absolute Alternative wesentlich bestimmend ist. Die alles entscheidende Frage lautet: Existieren wir aus Angst oder aus Vertrauen? Dazwischen gestaltet sich alles, – ob wir angstgetrieben durch die Welt laufen oder ob wir die Brüchigkeit dieser Welt durch Vertrauen zu überwinden vermögen, diese Frage befindet darüber, wer wir wesentlich sind, wieviel Menschlichkeit in uns lebt, wie wir mit uns selbst und den Menschen an unserer Seite umgehen.

Und eigentlich nur davon erzählt die Bibel. Sie erzählt zum Beispiel im 14. Kapitel des Matthäusevangeliums, wie Petrus Jesus über das Wasser auf sich zukommen sieht und auf ihn zugeht. Die Welt ist, wie sie ist, will diese bildhafte Szene sagen. Sie ist abgründig, sie trägt überhaupt nicht, sie ist sturmgepeitscht, sie ist dunkel, sie liegt oft in tiefer Nacht; so ist sie, die Welt, wenn sie sich endgültig setzt, – es gibt in ihr lauter Gründe zum Angsthaben, und jeder von ihnen scheint absolut, wenn es zu ihm letztlich keine Alternative gibt. Sobald Petrus sich seiner Angst überlässt, fällt er unvermeidbar hinein in den Abgrund, der diese Welt ist, wenn es nur sie gibt, dann hat er absolut keinen Halt mehr. Aber es besteht eine ganz andere Möglichkeit: Er schaut auf die Person, die vom anderen Ufer her auf ihn zukommt. Dann trägt diese selbe haltlose Welt ihn im Vertrauen. Eines von beiden ist nur möglich: das Versinken in Angst oder das Überschreiten der Angstzone in Vertrauen mit dem Blick auf das andere Ufer, auf die Person, die uns entgegenkommt. Das ist die eigentliche existentielle Alternative, die über das Gelingen oder Misslingen unseres Daseins im ganzen befindet. Erzählt wird es in der Sprache des Mythos, aber zu deuten ist es als eine vollkommene Umkehr der Sicht auf unser menschliches Leben.

Was bis dahin für den persönlichen Bereich gilt, besitzt nun auch für den öffentlichen, politischen Bereich seine Gültigkeit, – die Befreiung bzw. die Überwindung der Angst im Individuellen verändert zugleich die gesamte kollektive Praxis. Es zeigt sich nämlich sehr schnell, dass unsere sogenannten Verantwortlichen in Staat, Wirtschaft und Gesellschaft nicht nur in einer Angst existieren, die längst wahnartige Zustände angenommen hat, sondern dass sie die Menschen zum Zwecke des Machterhalts und der Stabilisierung bestimmter Herrschaftsverhältnisse mutwillig und künstlich in permanente Ängste hineinjagen. – Man muss sich das nur einmal vorstellen: Nachdem man es am 6. und 9. August 1945, in Hiroshima und Nagasaki, fertiggebracht hatte, innerhalb von wenigen Sekunden zweimal 100000 Menschen atomar zu zerbomben, zu zerstrahlen, zu versengen und auf Generationen hin genetisch zu schädigen durch die Geburt von Kindern, die ihr Leben lang nur Leid erleben mussten, schickte man als erstes, vierzehn Tage später schon, Kamerateams in die japanischen Städte, um zu sehen, wie die Bombe gewirkt hat, und zwar nicht, um das Grauen zu dokumentieren und für alle Zeiten unmöglich zu machen, im Gegenteil: Man wollte derartige Massenvernichtungsinstrumente beim nächsten Mal verbessert einsetzen können! Keine fünf Jahre hat es gedauert, und man war tatsächlich dabei zu überlegen, ob die Begrenztheit der Uranspaltbombe an der kritischen Masse nicht durch eine Fusionsbombe überwindbar wäre: Eine solche Bombe ohne physikalische Begrenzung in ihrer Zerstörungswirkung – eine Wasserstoffbombe – das musste man bauen! Eine solche Bombe – das war eine absolute Vernichtungswaffe. Sie war die politische Option für einen ultimativen Massenmord, kann man auch sagen. Denn auf die organisierte »Ausschaltung« von Millionen Menschen lief es hinaus. Ehe es 1952 beim ersten Versuch, den die Amerikaner bei der Zündung einer Wasserstoffbombe dann starteten, soweit war, sinnierte zeitgleich der amerikanische Präsident HARRY S. TRUMAN (1884–1972) darüber, wie viele »konventionelle« Atombomben man wohl brauchte, um Sowjetrussland zu vernichten. JÖRG FRIEDRICH beschreibt das in seinem Buch »*Yalu. An den Ufern des dritten Weltkrieges*«, frei zitiert, so: Drei Bomben auf Leningrad, fünf auf Moskau, vier auf Omsk... Das wurde alles ernsthaft durchgespielt. Das war und ist jene politische Paranoia, jener eben erwähnte Wahnsinn der Angst zwischen Beutetier und Beutegreifer in den Dienststuben der »Mächtigen«, will sagen: der Ohnmächtigen in der Gefangenschaft ihrer Projektionen und Motivationen. Der psychiatrische Terminus Paranoia erscheint in der Tat als der einzig angemessene Begriff zur Beschreibung dieses Zustandes, in dem noch immer unsere Welt sich dreht in den Spiralen eskalierender Angst und Angstverbreitung.

Mit den Wasserstoffbomben, so man sie denn hatte, suchte man übrigens über Jahrzehnte hin im sogenannten Kalten Krieg Konfrontationen zu simulieren, die beim ersten Schlag, je nach Winddrehung, 100 bis 150 Millionen Tote mit sich bringen würden. Leute, die uns in dieser Weise regiert haben und regieren und, die am Ende des Kalten Krieges wie GEORG BUSH, der Ältere, verkünden konnten, dass sie »gesiegt« hätten, müssen offensichtlich über die Fähigkeit verfügen, ohne Skrupel und ohne Schranken über Leichen zu gehen. Sie haben scheinbar keine Angst mehr, weil sie die ganze Welt in Schrecken halten, und sie merken nicht, dass sie selber nur aus Angst bestehen.

Das führt wie von selber zu einer weiteren spannenden Frage, die ebenfalls gesellschaftlich eine große Rolle spielt: Was ist eigentlich ein Verbrecher? Ein Mensch, der von Angst getrieben ist, kann man zur Verständlichmachung bestimmter psychischer Zustände sagen. Doch jetzt ergibt sich ein wichtiger Unterschied: Jeder, der hinter Schloss und Riegel sitzt, kann einem leidtun mit dieser Beschreibung seiner angstgetriebenen Haltungen und Verhaltensweisen. Aber Leute, die zu Galaempfängen gehen, die miteinander grinsend Gespräche führen, ob sie mit 100 oder 200 Millionen Toten die nächste Ouvertüre im nächsten Waffengang eines künftigen Krieges starten werden, – mit wem hat man es dabei zu tun? Das ist nicht einmal mehr mit dem Begriff des Verbrecherischen zu fassen. Es zeigt sich vielmehr die Dimension einer Geschichtslogik, die aufgrund der immanenten Angst in jeden Zustand des Wahnsinns getrieben werden kann: Wir müssen so mächtig sein, dass wir jeden potentiellen Feind vernichten können, so lautet bis heute die »Philosophie« unserer nationalen oder bündnisbezogenen »Sicherheit«. Ständig geht es dabei um Sein oder Nichtsein; also geht es vermeintlich notwendigerweise um ein Maximum des Schreckens. Die Voraussetzung dieses Wahnsystems lautet: Wir müssen erst dann keine Angst mehr haben, wenn wir anderen so viel Angst machen können, dass jeder potentielle Gegner Grund hat, seine Vernichtung fürchten zu müssen. Wenn es so steht, kann die militärische Rüstung nur in gottgleiche apokalyptische Höhen und Schrecknisse steigen.

Das Umgekehrte schlägt demgegenüber die Bibel vor. Man sieht zum Beispiel, im Lukasevangelium 19. Kapitel, Jesus in Jerusalem einziehen. Er tut das, indem er eine Bibelstelle aus dem Propheten Sacharja, Kapitel 9, wahrmacht. Niemand weiß, woher die Einschaltung dieser Stelle in einem im Grunde durchaus militaristisch und nationalistisch denkenden Prophetenbuch stammt, – irgendein Redaktor hat sie da wohl um 200 v. Chr. hineingeschmuggelt. Aber nun steht es so da: Wenn der lang erwartete Messias kommt, wird es genau anders sein als in den Albträumen der Angst und der Aggression herbeigebetet und -gesehnt: Er wird kommen und abrüsten, er wird die Bogen zerbrechen, er wird die Streitwagen verbrennen. Wenn das eintritt, wird es eine positive Schockwelle auslösen: Das ganze Umland, Ephraim, wird ebenfalls abrüsten. Wovor muss man sich dann noch fürchten? Und Jesus sagt mit der Zeichenhandlung seines Einzugs in Jerusalem, wehrlos, reitend nicht auf einem Schlachtross, sondern einem Esel, im Grunde der zuschauenden Menge: »Die Verheißung, die Vision des Sacharja, *glauben* wir jetzt nicht nur, wir machen sie wahr! Wenn ihr mich schon für den Messias haltet, der da kommen soll, dann, bitteschön, dann könnt ihr sehen, wie Gott wirklich ist! Er ist ganz anders als ihr dachtet!« – Lukas insbesondere beschreibt die Irritation, welche von dieser Szene ausgehen muss. Im 2. Kapitel seines Evangeliums, am Weihnachtsmorgen, stellte er dar, wie Engel vor den Hirten auf den Fluren von Bethlehem sangen: »Herrlichkeit ist Gott im Himmel« – frei übersetzt – »nur, wenn Frieden ist auf Erden für Menschen, die an Gottes Güte glauben.« *Jetzt* akklamiert man in Jerusalem dem einziehenden Messias mit den Worten: »Herrlichkeit Gott in den Höhen und Frieden im Himmel!« Eben nicht auf Erden! Das soll offensichtlich heißen: Wir wollen, dass der Messias kommt, aber als Kriegsmessias, aber in göttlicher Machtfülle zur Bekämpfung der Heiden, aber zorngewaltig zur Vernichtung der römischen Besatzer! Wohlgemerkt: Aller Friede ist eine Utopie auf Erden. Den Siegfrieden, den wir uns wünschen, müssen wir herbeimorden, anders kann er in der Realität, wie wir sie kennen, nicht kommen. Wenn wir erst einmal siegreich sind, akzeptieren wir gern einen Frieden im Namen Gottes, der uns einen solchen Nationalmessias und König geschenkt hat, einen Herrscher, der Israel stark macht nach davidischem Format, ja, größer noch, indem er über den Rest der Welt zu herrschen beginnt. Gerade so fordert und diktiert es die Angst; und sogar die Absage Jesu an gerade diesen Wahn unterläuft man bei seinem Einzug in Jerusalem, indem man ihn preist und das Gegenteil von dem tut, was er sagt und will. Und so geht das bis heute! Diese kleine Stelle im 19. Kapitel des Lukasevangeliums ist der beste oder schlimmste Kommentar auf die gesamte Kirchengeschichte und Menschheitsgeschichte.

Wie also kommt man raus aus dieser Gruft des Todes, aus diesem Sarg der Angst? Man muss diese Fragen präzisieren, indem man sie wieder zurücklenkt von den kollektiven Zusammenhängen in Politik und Geschichte auf das individuelle Leben und ein existentielles Modell entwickelt, das sich dann verallgemeinern lässt – zur Angstberuhigung und Befriedung jedes einzelnen Menschen und dann, sozialpsychologisch, politisch und wirtschaftlich vermittelt, der Menschheit insgesamt. Theologisch ist das im Grunde das eigentliche Anliegen der Botschaft Jesu: Wie erlöst man die Menschen aus den Zwangsgesetzen ihrer Ängste und Aggressionen?

Erfordert ist es, den Begriff der Angst noch einmal mit Hilfe der Psychoanalyse zu präzisieren, wenn sich zeigen soll, welch eine Rolle Religion bei der Angstüberwindung zu spielen vermag. Dann wohl bleibt es wahr, dass Angst zwar vorbereitet ist durch eine Reihe von

Szenarien, die, wie bereits in der Tierpsychologie, eine elementare Bedeutung im Erleben besitzen, dass sie aber ihren Fokus in einer Art Urszene hat. SIGMUND FREUD (1856–1939) benannte diesen Fokus als die Objektverlustangst. Er fragte sich, was ein Kind macht, das in seiner Hilflosigkeit ohne die Mutter vollkommen verloren ist. Das ist ein Erleben, das auch Affenkinder schon ganz genauso haben können wie Menschenkinder: Keine Angst ist nötig in den Armen der Mutter, aber alle Angst, selbst diejenige vor Gefahren, die man gar nicht kennt, ist real berechtigt ohne die Mutter. Die wichtigste Beruhigung, die wir als denkende Säugetiere auch als Erwachsene gegen die Angst finden können, ist deswegen die Liebe im Gegenüber eines anderen, den wir für stark genug glauben, dass wir mit ihm, zu zweit, durch den Tunnel der Verneinungen und der Vernichtungen hindurch schreiten können. Wir können Angst psychotherapeutisch durch Bewusstmachung, durch Übungen zur Mechanisierung im Positiven, durch Vergabe von Psychopharmaka, durch Training von Stressabbau im Umgang mit anderen Menschen, durch Nachspielen bestimmter, als ängstigend erlebter Szenarien aus Kindertagen zu lindern oder zu vermindern versuchen, – wesentlich aber lässt sich auf Angst nur eine Antwort geben. Sie lautet: Ich möchte, dass DU bist! Wenn alle Angst im Grunde darauf hinausläuft, dass wir vernichtet werden könnten, zum Beweis dafür, dass wir am besten gar nicht gelebt hätten, gibt es inhaltlich dagegen nur eine andere gegenläufige Besetzung, die sagt: Ich möchte dass DU bist, weil ich DICH lieb habe. Das ist, was eine Mutter, ob sie es äußert oder nicht, ihrem Kind gegenüber von Grund auf empfindet und ihm vermitteln möchte. Das ist umgekehrt eben das, was jedes Kind als Bedürfnis mit auf die Welt bringt. Wenn ein solches Urvertrauen nachhaltig gestört wird, kann Angst im späteren Leben allmächtig werden, und so müsste dagegen ein Gefühl von Liebe aufgebaut werden, das durch sein Vertrauen stärker ist als die Angst, die vordem bestand.

Vor diesem Hintergrund versteht man jetzt die Bedeutung des Gottesglaubens im Umfeld der Angstthematik. Die Religion projiziert im Grunde den Erfahrungshintergrund im Erleben eines Kindes, bereits geliebt zu sein, ins Absolute. Sie setzt dabei realistischerweise voraus, dass auch die beste Mutter der Welt Lücken des Wohlwollens gegenüber ihrem Kinde aufweisen wird: Ihr gehen die Nerven durch, sie hat keine Zeit, sie hat keine Lust mehr, sie versteht ihr Kind nicht, sie hat andere Probleme, – doch das Kind jammert und weint darüber, es verlangt, dass die Mutter für es da ist, dass die Mutter weiß, was ihm fehlt – es kann seine Bedürfnisse ja nicht einmal verbal mitteilen. Im Hintergrund all solcher durchlöcherter Erfahrungen, die wir im Umgang zwischen uns Menschen machen, als Kind mit der Mutter, als Frau mit dem Mann, als Partner und Mitmensch, bleibt gleichwohl bestehen, dass wir jenes fundamentale Vertrauen, mit dem wir zumindest der Erwartung nach zur Welt kommen, ins Absolute setzen. Dieser Horizont eines Dialogs des Vertrauens in einem Feld von Liebe ist das, was Religion ermöglichen möchte.

Sie hält zu diesem Zweck im übrigen eine Reihe von Tricks bereit, indem sie mit Hilfe bestimmter Riten und Symbole die alten Rettungsszenarien in Antwort auf Angstsituationen im Erleben von Tieren bereits genauso verunendlicht, wie unser Verstand die Angstsituationen selber ins Unendliche treibt. Ein Äffchen zum Beispiel, das sieht, dass eine Schlange auf dem Boden herankriecht, wird sofort den Baum hinaufspringen und hat damit keinen Grund mehr, die Schlange zu fürchten. Bäume sind in der Verhaltenspsychologie von Primaten ein solcher Zufluchtsort, in die Vertikale zu entkommen. Das Christentum, aber daneben so gut wie alle anderen Religionen auch, vor allem der Schamanismus, benutzt den Baum *als heiliges Symbol* einer Mittelachse zwischen Himmel und Erde oder des Kreuzes oder des Baums im Zentrum des Paradieses. Bäume sind von daher archetypisch heilige Orte. Sie können ersetzt werden durch Berge, die die gleiche Funktion übernehmen. Auch Höhlen sind solche Orte: Man kann bei ihnen an den Schoß der Mutter denken, der einen aufnahm, bevor man zur Welt kam, und sieht man genau hin, stellen alle Kirchen weitgehend eine Ersatzform für solche Höhlen dar.

Mit anderen Worten: Wir benutzen in der Religion die Angstsicherungssprache der Tierpsychologie und machen sie durch Verunendlichung zu Symbolen, durch die uns ein jenseitiges Vertrauen zukommen kann inmitten einer Welt, die als endliche nie vertrauenswürdig werden wird und die sich in der Wahrnehmung unseres Bewusstseins in ihren Angstmomenten im Gegenteil jederzeit selbst zu verunendlichen droht.

Liebe

Amans amanti medicus

oder: Nur ein Liebender heilt einen Liebenden

MICHAEL ALBUS: Kaum ein Wort unserer Sprache wird so inflationär gebraucht und missbraucht wie das Wort Liebe. Für viele hat es längst an Wert verloren. Nicht nur durch Brauch, Missbrauch und Gewalt, auch durch Enttäuschungen mancher Art. Wenn eine Liebe nicht erwidert wird oder zerbricht, kann das für eine oder einen die Katastrophe sein.

Liebe gehört zu den Urworten unseres Lebens. Wir verlangen nach Liebe vom ersten Augenblick an. Ohne Liebe können wir nicht wirklich leben. Liebe ist eines der Grundnahrungsmittel unserer Existenz. Fehlt es, verhungern wir.

Aber Liebe ist mehr als ein großes Gefühl. Sie ist auch eine Angelegenheit des Verstandes. Liebe macht nicht blind. Liebe macht sehend. Liebe ist die Einfachheit des Herzens.

Weil Liebe nicht nur ein großes Gefühl ist, ist es gut zu wissen, was die Liebe mit uns macht, wenn wir dem Blitzschlag ihres Anfangs ausgeliefert sind – dem Schmerz ihres Endes im Leben wie im Tod. Was die Liebe mit unserem Körper macht, haben die Neurobiologinnen und Neurobiologen, die Psychologinnen und Psychologen intensiv erforscht. Welche Rolle dabei unsere Sinne spielen und wozu uns die Liebe verleiten kann, lässt uns staunen. Aber alle Erklärungen können nicht erklären, warum es die Liebe gibt. Sie ist grundlos, zeitlos, endlos in der Zeit. Sie ist und bleibt ein Geheimnis. Das ist etwas anderes als ein Rätsel. Ein Rätsel kann man lösen, ein Geheimnis bleibt ein Geheimnis.

Viele Mythen und Erzählungen aller Religionen, ja, der gesamten Menschheitsgeschichte, sprechen von der Liebe. Sie ist der Ausdruck des Verlangens nach Erlösung aus der grundlegenden Einsamkeit, in der sich der Mensch auf seinem Weg von der Geburt bis zum Tod befindet. Auch die Religionen suchen zur Beschreibung des Faktums nach Bildern und Symbolen. Was man nicht wissen kann, muss man bebildern. Wenn der Verstand verstummt, tauchen die Kunstwerke auf. Wer einmal RODINs »Kuss« gesehen, betrachtet, in sich aufgenommen hat, weiß mehr von der Liebe, als alle Forschungsergebnisse zu vermitteln vermögen.

Die Liebe ist eine Himmelsmacht, sagt ein altes Sprichwort. Sie sprengt potentiell und manchmal auch faktisch alle Grenzen, alle Pläne, alle Konventionen. Ja, sie kann gefährlich, lebensgefährlich werden, sie kann zertrümmernde, zerstörende Wucht annehmen, alles wegspülen, einem Tsunami gleich, was vorher fest und gesichert schien.

Im Kampf zwischen Faszination und Entsetzen hat das Entsetzen vor der menschlichen Liebe in den zwei Jahrtausenden der Christentumsgeschichte den Sieg errungen. Heute trauen Mann und Frau dem Christentum keine Kompetenz mehr in dieser existentiellen Frage zu. Da ist auch zu viel geschehen, was jedes Vertrauen zerstört hat. Man denke nur an die lange Geschichte der Sexualmoral, an die Leibfeindlichkeit, die Missachtung der Frau, die sexuelle Gewalt in den Kirchen. Es ist schwer oder nicht zu verstehen, wie einerseits an Gott als den »Schöpfer aller Dinge« geglaubt oder zu glauben gelehrt wird, andererseits aber seine Schöpfung in einem existentiell wichtigen Punkt verachtet und misshandelt wurde und wird. Theorie und Praxis, Theologie und pastorale Praxis gehen nicht zusammen.

Jedenfalls lohnt es sich, nüchtern auf die Liebe hinzuschauen. Dann kann man nach der Devise des AUGUSTINUS handeln: Ama et fac quod vis! Liebe und tu, was du willst!

EUGEN DREWERMANN: Wir müssen, wenn wir von Liebe reden, in der Tat wieder sehr weit zurückgehen in der Entwicklungsgeschichte des Lebens, nicht einmal nur in der Geschichte der Säugetiere, sondern gleich im Stammbaum der Wirbeltiere, und dabei als erstes sprechen von den biologischen Grundlagen der Sexualität. Um es vorweg zu sagen: Die Natur hat die geschlechtliche Vermehrung ganz sicher nicht erfunden, um »Liebe« zu begründen; sie hat mit der Sexualität die Möglichkeit verbreitert, Erbschädigungen besser zu beantworten und durch den Austausch der Genome die Varietätenvielfalt auch bei der Abwehr von Viren zu steigern. Die Dynamik der Evolution wurde durch die geschlechtliche Vermehrung enorm vorangetrieben. Freilich bei der Windbestäubung zweihäusiger Pflanzen darf man nicht schon erwarten, dass die Weidenkätzchen und die Weidenblüten einander liebhätten, und etwas Ähnliches gilt auch im Tierreich.

Die Frage stellt sich indessen bald schon im Tierreich, wie Partner einander zu finden vermögen, wenn nicht der Wind für die Bestäubung sorgt oder die Strömung eines Flusses Eizellen und Samenzellen zusammenführt, sondern wenn Männchen und Weibchen einander zur Fortpflanzung suchen müssen. Beobachtbar sind die Mechanismen der Partnersuche zum Beispiel auf dem Stadium der Fische noch relativ einfach: Es genügen bestimmte Reizangebote. So kann man in entsprechenden Experimenten mittels der Nachbildung geeigneter Attrappen die charakteristischen Verhaltensmechanismen hervorrufen, die zum Ablaichen und damit zum genetischen Austausch von Männchen und Weibchen führen. Es geht im Paarungsverhalten von Fischen nicht um einen individuellen Partner, es geht um die Abarbeitung vorbereiteter Triebimpulse an einem bestimmten reizbietenden Objekt. Von Liebe ist da noch keine Rede.

Dennoch: Wir haben hunderte von Millionen Jahre der Evolution Zeit gehabt, und mit dem Fortschreiten der Evolution wird es immer aufwendiger und interessanter, den richtigen Partner zu finden. Die Kriterien, was artspezifisch »richtig« ist, verfeinern sich dabei immer mehr. Bei sozial lebenden Wesen beginnt jetzt so etwas wie Eifersucht, es hebt an der Zank der Geschlechterrivalität um den besten Partner. Es wird über ein artspezifisches Verhalten der Partnerwahl vorselektiert, wer überhaupt befähigt sein soll, seine Gene weiterzugeben. Damit wird die einzelne Beziehung zwischen einem Männchen und einem Weibchen deutlich individualisiert, und dieser Prozess konnte im Verlaufe der Evolution eigentlich nur zunehmen. Es geht jetzt nicht mehr bloß um spezifische auslösende Reize und Reflexschemata, es geht jetzt immerhin bereits um den Austausch von zunehmend individualisierten Verhaltensweisen: Man muss einander umwerben. Die jeweiligen Strategien dabei können ganz verschieden sein. – Bei uns verwandten Affenarten, zum Beispiel bei den Dscheladas, den Blutbrustpavianen, gibt es zwei alternative Strategien im Umwerben der Weibchen durch die Männchen. Es gibt die Strategie des Machos, die manchem auch unter den Menschenmännern vertraut sein mag: Man drängt den Konkurrenten weg und nimmt sich, was man begehrt. Es gibt aber auch die Strategie von Äffchen, die auf diese Art nicht mithalten können; dafür geben sie sich vergleichsweise possierlich und einschmeichelnd und haben dadurch unter Umständen genauso Erfolg. Die Frage ist, wie weit man mit der einen oder anderen Strategie kommt. – Bei Bonobos, einer Affenart, die jünger ist als die Schimpansen, wird Sexualität unter anderem auch eingesetzt, um Aggressionen zu überspielen: Vor allem die Weibchen wollen nicht, dass die Männchen sich streiten und womöglich als Partner verlorengehen. Man hofft, sie bei Laune zu halten, indem man ihnen sexuelle Lust bereitet und ihre physischen und psychischen Energien zu Besserem einsetzt als zu Zorn und Zerstörung.

Das Resultat solcher Erwägungen ist relativ klar: Bei der Erfindung der geschlechtlichen Vermehrung geht es zuerst einmal um die biologische Zielsetzung der Weitergabe der Gene und deren größeren Austausch; doch je komplizierter die Paarfindung, desto wichtiger wird mittelbar auch die Paarbindung. Neugeborene müssen in irgendeiner Weise gepflegt, aufgezogen, geschützt werden, und dazu müssen ihre Elterntiere eine Zeitlang zusammenhalten. Bei Vögeln sehen wir aus dem Erbe der Dinosaurier gerade in diesem Punkte erstaunliche Dinge, – die Frage existiert keinesfalls nur bei uns Säugetieren, doch da, schon durch die wachsende Länge der Pflegezeit, wird sie unvergleichbar dringlicher als im übrigen Tierreich sonst. Fortan wird jetzt Sexualität auch eingesetzt, um ein Elternpaar so aneinander zu binden, dass in seinem Schutz ein Vertrauensraum für die Entwicklung eines Kleinkindes, für ein Jungtier, möglich wird. Die Frage ist jetzt nicht mehr, mit wem man sich für den Augenblick paaren will, sondern mit wem man auf lange Zeit zusammenleben möchte, um Leben groß zu ziehen. Auch dieses Problem stellt sich, wie gesagt, schon bei Echsen, Sauriern und Vögeln, und es führt zu überraschenden Lösungen. Bemerkenswerterweise sind zum Beispiel Graugänse monogam,

– etwas, das im Erbe von Schimpansen und deren Nächstverwandten, bei uns Menschen, offensichtlich nicht in dieser Weise vorgesehen ist. Auch die Monogamie ist kein Selbstzweck; sie ist das Ergebnis einer Überlebensstrategie unter bestimmten Bestimmungen; – unter anderen Bedingungen folgt die Evolution anderen Strategien. Wir können beispielsweise beobachten, dass je nach dem Nahrungsangebot auch die Verhaltensweisen variieren. Zaunkönige etwa leben so lange monogam, wie sie lediglich für ein Gelege genügend Nahrung herbeischaffen können; ist aber genügend Futter da, lohnt es sich, Ausschau nach einem weiteren Weibchen zu halten und auch mit diesem Junge zu zeugen.

Man kann das Thema Sexualität und in deren Weiterentwicklung das Thema Liebe mit anderen Worten zunächst nicht anders betrachten, als dass man es in das unglaublich langwährende und mächtige Erbe der Fortpflanzungsstrategien der Evolution hineinstellt. Dieser methodische Ansatz geht so weit, dass manche Biologen die Selektionstheorie CHARLES DARWINs unter dem Stichwort des »Egoismus der Gene« in einem wesentlichen Punkte modifiziert haben. Diese Evolutionstheoretiker stellen sich vor, dass wir als Individuen nichts weiter sind als Überlebensmaschinen zur Weitergabe des Genmaterials, und sie besitzen für diese Annahme gute Gründe. Manche Tiere sterben tatsächlich just in dem Moment, in dem sie die Aufgabe der Weitergabe der Gene erfüllt haben. Lachse zum Beispiel laichen ab nach tausenden von Meilen Wanderung von der Karibik zurück in die Flüsse ihrer Herkunft, und in dem Augenblick, in dem sie ihre biologische Aufgabe erfüllt haben, ist ihr individuelles Leben als leere Hülle abwerfbar. Wenn das so ist, fragt man sich natürlich, was macht die Natur mit uns Menschen? Oder: Was macht sie überhaupt mit höher entwickelten Säugetieren?

Auch bei uns Menschen – erinnern wir uns nur an unsere Pubertät – wird zunächst einmal ein Triebdruck aufgebaut, der dafür sorgt, dass jemand auf Partnersuche geht. Mit Liebe hat das erst sekundär zu tun; zunächst handelt es sich um ein Suchverhalten, erzeugt durch einen entsprechenden Triebimpuls, durch eine hormonell bedingte Aufforderung, die machtvoll in das individuelle Erleben eingreift. Auf diese Weise entsteht die Chance, in ein psychisch durch vielerlei Erfahrungen bereits vorgeprägtes Erwartungsschema eines möglichen Partners das Bild eines individuellen Gegenübers einzufügen. Dann in der Tat kommt zustande, was wir Liebe nennen.

Entscheidend wird jetzt, dass im Verlauf der Entwicklung der Faktor der Individualität immer mehr zugenommen hat, oder umgekehrt formuliert, dass die Unersetzlichkeit des Einzelnen immer größer geworden ist, und zwar für die jeweiligen Partner selber ebenso wie für das Leben, das sie zeugen und aufziehen. Es bedeutet zumeist das Ende der Brutpflege, wenn dieser einzelne Partner stirbt. – Manche Wilderer oder berufsmäßige Marodeure in unseren Wäldern, vor allem aber in den Tropen, sollten daher beizeiten überlegen: Der Abschuss dieses einen Weibchens oder Männchens ist das Ende der Nachfolge, er tötet nicht nur ein einzelnes Lebewesen, er zerreißt ein überlebenswichtiges Geflecht des Miteinanderseins. Ein Sozialgefüge, das immer komplizierter wird, macht auch die einzelnen Teilnehmer innerhalb des Sozialverbandes immer weniger austauschbar. Sie haben individuelle Fähigkeiten, auf die man sich über längere Zeit hin verlassen muss. Sie sind immer schwerer ersetzbar.

Und so kommt es jetzt: In der Liebe bildet sich das Gefühl, dass dieser Eine oder diese Eine alles ist, dass er oder sie absolut unersetzlich ist. Vielleicht weiß man vom Verstand her noch, dass das »objektiv«, rein biologisch, nicht ganz so ist, aber die Liebe verschafft uns subjektiv genau diesen Eindruck. Wenn zwei Menschen einander gefunden haben, entdecken sie sich als unvergleichlich, als ganz und gar einmalig, als in sich absolut. Die Liebe verleiht dieses Gefühl, einander zu begegnen im Raum einer Absolutsetzung, die unaustauschbar diesem Einen gilt. Sie ist damit die Erfüllung dessen, was IMMANUEL KANT soeben noch als Grundlage aller Moral erklärte: Ein Mensch sei niemals zu betrachten als Mittel zum Zwecke, sondern stets als Zweck an sich selbst. Genau das ist die Entdeckung, die wir machen, wenn wir einander liebgewinnen: Der andere ist nicht zu verzwecken. Er ist von Gott gegeben, indem er so ist, wie er ist.

Insofern kommen wir jetzt dahin, dass Liebe und Religion zu einer Einheit werden. Plötzlich entdeckt man den Gedanken einer göttlichen Führung oder Vorsehung im Leben: Kaum dass zwei Menschen einander lieben, erzählen sie sich wechselseitig, dass sie einander schon immer gesucht haben. Man fängt an, sich vorzustellen, wie es gewesen wäre, wenn man als Kind schon Haus an Haus geboren worden wäre wie bei OVID Pyramos und Thisbe oder bei SHAKESPEARE Romeo und Julia. Man stellt sich vor, dass man als Kind bereits im gleichen Sandkasten gespielt hätte. Man kommt sich so vor, als wenn man am gleichen Ort der Welt geboren worden wäre, – *dann* hätte das

Schicksal uns in der Folge auseinandergeführt, und nun käme alles wieder zusammen im Ring der Liebe. Man entdeckt sich wechselseitig als füreinander bestimmt, als einander zugeführt. Und damit hat die ganze Suche ein Ende. Man hat sich gefunden, – soweit kann man jetzt religiös vor dem Hintergrund der Evolutionsbiologie über Liebe reden.

Es mischt sich nun aber natürlich in das Erleben auch die Psychologie hinein, näherhin die Psychoanalyse, und versucht zu begründen, warum wir leidenschaftlich einander suchen können – und dann imstande sind, einander sehr viel Glück zu schenken, aber auch eine Menge Unglück zu bereiten. Angedeutet und ausgesprochen wurde die oft schicksalhafte Ambivalenz der Liebe bereits in den griechischen Tragödien des 5. Jahrhunderts vor Christus. Gestalten treten da auf wie Elektra und ihr Bruder Orest oder wie Klytämnestra und Agamemnon oder wie Klytämnestra und Aegisth, – das alles gelagert um die Rache, die der Ehebrecher und Mörder Aegisth nimmt für die Schmach, die sein Vater Thyestes erlitt durch Agamemnons Vater Atreus – ein äußerst verschlungenes Beziehungs- und Schicksalsgeflecht von Blut, Schuld und Strafe, von Hass und Abhängigkeit, von Mutterrecht und Vaterrecht, von Notwendigkeit und Freiheit, von Götterwille und Menschenwille – das Thema »Liebe« in all seinen (tragischen) Aspekten also. Klytämnestra ist eine Frau, die ihren Mann Agamemnon einmal doch wohl auch geliebt hat. Als Tochter der Leda hat sie zur (Halb)Schwester die schönste Frau der Welt – Helena. Diese wurde von Paris nach Troja entführt, weil Aphrodite es so arrangiert hatte, doch ihr Gemahl Menelaos und dessen Bruder Agamemnon ziehen in den Krieg, um sie zurückzuholen. Auf dem Wege dahin aber breitet eine Windstille sich aus, und die Göttin Artemis verlangt als Opfer die Darbringung der Agamemnon-Tochter Iphigenie. Dafür hasst Klytämnestra ihren Gemahl, den Führer der Achäer vor Troja, und als er zurückkehrt, im Besitze zudem mit der trojanischen Prinzessin Kassandra als seiner Sklavin und Geliebten, ermordet sie ihn mit Hilfe des Aegisth an ihrer Seite. Um wiederum ihren Vater zu rächen, töten Orest und Elektra, auf Weisung Apolls, ihre Mutter und deren Geliebten ... Was, fragt man sich bei Geschichten wie diesen, machen Frauen, wenn ihre Männer über viele Jahre hin einfach nicht da sind, wenn unklar bleibt, ob sie zurückkehren, schlimmer: wenn man zweifeln muss, ob sie jemals liebenswert waren, wenn sie doch fähig waren, über die Leichen ihrer eigenen Kinder zu gehen, nur um militärischen Erfolg zu erringen? Was sind das für

Männer? – und was kann aus Frauen in vergleichbarer Lage zwischen Erwartung und Enttäuschung werden? Solche Dramen schildern Dichter wie AISCHYLOS, SOPHOKLES, EURIPIDES. Oder nehmen wir eine Frauengestalt wie Medaea in Kolchis. Sie opfert alles für den Griechen Jason: ihre Familie, ihre Heimat; sie folgt ihm nach Griechenland, nur um dort zu erleben, dass er sie, um König zu werden, auf dem Wege zur Macht mit der Königstochter Kreusa betrügt und im Stich lässt. Da fängt sie an, sich zu rächen, indem sie die eigenen Kinder tötet. Kinder sollten in einem Raum der Liebe aufwachsen dürfen, doch gerade *den* hat Jason zerstört, und so hört die Zauberin Medea auf, Mutter zu sein; da wird sie zur Zerstörerin. Eine derartige Zerrissenheit zwischen anhänglicher Liebe und vernichtendem Hass beschreibt EURIPIDES vor 2500 Jahren in so unglaublicher Weise, dass man sich fragt: Was kann Liebe, wenn sie enttäuscht wird, nur aus Menschen machen? Und welche Mechanismen sind in einer derart leidenschaftlich glühenden Liebe so zerstörerisch?

Eben darüber hat die Psychoanalyse nachgedacht. Sie hat die griechischen Tragödien zur Vorlage der Interpretation von individuellen Biographien und Schicksalen genommen. Den Ödipuskomplex, den Elektrakomplex, den Medeakomplex, alles, was die Griechen in Athen auf die Bühne brachten, erwies sich als die Seelenlandschaft von Patienten, von leidenden Menschen.

Die Antwort, welche die Psychoanalyse zur Lösung der manchmal so verwirrenden Vexierbilder der Liebe zu geben versucht hat, ist im Grunde zwiespältig, wie es kaum anders sein kann. Psychoanalytisch gesehen, kann gerade eine besonders innige Liebe als schicksalhaft empfunden werden auf Grund der Wiederholung von Szenen aus Kindertagen: Man entdeckt in dem Geliebten die Mutter, die man damals gebraucht hätte, die es aber in Kindertagen nicht gab, oder man erinnert sich in der Geliebten an die Mutter, die man glücklicherweise einmal gehabt hat und die man jetzt wiederzufinden meint, und ebenso im Erleben einer Frau in bezug zu ihrem Geliebten vor dem Hintergrund der Vatergestalt damals. Nun ist natürlich die Rolle der oder des Geliebten nicht einfach die positive oder die negative Seite der Mutter oder des Vaters, – das meiste in dieser Wahrnehmung ergibt sich aus der Projektion kindlicher Wünsche und Enttäuschungen, und so wartet förmlich alles darauf, an der Wirklichkeit zu zerschellen. Einerseits führen eben die Wiederholungszwänge aus kindlichen Erinnerungen zu enorm starken Bindungen und, wenn es gut geht, zu überseligen Formen von Glück; andererseits sind solche Beziehungen mit einem hohen Anteil an Übertragung der kindlichen Erfahrung an der eigenen Mutter und dem eigenen Vater stark gefährdet, denn da gibt es immer wieder etwas, das die Beziehung jäh zu stören vermag. Es genügen simple Erinnerungseinbrüche – dem Einzelnen ist zumeist völlig unbekannt, was da abläuft –, die eine enorme Macht besitzen und die imstande sind, Missverständnisse zu produzieren, Aggressionen zu mobilisieren und am Ende die bestgemeinten Beziehungen zu destruieren.

Weil es zunächst so absurd anmutet, aber als Beispiel vielleicht eben deshalb dienlich sein kann, gebe ich nur einmal die Schilderung einer Frau wieder, die erzählte, wie es war, als ihr Mann sie abends, sie hatte ihm schon den Rücken zugedreht, streicheln wollte. Sie hatte keine Angst vor ihm gehabt, als er sie von vorne berührte – was für beide auch viel schöner war. Das Streicheln über ihren Rücken sollte jetzt nur noch ein Einschlafgeschenk zum abendlichen Abschied werden. Er also streichelte ihren Rücken, sie aber sprang vor Entsetzen aus dem Bett und fing laut an zu schreien. Er begriff nicht, was plötzlich passiert sein sollte, und fragte sie, was sie hat, ob sie spinnt, wie sie vor ihm Angst haben könne. Es kam zu heftigen Auseinandersetzungen. Für beide war unverständlich, was da überhaupt ablief. Wenn man sich nun aber vorstellt, dass solche und ähnliche Szenen immer wieder vorkommen, kann man sich (als einen von vielen anderen Gründen) ganz gut denken, weswegen mehr als ein Drittel aller Ehen in Deutschland geschieden werden. Irgendwann hält der stärkste Partner derartige Belastungen nicht aus. Dabei fiel die Erklärung der »Störung« in dem vorliegenden Falle sogar recht einfach aus: Die Frau hatte keine Angst vor der zärtlichen Hand ihres Mannes. Aber sie hatte als Kind erheblichen Grund, Angst zu haben vor dem Kochlöffel ihrer Mutter. Die Mutter hatte erbarmungslos auf ihre Tochter draufgeschlagen, und man konnte gut verstehen, warum: Sie befand sich in einer verzweifelten Lage, sie hatte mehr, als sie vermochte, damit zu tun, ihre Tochter überhaupt durchzubringen. Der Rücken dieser Frau also war in Kindertagen ein einziges Objekt von Strafgewalt gewesen, und die bloße Berührung jetzt löste traumatische Erinnerungen aus. – Durch Einsichten wie diese ergibt sich selbstredend auch schon ein erster »Therapieansatz«; die Frage entsteht: Wie zärtlich muss man den Rücken einer Frau berühren, der so misshandelt wurde!

Klar ist: Wenn man überhaupt nicht weiß, was bei konkreten »Szenen einer Ehe« wirklich vor sich geht, ist man den Mechanismen des Unbewussten hilflos, wie schicksalhaft, ausgeliefert. Dabei haben wir jetzt ja nur erst ein Beispiel gegeben, um zu zeigen, wie sich in der Psychoanalyse private Tragödien von dramatischem Format ergeben können durch unbewusst auftretende Erinnerungen aus Kindertagen. Und doch ergibt sich daraus jetzt schon eine wichtige Einsicht: Man wird in der Liebe selber noch einmal auf die Probe gestellt, wie man als Kind gefühlt hat.

Manche Verhaltensbiologen übrigens meinen, dass eben darin ein Trick der Natur zu erblicken sei. Die Liebenden, ohne dass sie es wollen, spielen noch einmal wechselseitig die Rollen von Mutter und Kind, von Vater und Tochter miteinander durch; und der biologische Sinn dieses Verhaltens ist unschwer zu erkennen: Erst wenn dieses Eltern-Kind-Spiel gelingt, zeigt sich, dass der andere fähig ist, selber demnächst einmal Kinder ordentlich aufzuziehen. Wenn er oder sie in diesem Spiel schon versagt, scheidet er oder sie als Liebespartner für eine wichtige Aufgabe des Lebens von vornherein aus. Alles Spiel der Zärtlichkeit ist so, – die Anreden, die Koseworte sind samt und sonders den Beziehungen von Vater und Tochter oder von Mutter und Sohn entlehnt, und so nennt man sich denn »Baby« oder »mein Kleiner« oder »mein Mütterchen« oder mein »Männchen«. Man spielt abwechselnd den Überlegenen und den Kleinen und tauscht beide Rollen aus, und es ist besonders schön, die Positionen flexibel wechseln zu können. Dabei wird kaum bemerkt, dass in diesem Spiel der Erinnerung, das so viel Spaß macht, gleichzeitig auch die Vorbereitung der Zukunft in den Rollen von Vater und Mutter liegt. So sensibel ist die Natur. Sie macht eigentlich nie etwas umsonst.

Ein anderer Zugang zum Verständnis der emotionalen Dynamik zwischen Liebenden wurde von der komplexen Psychologie CARL GUSTAV JUNGs (1875–1961) eröffnet, zum Teil in Anlehnung an das, was SIGMUND FREUD bereits gesagt hatte. Nach JUNG ist es möglich, dass man im Partner das sucht, was in der eigenen Seele angelegt war, aber unter dem Einfluss der elterlichen Erziehung, womöglich in Kindertagen schon, verloren gegangen ist. CARL GUSTAV JUNG bezeichnete das verdrängte bzw. das als unbrauchbar liegen gebliebene psychische Material mit den Begriffen anima und animus, weibliche und männliche Seele. – Auch dafür ein grob typisiertes Beispiel: Eine Frau musste als Mädchen bereits in bestimmter Weise gesellschaftlich geprägt werden, – viele Möglichkeiten ihrer Lebensgestaltung gerieten damit in die Verdrängung; sie kamen nicht in Frage, sie tauchten unter in einem auch sozial bedingten Tabu. Nun aber trifft sie jemanden, der all die Sehnsüchte, die sie einmal hatte und latent immer noch in sich trägt, zu verkörpern scheint. Dann wirkt dieser Andere unter Umständen wie hypnotisch auf sie. – Nehmen wir, um ein solches Erleben zu begründen, einmal an, eine Frau musste, um früh erfolgreich zu sein, ihre seelische Entwicklung bereits mit 16 oder 18 Jahren für beendet erklären; sie verliebte sich in einen älteren Mann, in dem sie gerade das bereits Fertige an ihm bewunderte; an seiner Seite blieb sie brav, ordentlich und treu, gleichzeitig aber entwickelte sie sich vor allem beruflich stürmisch weiter. Zugunsten ihrer Ehe, ihrer Kinder, blieb sie nach außen hin zwar wohlangepasst, doch innerlich begannen irgendwann ganz andere Wünsche sich zu regen – nach einem abenteuerlichen, wilden, starken Sich-Ausleben. Das Empfinden wächst, irgendwie halbiert zu sein oder überhaupt keine Gefühle mehr zu haben. Kommt nun jemand, womöglich im beruflichen Umfeld, der diese unbekannte Gegenwelt verkörpert, so kann er als *animus*, als der eigene unterdrückte, unbewusst gebliebene Seelenanteil, eine enorme Macht entfalten; in einer solchen Situation mag eine Frau zu dem Glauben gedrängt werden, dass sie auf die jetzt so verlockenden Erfahrungen gar nicht verzichten dürfe, wenn man herausfinden wolle, wer sie selber wirklich sei und was alles in ihr stecke. – In der anima eines Mannes stecken umgekehrt sowohl mädchenhafte wie auch mütterliche Sehnsüchte aus der eigenen Jugendzeit. JUNG beliebte sich zur Verdeutlichung dieses Sachverhaltes einmal so auszudrücken: Wenn ein Professor, siebzigjährig, auf dem Flughafen eine zwanzigjährige Rothaarige trifft und sie auf der Stelle heiraten will, dann handelt es sich um eine anima-Liebe. Da tritt der Traum von der ewigen Jugend hervor, da erscheint das angebetete Gegenüber als Reinkarnation des vom Jungen schon immer Gewünschten, aber nie Gewährten, und wieder: als Verkörperung des in der Wunschwelt durch viel zu strenge und frühe Anpassung an bestimmte Berufsideale Verlorengegangenen. – HERMANN HESSE (1877–1962) schildert diese Dynamik geradezu klassisch im »*Steppenwolf*«: Sein Harry Haller hat alles Mögliche an Bildung, was zum Leben nur sehr begrenzt taugt, in sich aufgenommen, und nun muss er erleben, dass er eine in sich zerrissene und widersprüchliche, zwischen Künstler und Bürger, zwischen Genie und Spießer, zwischen der äußeren großen und der innerlich kleinen Ausgabe seiner selbst zerspaltene Existenz ist. Fast steht er bereit, Selbstmord zu begehen. »Wie man durch Liebe tötet« heißt eine der Inschriften in dem magischen Theater der Selbstbegegnung mit all den verdrängten Seelenanteilen und Rollenbesetzungen des Daseins. – Wenn es so kommt, ist die Liebe lebensgefährlich und lebenrettend zugleich. In jeder wirklichen Liebe geht es irgendwie um alles.

Denn solange die griechischen Tragödiendichter recht haben, ist die Liebe etwas, das den Menschen als göttlich oder dämonisch erscheinen *muss*, – als ein Werk der Aphrodite oder der Übermacht des Zeus oder des Auftrags des Apoll und stets auch im Widerspruch zu dem Keuschheitsideal der Artemis, der Eifersucht der Hera oder der Verführungskraft der Daphne. In jedem Fall sitzt im Hintergrund ein aberwitziges Knäblein, das mit seinen wie unschuldig verschossenen Pfeilen verheerende Wirkungen anrichtet. Es hält uns zum Narren; die Göttin der Liebe aber, die aus dem abgeschlagenen Glied des Uranos im Schaum Geborene, die vor Zypern dem Meer Entstiegene, Aphrodite, besitzt eine Macht über uns von erhabener und erhebender Größe und von geradezu blind verrichtender, oftmals vernichtender Gewalt. Alle Geliebten des Zeus schweben im griechischen Mythos schon deshalb in höchster Gefahr, weil dessen Gemahlin Hera auf dem Olymp allen Grund hat, eifersüchtig zu sein auf die verborgenen oder offenen Liebschaften des Obersten der Götter. Immer wieder muss sie erleben, dass ihr Gemahl und Bruder Zeus fremd geht mit Frauen, die von Eros und Aphrodite in den Bann schicksalhafter Überwältigung geschlagen werden. Bei HOMER ist das eines der groteskesten Stücke seiner Ilias im 14. Gesang, dass Hera, zur Ablenkung ihres Gemahls, der nach ihrer Meinung zu sehr die Trojaner begünstigt, sich das Busenband der Aphrodite leiht, um ein Accessoire garantierter Unwiderstehlichkeit zu besitzen. Soviele Minderwertigkeitsgefühle können sogar Göttinnen an den Tag legen...

Was aber lernen wir religiös aus solchen Betrachtungen? Die ganze Zerrissenheit der menschlichen Seele besteht offenbar darin, dass Teilbereiche der Psyche, dissoziierte Seelenanteile, die nie zur Einheit zusammengewachsen sind, sich zu übermächtigen Komplexen verselbständigt haben und nun wie göttliche Mächte dem Ich, dem Bewusstsein gegenübertreten. Die Konsequenz aus diesem relativ einfachen psychologischen Befund aber ist von erheblicher Tragweite für das Menschenbild und insbesondere für die Vorstellungen der Moralphilosophie. Nicht zuletzt die Moraltheologie der römischen Papstkirche müsste an dieser Stelle schon innehalten und sagen: Wir können die Unauflöslichkeit der Ehegmeinschaft als Anspruch und Auftrag überhaupt nur vermitteln, wenn Menschen als erstes gelernt haben, im Gegenüber des Einen Gottes in ihrer Person selbst mit sich einig zu werden. Nur Menschen, die mit sich identisch sind, können sich einander so schenken, dass es einigermaßen Bestand hat; ansonsten dürfte wohl ALBERT EINSTEIN (1879–1955) mit seinem etwas zynischen Bonmot recht haben, als er sagte, die Ehe sei der vergebliche Versuch, ein Gefühl des Augenblicks auf Dauer zu stellen. Idealtypisch, natürlich, sollte es so nicht sein. Wir sollten tatsächlich den Anderen als ein Geschenk der Ewigkeit begreifen, das, bei aller Sterblichkeit, bei aller Zerbrochenheit, uns wechselseitig durch die Zeit hindurchträgt. Wir haben im Grunde ja gar keinen anderen Schutz gegen die Angst und die Sinnlosigkeit des Todes, als uns soweit zu riskieren, dass wir die Liebe als die Offenbarung des Göttlichen in uns aufnehmen. Aber noch einmal: Das Projekt einer solchen in die Ewigkeit ausgreifenden Liebe ist so brüchig wie unsere Person selber in den Verwirbelungen all der Ängste, Abspaltungen, Zensurmaßnahmen, Dissoziationen, Gegenbesetzungen, Dennochdurchsetzungen ...

Um zu beschreiben, wie Liebe unter Menschen *wesentlich* zu verstehen ist, lohnt es sich, auf einen biblischen Mythos zurückzugreifen, der in seiner Bildsprache oft missverstanden wird, doch der im Grunde gegenläufig ist zu der tragischen Darstellung der Liebe in den Überlieferungen der griechischen Götter- und Heldengeschichten. Die Paradieserzählung in der Bibel (Gen 2,4b-25) sagt, dass Gott dem Adam, dem Menschen, dem Mann also, zur Erschaffung der Frau eine Rippe, mithin etwas dicht an seinem Herzen, weggenommen habe, die ihm seither fehlt und die sich nur ergänzen lässt in der Gestaltwerdung jener Anderen, die er, wie nach einem schweren Schlaf erwachend, schließlich als seine Frau in seine Arme schließt. Eine Wunde am Herzen ist da, die nur zur Einheit sich formen kann in gegenseitiger Umarmung. So die biblische Darstellung von der Entstehung der Geschlechterliebe. – Der Kontrast dazu in der Mythologie ist höchst bemerkenswert. Denn die Griechen konnten eine vergleichbare Ausgangszene gänzlich konträr konzipieren. HESIOD erzählt, dass die Götter den Mann, den Menschen, damit gestraft hätten, dass sie ihn halbierten: Bis dahin waren die Männer in sich geometrisch (wesenhaft) vollkommen, – sie rollten kugelförmig über die Erde; aber das missfiel den Göttern, weil Prometheus ihnen das Feuer geschenkt hatte, und dafür verdienten sie, wie die Olympier fanden, bestraft zu werden. Deshalb also halbierten sie den Menschen: eine Hälfte blieb Mann, die andere wurde zur Frau. Fortan brauchten beide Teile einander zur wechselseitigen Ergänzung. Doch eben darin sollte die Strafe bestehen: Die Götter im Olymp bogen sich vor Lachen, als ihnen diese Idee kam! Immer noch glauben ja die Männer, sie könnten von seiten der Frauen ergänzt werden. Zahnlos und gebrechlich zum Beispiel sitzen sie da im Alter am Herdfeuer und erhoffen sich, umsorgt zu werden von ihrer Frau. Die aber wird höchstwahrscheinlich das Gegenteil tun, – möglicherweise rächt sie sich gerade jetzt an ihrem Lebensgefährten für ihre lebenslängliche Unterdrückung.

Mit anderen Worten: Die Ergänzungsbedürftigkeit von Mann und Frau ist nicht zu leugnen, aber die Ergänzbarkeit unter den Menschen bleibt, wie in göttlicher Absicht, höchst fragwürdig. Man sollte an dieser Stelle deshalb wieder die Bibel nach einer möglichen Lösung befragen. Sie sagt: Erst wenn man den Anderen als Geschenk Gottes in sein Herz schließt, gewinnt man jenseits der Vieldeutigkeit einander sich widersprechender Gefühle, die sich im Götterhimmel der Griechen zu verselbständigen und zu verewigen drohen, sich selber so wieder, dass das Geschenk gegenseitiger Zuneigung zwischen Ich und Du wechselseitig als wohltuend wirken kann.

Diese bildhafte Auskunft allerdings ist nur erst eine anfanghafte, fast noch abstrakte Annäherung an das Thema, und es erscheint daher unerlässlich, zum Verständnis der Beseligungen wie der Tragödien der Liebe nach den *charakterbedingten Schwierigkeiten* zu fragen, die oft verhindern, dass Menschen sich überhaupt tiefer kennenlernen, oder die, wenn es dahin kommt, sich tiefer kennenzulernen, sich sogleich, wie ein Fuchs in einem Bau, mehrere Auswege offen lassen. – So gibt es, um nur ein Beispiel zu nennen, Menschen, die sich sehr scheuen, Nähe zuzulassen. Sie haben als Kinder in einer kalten, *schizoid* getönten Welt gelernt, dass Nähe ihnen geradezu als gefährlich erscheint. Also brauchen sie in der Begegnung mit Menschen stets eine gewisse Flucht- und Schutzdistanz dem Anderen gegenüber – nicht nur räumlich, sondern vor allem psychisch. Lässt man Gefühle zu, haben sie gelernt, so wird man gebunden, so ist man enttäuschbar. Und wenn man als Kind schon erlebt hat, dass auf die eigenen Eltern kein Verlass ist, so wird man auch späterhin geneigt sein, ähnliche Erfahrungserwartungen auf jeden Anderen zu übertragen. Glücklich wird man mit solchen Resten von Einsamkeit und Autarkie gewiss nicht, – wie aber lässt sich eine Liebe finden, die diese früh erlernten Fluchttendenzen unnötig macht und durch gegenteilige, bessere Erfahrungen ersetzt?

Andere Menschen wird es gleichermaßen im schizoiden, womöglich aber eher *zwanghaften* Umfeld geben, die es in bestimmtem Sinne albern, kitschig und sinnlos finden, überhaupt von Liebe zu reden. Sie halten tiefe Gefühle für eine Schwäche; man muss im Gegenteil hart sein, stark, konkurrenzfähig, irgendwie fehlerfrei, so haben sie unter dem Erwartungszwang ihrer Eltern gelernt. Und jetzt nehmen sie ihre emotionale Enttäuschung in Kindertagen als endgültig und machen daraus eine Art Weltinterpretation; sie verweigern überhaupt die Vorstellbarkeit, dass es Alternativen zu dem geben könnte, was sie einmal unter sehr viel Not gelernt haben. Dann, freilich ist der Selbsteinschluss total, es sei denn, neue Erfahrungen bzw. der Druck von Symptomen, die einen hohen Krankheitswert haben, würden das ganze Arrangement bereits der frühen Kindheit noch einmal aufsprengen.

Nehmen wir noch hinzu die sozusagen traumatischen Verstellungen der Liebe. Manche Menschen haben durchaus gelernt, an die Liebe zu glauben, sie mussten aber erleben, dass diese Hoffnung eines Glücks der Liebe auf Erden nicht erfüllbar ist. Man muss sich nur vorstellen, was mit einem Kind geschehen wird, das eigentlich eine sehr behütete Kindheit hatte, die aber damit endete, dass die Mutter an Herzversagen starb. In einer solchen Situation wird ein Kind seine Mutter schon hier auf Erden in den Himmel begleiten und glauben, dass sie im Himmel jetzt schon auf ihr Kind warte. Auch für solche Erlebnisse und Charakterprägungen finden sich berühmte Erzählungen, – das Märchen vom *Aschenputtel* zum Beispiel. Es schildert, wie ein Mädchen den Tod seiner Mutter als das Ende nicht nur seiner Kindheit empfindet, sondern fortan sich mit der Verstorbenen identifiziert, indem es sein ganzes Leben in einen nicht endenden Totendienst verwandelt. Dieses Kind ist ganz dicht dabei, eine Art Nonnenschicksal auf sich zu nehmen, indem es immer wieder zu dem Grab seiner Mutter geht, auf dem der Haselzweig wächst, den es dort einmal in die Erde gesteckt hat; es wünscht geradezu, seine Liebessehnsucht ins Ewige, ins irdisch Unerfüllbare zu setzen. So etwas ist unter gegebenen Umständen durchaus verständlich, doch eine gelungene Lösung der Enttäuschbarkeit der Liebe auf Erden sollte darin bestehen, das Vertrauen, das man im Himmel – etwa bei der verstorbenen Mutter – gelernt hat, noch einmal auf die Erde zurückzuholen und sich selber dort in der Realität zu riskieren. Das, freilich, wird nicht aus eigener Kraft gelingen: Würde im Märchen vom *Aschenputtel* nicht der Königssohn kommen und gegen all das Versteckspiel seiner Geliebten darauf bestehen, auch den Hintergrund der Trauer und der Tränen eines am Herdfeuer verhockten Kindes in ihr kennenzulernen, – die beiden würden niemals zueinanderfinden. Doch eben ein solches Sich-Finden gegen alle Angst artikuliert jenes durch und durch religiöse Thema vom Anfang in der Schöpfungsgeschichte der Bibel: die Alternative von Angst oder Vertrauen.

Es war näherhin der dänische Religionsphilosoph SÖREN KIERKEGAARD (1813–1855), der sich selber sehr schwer tat, aufgrund ganz entsprechender Ängste aus Kindertagen, zu lieben; eben deshalb aber hatte er sich in seiner Existenzphilosophie den Begriff des Glaubens wie ein Medikament in gerade dieser Art verordnet. Glauben, sagte er, bestehe nicht in dem Ideal des romantischen Ritters, der auszieht wie Don Quichotte, um durch Heldentaten seine eingebildete Geliebte Dulcinea von Toboso zu beeindrucken; Glauben, meinte KIERKEGAARD, sei eine Doppelbewegung der Unendlichkeit: Man nimmt die Enttäuschbarkeit im Irdischen als wesentlich und sucht Trost im Unendlichen; dann aber nimmt man von dorther das Vertrauen, das man so gefunden hat, zurück in diese Welt, um es inmitten der Brüchigkeit alles Irdischen trotzdem dort wieder zu versuchen. – KIERKEGAARD warf sich bekanntlich vor, dass er genau das nicht zu tun vermocht habe: Er hatte Regine Olsen von sich gewiesen in Sorge, sie mit seiner Schwermut unglücklich zu machen, und er hatte alle Schuld für dieses Drama in der Kopenhagener Öffentlichkeit auf sich selber genommen, – wie zur Buße dafür, dass er in christlichem Sinne nicht den Mut aufgebracht hatte, wirklich zu lieben. Das hielt er für seine Sünde, – für seinen mangelnden Glauben. So schrieb er immer wieder: Ich kann euch zwar sagen, was Christentum heißt, aber ich habe nie behauptet, dass ich selber ein Christ sei. – Persönlich stelle ich mir selber manchmal vor, KIERKEGAARD im Himmel zu begegnen und viel mit ihm gerade darüber zu reden!

Es gibt freilich noch zahlreiche andere Formen, die Liebe zu blockieren oder unglücklich zu machen, und auch sie haben zu tun mit einem Mangel an Selbstidentität und Selbstvertrauen.

Da ist zum Beispiel die ebenfalls ins Schizoide gehende Angst vor dem Selbstverlust, die Liebesangst. Sie kann sehr groß werden, wenn die angstbesetzten Gefühle der Verschmelzung zu stark werden, indem die Sehnsucht nach der Dualunion der Kindertage auch das Erwachsenenverhalten befällt. Die sonderbarsten Irritationen sind dann denkbar. – Ein Mann zum Beispiel wurde höchst unglücklich und hörte auf, seine Frau zu lieben, in dem Augenblick, da sie ihr erstes Kind bekam. Bis dahin hatte der Mann sich in dem soeben skizzierten Liebespiel von Junge und Mutter oder wechselweise von Vater und Tochter sehr wohl gefühlt; jetzt aber, durch die Ankunft eines Kindes, wurde aus einem Elternspiel der Zweisamkeit der Ernstfall des Elternseins zu dritt; ab jetzt gab es zwei Personen, die auf ein Drittes schauten; Ich und Du wurden jetzt ein gemeinsames Wir, und gerade diese Umstellung wurde von ihm als außerordentlich schmerzhaft empfunden und drohte die ganze Partnerschaft zu sprengen. Verstehen kann man das, wenn man noch einmal an die Bedeutung der Probestunden denkt, in denen man die Vater- und Mutterrolle gegeneinander ausgetauscht hat. Da sollte man die eine wie die andere Rolle, die des Erwachsenen wie die des Kindes, durchspielen und lernen, beides zu sein. Aber diese Vorbereitung genügt mitunter nicht, um die alte Angst abzubauen. Man klammert sich dann wieder an ein Stück Vergangenheit, statt sich auf den Prozess des Lebens einzulassen; man verewigt im Anderen die Erwartungsrolle des Vaters, der Mutter, und fürchtet sich förmlich vor der Ankunft eines Kindes, das die als ewig jugendlich in der Gestalt von Hera oder Zeus Geliebte zu der Mutter oder zu dem Vater eines Wesens macht, mit dem es die Zuneigung fortan zu teilen gilt.

Eine noch andere, ebenso wichtige Thematik hängt mit der Frage von Fixierungsresten kindlicher Erwartungen mittelbar zusammen. Menschen können sich unterschiedlich rasch entwickeln, und sie können dabei durch verschiedene Erfahrungen in sehr verschiedene Richtungen gedrängt werden, die eines Tages nicht immer zusammenführen oder sich wenigstens parallelisieren lassen; so kann es kommen sowohl durch die Dynamik der Geschwindigkeit als auch durch die Impulsrichtung der Persönlichkeitsentwicklung der betreffenden Personen. Fast allemal ist eine solche Möglichkeit gegeben, wenn etwa ein älterer, sagen wir, dreißigjähriger Mann, eine Achtzehnjährige heiratet, ein Lehrer zum Beispiel seine Abiturientin. Es kann für beide ganz sicher über lange Zeit hin ideal und wunderbar sein, was sie da miteinander erleben, es sollte aber der Ältere von Anfang an wissen, dass er einen Menschen in seine Liebe eingeschlossen hat, der noch mitten in der Entwicklung steht und gerade durch seine Zuneigung beginnen wird, sich an seiner Seite stürmisch zu entfalten. Unausgemacht ist in jedem Falle, wie dessen Entfaltung sich letztlich darbieten wird. Denn es wäre allemal falsch zu glauben, man wüsste, weil man den Anderen liebt, auch schon, wer oder wie dieser andere wirklich ist. Die Liebe wirkt, wie die Sonne im Frühling, als eine ungeheure Verströmung von Energie, die unglaublich viel an Leben zulässt und immer wieder staunen macht, was dabei zum Vorschein kommt, – nicht selten überraschend anderes, als man vormals gedacht hat! Deshalb sollte man sich in der Liebe gerade für die Überraschungen persönlicher Reifung und Identitätssuche offen halten. Man sollte die Bedingungen, unter denen man sich einmal kennengelernt hat, flexibel halten. Sie waren der Erdboden, auf dem etwas gewachsen ist und wachsen mag, aber wir sollten uns darüber nicht wie die Würmer in der Erde verkriechen. Wir sollten ins Licht wachsen, das uns die Sonne schenkt, und uns nicht regressiv fixieren auf den Punkt, an dem die Liebe einmal Wurzeln schlug.

Diese Einsicht wird in aller Regel besonders wichtig in der Lebensmitte. Nicht selten tritt eine eheliche Beziehung in eine Krise, wenn die Kinder älter werden und aus dem Hause gehen. Bis dahin hat man nach der Geburt der Kinder sich wechselseitig in einer Art funktionaler Aktionseinheit festgeschrieben und dabei die persönliche Entfaltung eine ganze Weile lang storniert. Man kümmerte sich um die Kinder, weniger um sich selbst. Anders gesagt: Man musste die Bedingungen relativ festschreiben, die bei der Eheschließung erreicht worden waren; und diese Bedingungen durften sich seither nicht sehr dynamisch verändern, damit für das Neugeborene, für die weiteren Geschwister, ein sicherer Raum der Geborgenheit entstehen konnte. Jetzt aber, wenn die Kinder 18 Jahre alt geworden sind, wenn sie studieren gehen, steht die Frage wieder im Raum: Was haben wir denn kennengelernt, als wir uns vor 20 Jahren gefunden haben? Wer waren wir damals? Was hat damals aufgehört, sich weiter zu entfalten, als wir anfingen, uns nicht mehr als Liebespaar, sondern als Eltern zu definieren?

Aus dieser Frage können eine Reihe neuer Krisen entstehen, und so ist es kein Wunder, dass die schwierigste Zeit der Liebe Mitte und Ende der vierziger Jahre liegt. Bis dahin war die Frage, warum Mann und Frau als Paar zusammenblieben, von dem Kind beantwortet. Es wäre alles andere als tugendhaft und menschlich würdig gewesen, eine Frau oder einen Mann im Stich zu lassen, solange sie gebraucht wurden als Mutter oder Vater von diesem Kind, für das man wie selbstverständlich da sein musste. Dieses Kind war deshalb die Sinnmitte, die man gefunden hatte auf die Frage: Wofür gibt es mich? Warum tue ich das alles? Wie viele Belastungen mute ich mir zu? Doch die Sicherheit, die Evidenz dieser Antwort in der Rolle der Mutter, des Vaters hört auf, wenn die Kinder erwachsen werden. Die Frage lautet dann zunehmend: Was macht es für einen Sinn, immer noch zusammenzubleiben?

Hinter dieser biographischen Veränderung steckt auch eine wichtige kulturgeschichtliche Wandlung. Bis vor etlichen tausend Jahren lag das Lebensalter der Menschen gerade mal bei durchschnittlich 27 Jahren. Das heißt, man lebte in etwa nur so lange, bis die Kinder heiratsfähig wurden. Man sah noch gerade, wie das weitergegebene Leben selber neues Leben weitergab; dann trat man von der Bühne ab. Mehr war mit dem individuellen Leben von der Natur nicht gemeint. Wir haben heute unser Leben, allein schon in den vierzig Jahren zwischen 1960 und 2000, unglaublich verlängert, fast um zwanzig Jahre, vor allem durch die kulturellen und zivilisatorischen Bedingungen der Ernährungsphysiologie und der medizinischen Versorgung. Was wir nicht so ohne weiteres dabei bedenken, ist die psychologische Frage, die sich daraus ergibt: Wie leben wir jetzt, wenn in Aussicht steht, dass wir nach 30, 40 Jahren, nach Ableistung der biologischen Zweckbestimmungen der geschlechtlichen Partnerschaft, noch vierzig Jahre weiterleben sollen? Das ist eine Ausdehnung der Zeit, auf welche die Gesellschaft nicht ohne weiteres vorbereitet ist, die aber erklärt, warum die hohe Scheidungsrate in unserer Gesellschaft immer noch weiter zunimmt.

Um der Gefahr der Entfremdung im Fortschreiten der Jahre auszuweichen, versichern sich Paare manchmal: Wir wollen miteinander alt werden. Das sagen sie mitunter bereits, wenn sie noch nicht einmal 40 sind. Sie zwingen einander mit solchen Versicherungen, sich schon in jungen Jahren so alt zu fühlen, dass Alternativen gar nicht erst denkbar werden. Die Versuchbarkeit zu etwas Neuem wird resignativ unterdrückt zugunsten dessen, was man bürgerlich Treue in der Ehe nennt. Doch ist eine solche Vergreisung der Jugend mit Liebe vereinbar?

In guten und in schlechten Tagen einander treu zu sein, wie es in der Eheschließung versprochen wird, ist ein Geschenk gelingender Liebe – es lässt sich nach allem Gesagten nicht mit moralischem Druck erzwingen. Doch gerade wenn die unmittelbaren Sinngebungen des Zusammenlebens in fortschreitendem Alter sich nach und nach auflösen, entsteht zugleich auch die Möglichkeit zur Entfaltung einer Liebe, die über die individuelle Partnerschaft hinausgeht und sich tatsächlich erst, wenn die Kinder aus dem Haus sind, auf neue Aufgaben und Inhalte hin zu öffnen vermag. Ja, in gewissem Sinne zeigt sich gerade jetzt erst, was Liebe in ihrem Wesen ist und was sie bewirken kann. Das Ideal dafür ist von alters her das Bild reiner Mütterlichkeit: Sie ist eine der kostbarsten Verunendlichungen von Gefühlen, die begrenzt schon im Tierreich angelegt sind, im menschlichen Bewusstsein. Wir Menschen verfügen über die wunderbare Fähigkeit, ein Empfinden, das wir zunächst auf ein einzelnes Kind legen, auf alles Lebende zu übertragen, was hilflos ist, bei Menschen wie bei Tieren, bei Kranken, bei Behinderten, bei Pflegeabhängigen. Und gerade diese Chance ist bei vorrückendem Alter gegeben: Man lernt, den Anderen womöglich als noch viel liebenswürdiger kennen, weil er einen jetzt, älter geworden, von Tag zu Tag noch viel mehr braucht als bisher. Bis dahin konnte man leben nach der Devise: Leben ist glücklich sein, Liebe ist Tanzen und Fröhlichkeit. Das alles mag unter bestimmten Voraussetzungen ja tatsächlich auch gültig gewesen sein; aber es ist und war ganz sicher keine endgültige oder überhaupt eine wirklich tragfähige Antwort. Nicht wenigen Menschen werden sehr früh schon Dinge zugemutet, die alles andere als wünschenswert sind. Ein kleiner Autounfall etwa genügt, und eine Frau ist querschnittgelähmt; sie ist gerade 35 Jahre alt, und es ist zudem noch ein Kind gerade unterwegs, – wie soll sie mit so etwas umgehen? Ganz sicher nicht, indem sie sich jetzt sagt, was die Nachbarn und wohlwollende Mitmenschen in solchen Fällen zu sagen pflegen: Du musst stark sein! Oder was der Pastor sagt: Du musst auf Gott vertrauen! Die Gefühle der Zuneigung indessen können gerade im Schatten von Leid und Not sich – vielleicht – neu ordnen; und das hat dann allerdings wesentlich etwas zu tun mit einem unbedingten Vertrauen und mit der Art, wie man sich selber fühlt im Gegenüber einer absoluten Bejahung und Zuwendung.

Sprechen muss man in diesem Zusammenhang nicht zuletzt davon, *wie* Mütterlichkeit sich ausdehnt. Diese Möglichkeit gehört unbedingt zum Thema der Liebe dazu! Sie überschreitet die biologischen Zielsetzungen zum Schutz des eigenen Genmaterials in Gestalt der eigenen Kinder und sogar der eigenen Spezies bei weitem. Und sie zeigt, dass die Evolution mit uns, mit den Menschen ein Feld betreten hat, in dem sie sich selbst übersteigt, ja, geradewegs selber in Frage stellt. Mit uns Menschen ist etwas als Frage in die Natur getreten, das die Natur selbst weder beantworten kann noch auch zu beantworten beabsichtigt, etwas, mit dem sie sich selber riskiert, mit dem sie zugleich aber auch Möglichkeiten eröffnet jenseits ihrer selbst. Diese Transzendenz des nur Naturhaften gehört wesentlich zu uns Menschen. Von einer universellen Mütterlichkeit kann man dabei sprechen oder auch von einem universellen Mitleid, – beides liegt ganz dicht beieinander. In jedem Falle geht es um eine Form der Liebe, die durch und durch menschlich ist und die, wie ARTHUR SCHOPENHAUER richtig sah, die eigentliche Quelle aller Moralität darstellt.

Vor einer Weile schilderte eine Frau einmal, wie sie entdeckt hatte, dass ein Vogeljunges in ihrem Garten hilflos auf dem Boden hockte. Ganz aufgeregt fragte sie sich: Kommt der Altvogel in den Garten, um es zu füttern? Oder was kann sie selber tun, um das Jungtier zu schützen? Was würde sein, wenn es heute Abend regnete? Wohin sollte sie das Vögelchen bringen? Diese Frau war so in Unruhe, dass eine Weile lang kein ruhiges Gespräch mit ihr möglich schien, doch gerade das zeigte sie als eine wunderbar mütterliche Frau. Was sie angesichts des Vögelchens durchmachte, war alles andere als lächerlich. Darin kam jene wunderbare Fähigkeit zum Vorschein, Menschlichkeit auszudehnen und Verantwortung zu strecken über alles, was Hilfe braucht.

Zur Liebe gehört ganz in diesem Sinne generell eine große Freigabe im Vertrauen. Das Gegenteil davon ist die Verengung der Liebe in Angst, die bis zum Kriminellen gehen kann. Denn ohne ein solches fundamentales Vertrauen bleiben oder werden alle Gefühle zweideutig und können in Turbulenzen führen, die eine große Zerstörungsdynamik mit sich bringen – bis hin zum Mord. Sprechen wir zum Abschluss deshalb auch davon, – die griechischen Tragödien haben es schließlich oft genug auf die Bühne des Theaters, das unser Leben ist, gestellt, um zu zeigen, wie aus dem Gottesgeschenk der Liebe eine dämonische Obsession zu werden vermag. Klar scheint, dass mancher Mord, der gerichtlich als Triebverbrechen geahndet wird, aus Zusammenhängen von Angst und Unsicherheit zustande kommt. Der aktive, aggressive Teil in solchen Fällen ist ja meist der Mann; doch geht man der Geschichte nach, wird man oft entdecken, dass es sich weniger um ein Testosteron-Problem als um eine Beziehungstragödie handelt. Auslösend ist nicht selten die Tatsache, dass die Frau einem Manne Dinge sagt, die er als Zerstörung von allem erlebt, was er gemeinsam aufzubauen hoffte. Fast immer steht im Hintergrund das jahrelange Bemühen eines solchen Mannes, alles zu tun, um von seiner Frau geliebt zu werden. Zur Erreichung dieses Ziels hat er Überstunden gemacht, hat er ein Haus gebaut, hat er Geld ausgegeben, hat er fast seine Gesundheit ruiniert. Und nun kommt sie und erklärt, dass ihr das alles schlicht gar nichts bedeutet, dass sie inzwischen einen andern Mann liebt, dass sie mit so einem Arbeitstier wie ihm nicht länger leben kann und will. Diese Vernichtung von allem, was man einmal gemeint und gemacht hat, diese vollkommene Vernichtung der Person, diese glatte Entwertung aller Mühen führt zu einem Zustand, der verbal nicht mehr aussprechbar ist. Er lässt sich auch nicht mehr diskutieren. Er führt zu einem Affektstau, und dieser kann mörderische Qualitäten entwickeln. Manchmal, beim Erwürgen des Partners, geschieht ein Mord womöglich nur, damit der andere endlich aufhört, all das zu sagen, was so tödlich verletzt und dem man doch nicht widersprechen kann. Man drückt dem anderen den Hals zu, damit er endlich diese Worte nicht mehr sagt ... !

Liebe, mit den Augen der griechischen Tragödiendichter oder der Gerichtspsychologen betrachtet, hat nicht nur etwas Wunderbares. Sie hat auch etwas Abgründiges. Man hat nicht nur Grund, fröhlich zu reden über die Liebe. Und doch ist es wahr: Gerade das Leiden in und an der Liebe geht man ein, weil man irgendwo am Horizont hofft, in der Bindung aneinander mit sich selber zu Reife und Glück zusammenwachsen zu können. Es ist eine Binsenweisheit: Die Liebe wird geschlossen im Himmel, aber gelebt wird sie auf Erden. Sie ist die beste Bestätigung der Meinung KIERKEGAARDS, jener Glaube, der Liebe ermöglicht, sei eine »Doppelbewegung der Unendlichkeit«.

Und was, mag man fragen, ist es nun mit all den Menschen, die einen Partner der Liebe, zum Beispiel aus den genannten Gründen, nicht finden oder die ihn nicht so finden, wie sie ihn brauchen würden? In der Tat gibt es viele Menschen, die auf Erden die Chance nicht haben, glücklich zu sein. Aber schon, dass sie die Kälte der Welt bis ins Herz hinein spüren, zeigt, dass sie als Menschen ein Anderes suchen, als was die Natur ihnen bietet, und so wird selbst das unglückliche Suchen nach Liebe zu einer Offenbarung des menschlichen Wesens und zu einer Art Beweis für die Notwendigkeit Gottes. Diese Sehnsucht nach Liebe ist das eigentliche Thema der Religion. FRIEDRICH SCHLEIERMACHER (1768–1834) hat insofern völlig zu Recht gesagt, Religion sei der Geschmack am Unendlichen. Alle Liebe, das schrieb bereits PLATON in dem wunderbaren Dialog »*Symposion*«, sei das Verlangen nach Unendlichkeit. Eros, so führte er aus, war im Ursprung nicht das kleine Kind, das die Römer zu jenem spielenden Amor mit dem Bogen gemacht haben; er war einmal der stärkste und ursprünglichste aller Götter, indem er sogar das Urelternpaar Gaia und Uranos zusammenführte. Er ist das Verbindende unter allem Trennenden, das in seinem Wesen zusammengehört. Er ist das Verlangen der menschlichen Seele nach jener Ewigkeit, der sie als ihrem Ursprung entstammt. Gerade die Liebe seiner großen Geleiterin und Mutter Aphrodite eben ist die Entdeckung bzw. die Erinnerung an dieses Geheimnis allen Daseins.

Tod

»Und der Tod wird nicht mehr sein« (Apk 21,4)

oder: Vom Umgang mit der Endlichkeit des Daseins

MICHAEL ALBUS: Der Dichter Rainer Maria Rilke hat 1906 ein Gedicht geschrieben, das in seiner lapidaren Kürze die Tatsache des Todes unmissverständlich zum Ausdruck bringt:

Der Tod ist groß.
Wir sind die Seinen
lachenden Munds.
Wenn wir uns mitten im Leben meinen,
wagt er zu weinen
mitten in uns.

Immer wieder wird der Tod als Person gesehen: als Erlöser, als Freund, als Feind, als Zerstörer, als Vernichter. Gleichwohl ist er keine Person. Er ist ein Faktum. Ein Faktum, das wir nicht aus der Welt schaffen, das wir allenfalls noch vorsätzlich oder fahrlässig zur Unzeit herbeiführen können. Wann aber kommt der Tod zur rechten Zeit? Eigentlich nie! Der Kampf gegen den Tod beginnt mit der Geburt. Genauer besehen eigentlich schon mit der Tatsache der Zeugung. Nehmen wir einmal den Regelfall an, dass ein Mensch aus Liebe gezeugt wird, dann bleibt angesichts des Todes nur die Einsicht: Es ist Liebe zum Tode.

Der Tod ragt wie ein Fremdkörper in unser Leben herein. Auch wenn wir die Hoffnung und den Glauben haben, dass mit dem Tode nicht alles aus ist, sondern ein neues, anderes Leben beginnt, ändert das nichts, rein gar nichts an der Wirklichkeit des Todes. An seiner Grenze enden alle unsere Vorstellungen, endet unser Glauben, unsere Hoffnung und unsere Liebe. Was danach kommt, bleibt reine Spekulation. Auch Nahtoderfahrungen, von denen wir von Zeit zu Zeit hören oder lesen, können uns keine verlässliche Aufklärung verschaffen. Wahrlich, der Tod ist groß. Und mitten im Leben umfängt er uns.

Der Mensch versucht dem Tod zu entfliehen. Rette sich, wer kann! Rette sich, wer kann, in Phantasiebilder des auf den Tod folgenden Paradieses, rette sich, wer kann, in heroische Todesverachtung oder in seine direkte Verneinung. Es nützt ihm nichts. Der Tod ist sicher, seine Stunde nicht.

Gerade angesichts der Unausweichlichkeit des Todes empfiehlt es sich, ihn mit nüchternen Augen in den Blick zu nehmen, ihn nicht weg zu reden. Die Naturwissenschaften vermögen uns eine Menge über den Tod zu sagen. Sie können den Tod ziemlich gut erklären. Auch die Psychologie vermag Licht in die Dunkelheit des Todes zu bringen. Aber allenfalls hilft uns dieses Licht ein wenig, besser oder erträglicher mit den Ängsten zu leben, in die uns der Tod zu Lebzeiten treibt.

Kein Wunder, dass die Religionen den Tod als ein zentrales Lebensthema sehen – nicht nur die Religionen, auch die Mythen und Märchen in allen Kulturen und Zeiten. Die Furcht vor dem Tod trifft jeden Glauben, jede Hoffnung, jede Liebe.

Die Theologen haben sich auch bei diesem Gegenstand gründlich verrannt. Sie haben den Tod als eine Strafe Gottes angesehen für unsere Sünde von Anfang an. Der Tod sei der Sünde Sold, sagt die Bibel. Im Christentum muss dann sogar »Gottes Sohn« selber herhalten, um unsere Schuld zu sühnen: Der Vater opfert seinen Sohn. Das ist menschlich kaum zu verstehen. Ein Gott, der den Tod des Menschen will, ein Gott, der um der Sünde der Menschen willen seinen Sohn opfert, kann schon einmal gar kein liebender Gott sein. Er ist schlicht ein Monstrum. Er ist das Absurde schlechthin.

Mit dem Tod verbinden sich noch ganz andere Fragen. Eine wichtige zum Beispiel lautet: Wenn ich schon nicht gefragt wurde, ob ich ins Leben kommen will, warum kann ich dann das Leben nicht zurückweisen, beenden aus eigener Entscheidung? Die Frage der Selbsttötung spaltet bis heute – nicht nur die Menschen, die sich Christinnen und Christen nennen. Der Tod ist kein Spezialthema der Religionen. Sie haben sich dieses Themas aus verständlichen Gründen bemächtigt. Ihren falschen Antworten kann man nur mit Fakten und Daten entgegnen. Auch auf diesem Feld ist Nüchternheit geboten.

EUGEN DREWERMANN: Kausal ist der Tod entstanden aufgrund der Vielzelligkeit der Lebewesen. Potentiell unsterblich sind nur die Einzeller. Sie können sich teilen, und irgendetwas von ihnen lebt möglicherweise weiter. Mit der Vielzelligkeit kam der Tod und in gewissem Sinne auch die Angst im Bewusstsein vor dem Tod. Wir sind damit wieder bei der biologischen Bestimmung, dass das individuelle Leben ursprünglich erfunden wurde als bloße Überträgermaschinerie zur Weitergabe der Gene. Nur diese anscheinend sollen sich durch die Zeit tragen. Alles andere soll zerfallen. Unsere Somazellen fügen sich zusammen und werden sich mit Sicherheit wieder auflösen. Das ist biologisch so und kann gar nicht anders sein, wenn man die Struktur des Lebendigen begreift. Für Biologen ist das kein Problem, menschlich aber entsteht hier eine Frage, auf welche die Biologie nicht zu antworten vermag.

Hinzu kommt ja, dass Leben und Tod immer ineinander greifen. Leben lebt von Leben – biologisch, eine grausige, wirklich sadistisch anmutende Mechanik, die aber die ganze Evolution durchzieht. Alles Lebendige steht unter dem Gesetz, seinen Energiebedarf zu decken, indem es anderes Leben beansprucht, in welchem die nötige Energie gebündelt ist, gleich, ob menschlich, tierisch oder pflanzlich. Diese Mechanik waltet in allem, und so ist der Tod immer wieder auch Teil des Lebens.

Wir können als grundlegende Stufe der Betrachtung Leben auch physikalisch definieren und sagen: Thermodynamisch betrachtet sei Leben ein Ort von hohem Energiedurchfluss, der fernab vom thermodynamischem Gleichgewicht Chaos in eine geordnete Struktur überführe. Aber mit Sicherheit wartet auf ein solches Gebilde außerordentlicher komplexer Ordnung die baldige Auflösung, und im ganzen trägt Leben nicht zur Vermehrung von Ordnung, sondern zur Vermehrung der Entropie im Weltall bei. Mit einem Wort: Was wir Leben nennen, ist ein Nullsummenspiel von Plus und Minus. In allem Lebenden ist Energie lokal und momentan gebündelt worden, doch die Natur nimmt diesen flüchtigen Ordnungszustand bald schon wieder zurück und gießt ihn in neue Formen. Und das geht nun endlos so hin und her, solange es Leben auf diesem Planeten gibt – vielleicht noch 3 bis 4 Milliarden Jahre lang. Und mit dem Leben regiert der Tod, nicht erst am Ende, sondern als Betriebsbedingung sozusagen. Er bildet unter anderem auch ein Gegengewicht zur Sexualität. Die Weitergabe des Lebens über die potentiell unsterblichen Gene macht ja nur Sinn, wenn die Individuen tatsächlich über kurz oder lang von der Bühne abtreten.

Es gibt, um diesen Gedanken zu verdeutlichen, eine sehr schöne Erzählung aus dem Süd-Sudan. Da versuchen die Eingeborenen eine Antwort auf die Frage nach dem Grund des Todes zu geben mit der Geschichte von dem Gott Soko. Als dieser die Welt erschuf, fragte er die Geschöpfe, was sie wollten. Drei Möglichkeiten stellte er zur Wahl: Ewiges Leben, aber keine Kinder. Oder: Langes Leben und Kinder, die man niemals sehen würde. Oder: Kurzes Leben mit Kindern, mit denen man zusammenleben leben dürfte. Die Steine sagten: Ewiges Leben, aber keine Kinder. Die Schildkröten sagten: Langes Leben, Kinder ja, aber man muss sie nicht sehen. Nur die Menschen sagten: Lieber ein kurzes Leben und die Liebe. So entstand die Welt.

Eines ist klar: Die Weitergabe von Leben darf nicht zu einer ständigen Vermehrung führen, sie muss notwendigerweise durch den Tod begrenzt werden. Das erzählen die Initiationsriten der sogenannten Primitivkulturen immer wieder, indem sie zumeist die Rollen von Jungen und Mädchen einander geschlechtsspezifisch zuordnen. Ein Spruch in Abessinien zum Beispiel lautet bei der Initiation der Jungen wie der Mädchen: »Wer noch nicht getötet hat, töte; wer noch nicht geboren hat, gebäre.« Das bedeutete es einmal, vom Kind zum Mann und zur Frau zu werden, und beider Tun soll sich fügen in den ständigen Kreislauf von Kommen und Gehen, von Ernte und Aussaat, von Leben schenken und Leben nehmen.

Auf diese Weise entsteht unausweichlich die Frage, wie wir mit der Naturtatsache der Endlichkeit unseres Lebens umgehen. Das erste Paradox besteht bereits darin, dass uns als Menschen die biologischen Antworten nicht mehr schützen, – sie genügen nicht, sie muten geradewegs zynisch an. Am offenen Grabe hört man wohl immer wieder Reden – auch aus dem Munde von Pastoren –, die erklären, wir lebten ja weiter in den Kindern, die jetzt hier am Grabe stehen und trauern. Eine solche Antwort ist sehr beliebt, aber sie ist gänzlich falsch. Sie gilt biologisch, aber sie stimmt kulturell und menschlich überhaupt nicht. Es gibt kein persönliches Weiterleben in den Genen. – Ein Beispiel: Gesetzt einmal, wir würden beim weiteren Fortschritt der Gentechnologie etwa aus dem Körper des Tutanchamun einen geklonten Zwilling herstellen können, einen neuen Tutanchamun, dann wäre dieses Gebilde biologisch gewiss absolut identisch mit dem Wesen, das im alten Ägypten um 1350 vor Christus mumifiziert wurde. Aber was wir in diesem Fall hätten, wäre nie und nimmer Tutanchamun. Alles, was dieser Mann denkt, spricht, fühlt, hätte ja mit jenem Andern gar nichts zu tun. Seine Personalität wird ja nicht in den Genen produziert, sondern in den Verästelungen des Gehirns, in dem Riesenstrom von Erfahrungen und Informationen, die wir als individuelle Psychogenese bezeichnen. Mit anderen Worten: Es ist vollkommen unmöglich, in den Genen fortzuleben. Und nun kommt es noch ärger: Der Wille, in den Kindern weiterzuleben, wird oder kann zu unerträglichen Formen von Übererwartung und Zwang führen. Ein Vater, der möchte, dass sein Sohn dies oder das werde, damit er auf ihn stolz sein kann, damit er fortsetzt, was er selber gewollt hat, oder eine Frau, die von ihrer Tochter erwartet, dass sie just die Dinge tut, zu denen sie selber nicht gekommen ist – sie wollte einmal Tänzerin und Ballerina werden, weil sie so schön war, aber sie hatte eine Schule nicht besuchen können, weil gerade damals die Rote Armee in Ostpreußen einmarschierte, und sie will nun, dass ihre Tochter ersatzweise, als Substitut ihrer enttäuschten Hoffnungen, ihren Traumberuf erwählt –, solche Eltern wollen gewiss das Beste für ihre Kinder, aber sie können die Kinder niemals individuell freigeben. Das heißt: Das Verlangen, in den Kindern weiterzuleben, ist weder biologisch noch pädagogisch in irgendeiner Weise durchführbar oder auch nur ernsthaft wünschbar. Im Gegenteil!

Wir müssen vor allem pädagogisch eingestehen, dass eine sonderbare Geschichte im 22. Kapitel der Genesis im Grunde völlig recht hat. Da bekommt, so erzählt sie, Abraham endlich einen Sohn, der ihm schon lange verheißen war, er bekommt ihn gegen alles Erwarten, und er liebt ihn abgöttisch: Isaak! Doch wie die Bibel so ist: Sie lässt Gott den Abraham auf die Probe stellen mit der Frage, was denn wird, wenn es Isaak für ihn nicht gäbe, – wenn er ihn Gott zurückgeben müsste! Wer ist dann Abraham und wer Isaak? Da gab es einmal das Versprechen Gottes von einer großen Zukunft in kommenden Generationen, und jetzt wird Abraham gesagt, er müsse diesen Traum der Verheißung wie mutwillig zerstören, indem er seinen Sohn »opfert«: Was ich möchte, Abraham, sagt Gott in gewissem Sinne in dieser Geschichte zu Abraham, das ist, dass du selber bist. Wer bist du als eigene Person – ohne dein Kind? Das wollen wir durchprobieren, hier auf dem Berge Moria. Du musst alle Phantasmagorien vom Weiterleben in deinem Kinde töten, du musst davon abstrahieren, wenn du selber sein willst. Man kann auch sagen: Du behältst dein Kind nur, wenn du es an die Zukunft weitergibst. Es gehört dir nicht. Es wird dir entfliehen, wenn du es festhältst. Du würdest es nie zum Leben zulassen, wenn du selbst in ihm leben und weiterleben möchtest.

Was also machen wir mit dem Tode, wenn wir durch ihn zurückgeworfen sind nur auf uns selber?

Auch eine andere Hoffnung trügt, die man in den Trauerreden am Grab einander zu versichern pflegt und die da lautet: Du wirst weiterleben in unserem Gedächtnis, wir bleiben dir treu verbunden, du bist bei uns unvergessen, wir werden dich immer lieben. Dass das so nicht stimmt, ist mit Händen zu greifen. Bald schon, in 30 Jahren spätestens, wird die Friedhofsverwaltung dafür sorgen, dass der Grabstein planiert wird zur Neubelegung der Grabstätte. Manche von denen, die sich erinnern könnten, werden dann vermutlich selber bereits gestorben sein. Und zudem: Wie kurzlebig und wie falsch kann unser Gedächtnis sein! Was wissen wir vom Anderen wirklich? Noch paradoxer: Was wissen wir von uns selber? Bis zum letzten Atemzug können wir uns über uns selber irren. Mit aller Wahrscheinlichkeit sogar machen wir uns in wichtigen Fragen bis zum Ende unseres Lebens etwas vor. Also ist die Frage nach dem Tode nicht zu beantworten in Richtung auf andere hin oder von anderen her, aber auch nicht in Abhängigkeit von dem schwankenden eigenen Urteilsvermögen. Was also bleibt von uns, wenn wir nicht mehr sind? Wozu waren wir dann? Und in der Gegenwart gefragt: Wozu sind wir da? Es braucht auf diese Frage unbedingt eine Antwort, die dem Tode standhält.

Die Antwort der Religion lautet: Wir sterben nicht ins Nichts hinein, sondern in die Hände, die uns geformt haben. Das wohl dramatischste Beispiel dafür bietet der Tod Jesu, – es ist zugleich richtungsweisend und haltgebend: Im 23. Kapitel bei Lukas stirbt Jesus mit den Worten des 31. Psalms auf den Lippen: »In Deine Hände gebe ich mich ganz!« Der Evangelist lässt Jesus noch beten, was in diesem Psalm gar nicht steht: »Lieber Vater«. Das will doch sagen: Was ich bin, weißt einzig DU. Was ich wollte, kann ich noch stammelnd sagen, aber was daraus werden wird, liegt ganz und gar in Deinen Händen. Das einzige Richtmaß für die Gültigkeit dessen, was ich gewollt habe, bist DU und wirst DU sein.

Wenn *das* Sterben heißt, nimmt der Tod uns nichts weg, sondern er öffnet lediglich die Begrenztheit unserer Sinnsuche, er endet die Schwäche unserer Liebe, er verhindert die Zerstörung unserer Hoffnung in den endlichen Erwartungen des irdischen Daseins, und er verunendlicht sie in Gottes Ewigkeit hinein. Diese Perspektivenöffnung ins Unendliche, diese Hoffnung auf ein neues, anderes Leben in Gottes Ewigkeit, hat absolut nichts zu tun mit dem Selbsttrost kindlicher Wunschphantasien; sie bedingt vielmehr, dass wir als Erwachsene der leidigen Todespraxis des sonst ganz »normalen« Lebens als eines unendlichen Kampfes ums Überleben endlich ledig werden und wahrhaft als Menschen zu existieren beginnen.

Diese Perspektive ins Unendliche ist sehr wichtig, um Humanität in der irdischen Existenz wirklich zu wagen. Denn solange wir so leben, wie es uns die Gesellschaft förmlich hypnotisch auferlegt, stehen wir in der Gefahr, eher zu vegetieren als zu existieren und in einem bloßen Unleben uns zu vertun, indem wir uns an die Endlichkeit eines Daseins klammern, das innerlich hohl ist. Wir sind dann wie Süchtige. Wir verunendlichen die Tierheit unserer Herkunft, weil wir die Unendlichkeit unseres Daseins in Gott nicht glauben. Wir verwechseln Glücklichsein mit bloßer Habmacht, die wir gewinnen, wenn wir Geld haben, wenn wir Konsumgüter einkaufen können, wenn wir Macht über andere gewinnen, wenn wir bestimmte Positionen besetzen, wenn wir eine phantastische Karriere hinlegen. Wenn wir all das haben und bekommen, dann meinen wir, richtig gelebt zu haben. Immer müssen wir bei diesem Streben etwas erreichen, und immer müssen wir in diesem Streben erfolgreich sein; wir entwerfen oder verurteilen uns dabei zu einem ständigen Konkurrenzkampf, der die Todesspirale, in der wir uns befinden, nur verstärken kann. Denn die Standards lauten: Wir müssen effizient leben, wir müssen siegreich und erfolgreich leben, wir müssen möglichst lange leben, wir müssen gesund bleiben … Und da wir schon wissen, dass dies alles ruinös ist, was wir da treiben, müssen wir darüber hinaus fetischähnliche Versicherungen eingehen: Sterbeversicherungen, Altersversicherungen, Diebstahlversicherungen, Brandversicherungen … Gegen alles Mögliche können wir uns scheinbar versichern. Nur das Leben selber wird dadurch nicht sicherer. Die einzige Versicherung, die es gegen die Unwägbarkeit alles Zukünftigen gibt, besteht darin, jetzt, im Augenblick, zu tun, was dran ist, und zwar möglichst unirritiert und in Wahrhaftigkeit. Das ist die einzige Antwort gegen die einzige Gewissheit unseres Daseins: gegen unsere Sterblichkeit; sie setzt voraus den Glauben und die Zuversicht, dass das, was wir sind, in Gottes Hand unendlich ist und nie vergehen wird.

Im Munde Jesu hört sich diese Überzeugung einmal so an. Im 12. Kapitel bei Lukas erzählt er von einem Mann, wie ihn unser Gesellschaftssystem geradewegs favorisiert: Da ist ein Bauer, der entdeckt, dass die Ernte in diesem Jahr höchst ertragreich ausfallen dürfte, so sehr, dass seine Scheunen gar nicht die Kapazität haben, sie aufzunehmen. Und in dieser Situation riskiert er etwas. Er tätigt Erweiterungsinvestitionen. Er schafft Arbeitsplätze. Er lässt, dynamisch, wie er denkt, die alten Scheunen niederreißen, mitten in der Erntezeit lässt er neue, größere errichten, und zwar in Windeseile, die Zeit drängt. Schließlich aber hat er es geschafft. Er hat so viel Korn gelagert, dass er den anderen genug Saatgut ausleihen oder verkaufen kann, um fortan von den Gewinnen in Saus und Braus zu leben. In unseren Tagen könnte er jetzt von seinem Überschuss nach Mallorca fliegen, sich eine Finca kaufen und von den Zinsen seines Vermögens leben, – ähnlich wie der sprichwörtlich reiche CRASSUS um 60 vor Christus, der sagte, derjenige verdiene die Macht zu haben, der von den Zinsen seines Besitzes eine Armee bezahlen könne. Ein solcher Mann hat es geschafft. Er ist sicher, denkt er. Aber Jesus sagt: »Du Narr! Noch heute Nacht wird Gott dein Leben von dir fordern.«

Würden wir in unserer Gesellschaft begreifen, worum es in dem Gleichnis Jesu geht, so wüssten wir, dass uns im Grunde nichts gehört, dass das, was wir besitzen, ein reines Geschenk ist zum Weitergeben an diejenigen, die in ihrem Leben weniger Glück gehabt haben als wir. So zu denken bedeutet, das Leben religiös von Gott her zu konzipieren. Wir denken nicht im Sinne theologischer Spekulationen darüber nach, warum wir glücklich sind und die anderen nicht. Aber wir denken darüber nach, was wir mit dem Glück machen sollten, das wir unverdientermaßen in Händen halten. Und natürlich bedeutet es dann, denen zu helfen, die weniger Glück hatten als wir.

Die Folgerung daraus ergibt sich wie von selbst. Die Frage, warum es den Tod eigentlich gibt, lässt sich nur so zu beantworten: dass wir lernen, uns von allem zu trennen, was überflüssig ist, und uns selber mitzunehmen in Gottes Ewigkeit, indem wir die Hoffnung beibehalten, die Liebe sei stärker als der Tod. Diese Einsicht ist absolut wesentlich, denn das Leben, das wir auf Erden führen, ist nie abgeschlossen. Es gibt so viele Dinge, die in unserem irdischen Leben sinnentleert geblieben sind, – vieles davon ist einfach falsch gewesen, und es lässt sich durchaus nicht wieder gut machen. An gerade diesen Stellen brauchen wir deshalb eine Perspektive weit über den Tod hinaus. IMMA-

NUEL KANT meinte vor 230 Jahren bereits, wir könnten als Bedingung dafür, zu moralischem Handel fähig zu sein, überhaupt nur die Erwartung ansehen, dass unser Leben eine Gleichung sei, die sich erst durch den Faktor der Ewigkeit beantworten lasse. Im Endlichen jedenfalls kann sie nicht aufgehen.

Um auf den Tod als physisches Schicksal und als psychische Belastung unseres Lebens zurückzukommen, so lässt sich unsere gesamte Einstellung in der Art des kapitalistischen bzw. neoliberalen Wirtschaftens, in dem Warenfetischismus unserer Gesellschaft, als tödlich, als nekrophil in der Terminologie von ERICH FROMM, begreifen. Es ist ein geradezu krasses Beispiel dafür, was aus uns wird, wenn wir in einer »Kultur« leben, die jeglichen Jenseitsglauben unter der Zwangsagesetzlichkeit ihrer durch und durch endlichen materiellen Interessen wortwörtlich begraben hat. Sie verwaltet den Tod, instrumentalisiert den Tod, ist selber der Tod. Für diese These sprechen viele Hinweise.

Wenn man zum Beispiel junge Menschen, Männer zumal, zwingt, ihre berufliche Karriere zur Sicherung des Industriestandortes Deutschland als absoluten Wert zu begreifen, ist neues Leben, sind Kinder in einem solchen Konzept nicht länger brauchbar. Deutlich handelt es sich dabei um eine Zivilisation des Todes, die in sich selber nekrophil ist. Einher geht dieser Vorgang damit, dass man Frauen unter dem Stichwort der Gleichberechtigung und der Eigenverantwortung dahin drängt, dass sie die Kinder, die sie in diese Welt entlassen, nur für kurze Zeit bei sich haben sollen, um ihre Arbeitskraft und – zeit zum Zwecke der Kapitalrendite optimal ausbeuten zu können. Also sollen sie möglichst rasch nach einem kurzen Schwangerschaftsurlaub ihre Kinder an ein geschultes Pflegepersonal in den Kindertagesstätten abgeben. Diese unter gewissen Umständen mitunter zugegebenermaßen durchaus sinnvolle Möglichkeit oder gar Notwendigkeit ist, zur Regel erhoben und unter der Drohung des Verlustes des Arbeitsplatzes, erschreckend, weil hier so ziemlich alles mit Füßen getreten wird, was jahrzehntelang in der Psychoanalyse, in der Entwicklungspsychologie, in der Pädagogik, ja auch in der Tierpsychologie, in der Verhaltensforschung, gelernt wurde; allerorten lässt sich da sehen, wie eng die Bindung eines Kindes an seine Mutter ist, später dann auch erweitert an seinen Vater. Und jetzt mit einem Mal sollen all diese Erkenntnisse für null und nichtig gelten, nur weil unsere Politik nicht mehr die Interessen der Menschen, der Arbeitnehmer, der

Eltern vertritt, sondern die des Kapitals und der Kapitaleigner! Das neue Dogma lautet: Alles ist ersetzbar, jeder kann das Gleiche, wenn er nur dafür bezahlt wird. Und man erwartet allen Ernstes, dass die Aussicht auf eine (nicht einmal besonders gute) Entlohnung so viel Verantwortungsgefühl mit sich bringen wird, dass das Pflegepersonal einer Kita mit jedem beliebigen dort unterzubringenden Kind schon »sachgerecht« verfahren wird. Und selbst wenn das so wäre, – langt das aus? Es ist, wie jeder weiß, schon schwer genug, ein Pflegekind groß zu ziehen, weil es nicht das Eigene ist. Selbst eine verantwortungsbewusste, gut ausgebildete, sorgsame und sensible Person in einer Kita wird nicht entfernt das kompensieren können, was eine Mutter von sich her tun würde – sie besitzt ganz einfach nicht die emotionale Verbindung, die eine Mutter ihrem Kinder gegenüber empfindet. Doch wenn das so ist, dann stimmt alles nicht, was wir derzeit gesellschaftlich und politisch zur Gewohnheit, ja, zur Norm erheben. Wir sind und verhalten uns politisch und wirtschaftlich gewolltermaßen lebensfeindlich, nur um weltweit im sozialen Konkurrenzvergleich Schritt halten zu können.

Dabei gäbe es – auch ohne eine explizit religiöse Orientierung unseres Daseinsverständnisses – einen einfachen, rein sozialpolitischen Ausweg aus dem Dilemma: Nähmen wir die Vorsorgeangst vieler Frauen ernst, die sich fragen, was sie machen sollen, wenn sie ihrer Kinder wegen aus dem Berufsleben ausscheiden würden und Gefahr liefen, dass ihr Mann eines Tages sich scheiden ließe – sie stünden dann alleine da, als Putzfrau womöglich, mit einem 1-Euro-Job und einer Rentenerwartung gleich Null, weil der Ex-Mann sich sowieso aus der Unterhaltsverpflichtung stiehlt –, soll es dann wie unter Zwang nur den einen Ausweg geben, jetzt bereits dafür zu sorgen, durch Berufstätigkeit einen ordentlichen Lohn zu erzielen, um dann mit 65 oder 67 Jahren getrost in Rente gehen zu können? Wenn diese Sorge schon besteht, warum gibt man Frauen und Männern in der Zeit, in der sie Kinder erziehen, nicht mindestens ebenso viel Lohn bzw. Rentenanwartschaft, wo nicht noch viel mehr, als wenn sie in einem Betrieb arbeiten würden? Ein Kind zu erziehen ist nicht nur eine kostbarere und würdigere Arbeit als jede vergleichbare andere Tätigkeit, sie müsste auch entsprechend entlohnt werden. Das wäre die Lösung des bestehenden Dilemmas: Statt Frauen und Männer zu bestrafen, wenn sie bei ihren Kindern bleiben, sollte man sie fördern und belohnen. Es geht um die Frage, was uns Leben bedeutet und was am Leben wir wirklich für wichtig halten. Es entscheidet darüber, was wir als Mann und als Frau für Menschen sind.

Natürlich werden manche Ideologen aus Wirtschaft und Politik diesen Standpunkt als antiemanzipatorisch bezeichnen, aber ist es auch antiemanzipatorisch, zu meinen, Frauen sollten nicht Kampfjet-pilotinnen oder Panzerfahrerinnen werden, sondern dabei mithelfen, die Tötungsindustrie des Militärs für alle Zeiten abzuschaffen? Es gibt Dinge, die sollten Frauen nicht machen, und es gibt andere, auf die sie im Unterschied zu Männern über viele neurologische, biologische und psychologische Faktoren hingeordnet sind. Schließlich hat die Menschheit sich nicht erst vorgestern erfunden. Eine Gesellschaft, die so tut, wie wenn sie Jahrmillionen der Evolution und Jahrtausende der Kulturgeschichte einfach nur, bloß weil es das Kapital so will, auf den Kopf stellen könnte, muss leider wohl zur Kenntnis nehmen, dass Emanzipation in unseren Tagen allzumeist nicht die Befreiung der Frauen zu sich selber meint, sondern deren grenzenlose Entfremdung und Ausbeutung im Konkurrenzkampf mit Dumping-Löhnen auf bil-ligstem Niveau. Auch das ist eine Art von Tod, und es ist zynisch zu sagen: Wir fördern die Gleichberechtigung, die Freiheit und die Selbst-bestimmung. Vor etwa 35 Jahren fing die zuvor im wesentlichen in der kommunistischen Gesellschaftslehre begründete Praxis der Aus-tauschbarkeit von Mann und Frau am Arbeitsplatz an, sich über die kapitalistischen Marktmechanismen auch im Westen durchzusetzen, und seither gilt es als propagandistisches Mantra, vor allem den Frauen zu sagen: Eure Freiheit besteht gerade darin, dass ihr am Fließ-band die sinnlosesten mechanischen Tätigkeiten ausüben müsst, und wenn ihr euch darin fügt, bekommt ihr immerhin einen Lohn, der sich später in einer Rente auf Prekariatsniveau niederschlägt. Wenn ihr indessen nur die Windeln wascht, trägt das nicht zur Steigerung des Bruttosozialproduktes bei, und es ist deshalb auch nicht rentenan-spruchsberechtigt. So absurd ist in der Tat die Berechnung unserer Wirtschaftsleistung nach den Maßstäben des Bruttoinlands-Produkts: Die Pflege für ein Kind hat da keinen Eingang in das Rechnungssys-tem unseres Wirtschaftens. Wenn es so steht, kann es selbstredend dem Leben nicht dienen. Jedes Auto, das wir zu Schrott fahren und dann in der Werkstatt reparieren lassen, fördert das Bruttosozialpro-dukt; ein Kind, das gepflegt wird, fördert es nicht. Lebensfremder und lebensfeindlicher geht es nicht; doch genau so geht es zu in unserer Gesellschaft. Ihr gilt als Wert das Geld, etwas Totes, das nur töten kann, indem es als das alles Bedeutende auf dem Markt alles auf Erden um seinen Wert bringt, dass sich nicht in der Geldform realisieren lässt.

Doch es besteht nicht nur die Gefahr, dass wir aus lauter Lebensangst und Abhängigkeit unser ganzes Leben entsprechend den gängigen Vorstellungen in eine wie selbstverständliche Todespraxis verformen lassen, es kommt, um andere Maßstäbe für den Wert unseres Lebens zu gewinnen, vor allem darauf an, eine Perspektive zu erarbeiten, die der Endlichkeit des Daseins durch Hoffnung ins Unendliche standhält, und so lohnt es sich, von den ältesten Antworten zu sprechen, welche die Menschheit auf die Frage nach unserer Sterblichkeit gegeben hat, solange sie über die Frage von Tod und Leben nachdenkt – wir müssen noch einmal sprechen von der Liebe. Die Alten Ägypter vor 5000 Jahren ersannen als Bild zur Lösung des grausamen Rätsels des Todes die Gestalt der Isis, die ihrem getöteten Bruder, Ehegemahl und Geliebten Osiris ins Grab nachfolgt. Da taucht mit den Anfängen der Schriftkultur bereits das geradezu romantische Motiv von der Liebe im Grab auf. Ein solches Bild ist unter ägyptischem Einfluss bekannt auch aus dem Hohelied der Bibel: Die Liebe ist stärker als der Tod, heißt es da, alle Wasser löschen sie nicht aus (Hld 8,6.7); wenn wir Gott die Liebe nennen, dann mit dieser unbedingten Setzung eines Vertrauens, dass Gott will, dass es uns gibt, sonst hätte er uns nicht erschaffen, und dass er diesen seinen Willen durchhält auch und gerade im Tod. Alles, was wir Menschen uns gegenseitig an Liebe schenken können, ist wie ein Versprechen für diese Hoffnung, wie die Öffnung eines Fensters inmitten eines Kerkers: Wir können sehen, dass draußen die Sonne scheint!

Dieser Ausblick, diese Zuversicht, ist deshalb so wichtig, weil wir in jeder Liebesbeziehung uns irgendwie vorzustellen beginnen, wie es jenseits der Wendemarke des Todes sein wird. Nehmen wir an, ein Ehepartner bliebe geistig relativ gesund, der andere aber geriete – zum Teil erblich bedingt, zum Teil durch Prozesse, die wir molekularbiologisch immer noch nicht ganz verstehen – sehr viel früher in den Prozess einer Alzheimerschen Erkrankung; was wird man dann tun? – Vor einiger Zeit fragte eine Frau, was sie denn machen solle: Sie hat ihren Mann einmal gekannt, nun aber erkennt sie ihn in dem fortgeschrittenen Stadium seiner Altersdemenz nicht wieder. Er redet, aber ins Leere. Er erkennt auch sie selber nicht mehr. Man spricht miteinander, aber es ist, wie wenn man auf den Knopf eines Tonbands drückte und uralte Stimmen vernähme, die sich auf keine gegenwärtige Wirklichkeit mehr beziehen, Floskeln, routinierte Freundlichkeiten... Es fällt dieser Frau sehr schwer, sich die Trauer über diesen Zerfall der Beziehung zu ihrem Mann einzugestehen. Doch dann hat sie beschlossen, die Situation einmal umzukehren: Es ist ähnlich, erklärt sie, wie wenn ein Tourist eine Burg am Rhein besucht, eine zerfallene Ruine, – ein Teil davon existiert noch, ja, er ist sogar wieder neu eingerichtet, als Restaurant zum Beispiel, aber im ganzen sieht man die schiere Zerstörung vor sich, wenngleich man die einstige Schönheit, die darinnen geronnen ist, noch zu ahnen vermag. Diese Frau konnte nicht anders, als zu realisieren, dass der Zerfallsprozess in dem Körper ihres Gatten, in der Hülle ihres Gatten, weiter fortschreiten werde, doch das Bild, das darin eingeprägt war, muss nicht gleichermaßen zu Grunde gehen. Die Vorstellung dessen, was er wirklich ist und niemals zu sein aufhört, lässt sich aus der Erinnerung lebendig halten als etwas, das mit den Sinnen zwar nicht mehr zu sehen, mit den Augen des Geistes aber umso klarer wahrzunehmen ist.

Allein schon um dieses Leben angesichts seines Zerfalls gemeinsam zu bestehen, braucht es unendlich mehr als nur das Leben, das wir mit den Sinnen sehen.

Und jetzt noch einen Schritt weiter: Wenn wir uns vorstellen, dass dieser sehr mühselige, bruchstückhafte Prozess einer bleibenden Erinnerung gegen den Zerfall, den wir unter Menschen einander ermöglichen können, in Gottes Ewigkeit ganz und gar gilt, dann hätten wir ein gutes Bild für das, was im Christentum Auferstehung heißt: Das Äußere zerfällt, doch das Wesensbild unserer Existenz in Gott setzt sich nur umso klarer frei. Es muss nicht wie eine Burgruine restauriert werden, ganz im Gegenteil, es wird nur das in ihm Angelegte weitergeführt; der alte Bauplan, der nie so recht auf Erden ausgeführt werden konnte, wird erweitert, verschönert, ergänzt, und vor allem: in Verbindung gebracht zu allem anderen Lebenden, dem es genauso geht. Der Raum des Verstehens, der Güte, der Vergebung, der Wahrhaftigkeit, der Selbstfindung dehnt sich ins Unendliche... Wenn *das* Tod bedeutet, muss man ihn nicht fürchten. Der Tod bleibt der Tod, aber er gewinnt einen Sinn: er markiert nur die Begrenzung des bisher bewohnten Raumes, indem er eine Türe erschließt zu einer Wirklichkeit, die all die Grenzen der Angst nicht mehr kennt, die uns auf Erden noch hindern, zu den Menschen zu werden, die wir eigentlich sein möchten und sein sollten.

Im Zusammenhang mit der Frage nach dem Tod stellt sich bei der Suche nach dem Sinn des Lebens auch *das Problem der Selbsttötung.* Manche Menschen sehnen sich nach dem Tod, weil dieses Leben ihnen unerträglich wird oder weil sie sich vorstellen, es könne jenseits des Todes nur besser werden. Jede tiefe Depression ist im Grunde suizidal. Die Müdigkeit, in die man durch Überbelastung hineingerät, die Lethargie, in der man sich, wie mit Blei beschwert, gefangen fühlt, erzeugt mit der Zeit ein immer stärkeres Verlangen nach dem Tod. Irgendwann soll Schluss sein! Man lebt noch, doch womöglich nur, weil man nicht über die Kraft verfügt, ein Ende zu setzen, – aus Schwäche und Angst. Doch das ist kein Leben. Was also ist zu tun? Was darf man tun?

In der Frage des Suizids ist die Kultur des »christlichen« Abendlandes bezeichnenderweise sonderbar widersprüchlich. Zweitausend Jahre Christentum sind dahingegangen mit der Verkündigung, dass es eine Auferstehung gibt und dass der Tod infolgedessen nicht das letzte Wort über unser Leben besitzt. Gleichzeitig aber haben wir eine Kultur geformt, welche die einfachsten Naturtatsachen nicht zu akzeptieren bereit ist. Immer noch vertritt die dogmatische Lehre der Kirche die Auffassung, der Tod sei gekommen als »Sold der Sünde«, nur weil Paulus es so geschrieben hat (Röm 6,23) und weil in Genesis 3 der Tod über den sündig gewordenen Adam verhängt wird; in der Tat heißt es dort, der Mensch solle im Staube arbeiten, bis er selber wieder zum Staube werde (Gen 3,19). Die Exegeten, die diese Stelle so interpretieren, als werde hier der physische Tod als Strafe über den Menschen verhängt, sehen nicht, dass der Tod eine Naturtatsache ist. Soll der Text seinen Sinn behalten, so sollte die Sprache vom »Tod«, wie mythisch möglich und nötig, symbolisch aufgefasst werden – als Beschreibung eines Lebens, das keines mehr ist. Wenn wir sinnlos sterben, wenn wir uns im Tode abgeschafft fühlen wie amorpher Staub, der nie etwas bedeutet hat, dann freilich fügt ein solches Erleben der Qualität des Todes etwas hinzu, das in ihm selber von sich aus nicht stecken müsste: Wenn Sterben bedeutet, eine Bilanz zu unterschreiben, deren Rechnung wir nie bezahlen können, wenn der Tod die Affirmation letzter Sinnlosigkeit bedeutet, dann allerdings ist er furchtbar in dem Charakter einer scheinbar endgültigen Verneinung. Das aber ist er wohlgemerkt nur nach einem sinnlosen Leben, und gerade dazu hat das Christentum durch seine Furcht vor dem Tod als einem vermeintlichen Strafgericht Gottes über die Sünde der Menschen äußerst wirkungsvoll beigetragen. Insbesondere war da die Drohung mit dem Endgericht, die Lehre von dem Jüngsten Tag und der individuellen Abrechnung Gottes mit allen Verfehlungen, die wir begangen haben. Spätestens seit dem Mittelalter und dann bis in die Gegenwart hinein wurde auf diese Weise der Tod für die frommen Gläubigen zu einem reinen Horror, der sie hinderte, richtig zu leben, – ihre Schuld- und Strafängste waren immer stärker. FRIEDRICH NIETZSCHE (1844–1900) betonte insofern zu Recht, das werde dem Christentum in alle Ewigkeit nicht vergeben, dass es vermeinte, aus dem Sterbelager noch eine Folterkammer machen zu müssen.

NIETZSCHE hat konsequenterweise denn auch dazu aufgerufen, eine neue Kultur, vom Christentum weg, zu prägen, in der wir uns die Entscheidungsfreiheit über die letzte Stunde unseres Lebens zurückgäben. Er meinte, das passive Daheinsiechen und leidvolle Abwarten des Todes sei unserer unwürdig. – Das ist ein Gedanke, der sehr ernst zu nehmen ist und den nicht erst NIETZSCHE gefasst hat, sondern der schon bei den Stoikern im antiken Rom auftaucht. Vor allem LUCIUS ANNAEUS SENECA (1–65) vertrat diesen Standpunkt. Er fand, dass die Furchtsamkeit dem Tod gegenüber einer römischen Charakterpersönlichkeit Schande bereite und dass man jederzeit die Gelegenheit habe, zu befinden, wann man aus dem Leben gehe. So hat er es denn auch selber unter NEROs Herrschaft gemacht: Er nahm sich das Recht, gegen das Unleben unter dem römischen Kaiser zu protestieren, indem er zeigte, dass er nicht aus Angst vor dem Tode sich in die Gefangenschaft zynischer Fremdbestimmung hineinpressen lasse. Ist eine solche Einstellung auch in unseren Tagen akzeptabel?

Eines kann man sicher sagen: Wir hätten eine vollkommen andere Kultur, wenn wir mit dem Tode anders umgingen, als wir es traditionellerweise tun, und wir wüssten dann wohl auch anders, wahrhaftiger und menschlicher, zu leben. Es gibt bei SENECA ein Bild, in dem er unser Leben als eine Meeresreise beschreibt: Wir legen ab im Hafen, ohne dass man uns gefragt hat; wir finden uns an Bord eines Schiffes vor, wissen aber jetzt schon, dass wir in einem Hafen landen werden, wo ein grausamer Tyrann alle, die von Bord gehen, mit mehr oder minder langer Folter quälen und schließlich töten wird. Wenn dies unser Schicksal ist, meinte SENECA, sollte man überlegen dürfen, ob man nicht an Bord bereits eine Feierstunde veranstaltet und dem Tyrannen zuvorkommt. Die Stoiker schlugen vor, den Tod nicht zu fürchten, sondern das Leben zu genießen, – wie an einer Tafel, zu der man eingeladen wird: Man bekommt angenehme Speisen vorgesetzt, erfreut sich des Daseins, faltet aber zu einer vorgesetzten Stunde artig die Serviette, bedankt sich beim Gastgeber und geht aus dem Saal.

Das alles sind Philosophengedanken, die zwar am Rande unserer Gesellschaft immer wieder erörtert wurden, die in unserer christlich-abendländischen Gesellschaft aber niemals wirklich akzeptiert worden sind. Gleichwohl scheint es, als müssten wir über unsere Einstellung zum Tode noch einmal von Grund auf neu nachdenken. Die Japaner, abweichend vom Abendland, kennen zum Beispiel den Liebesselbstmord: Wenn Liebespaare, die sich gar nichts anderes vorstellen können, als zueinander zu gehören, durch das Schicksal auseinander gerissen werden, sind sie in Japan berechtigt, gemeinsam aus dem Leben zu gehen. Man kennt in Japan auch den Gedanken des Bilanzselbstmords: Wenn beim Durchrechnen des Status, in dem man sich gerade befindet, kein Ausweg mehr zu sehen ist, aus dem man in Wahrung der eigenen Würde herausfinden könnte, dann darf man das als Anweisung des Schicksals begreifen und das Leben für beendet erklären. Ein solcher Schritt wird durchaus nicht als Strafe für etwas betrachtet, was man getan hat; man ist lediglich privat oder öffentlich gescheitert, man sieht keine Rettung mehr. Das ist jetzt das Entscheidende. Denn bei aller Vorsicht einer solchen Haltung gegenüber, muss man doch sagen, dass hier die Würde des Menschen und seiner Entscheidungsfreiheit unter Umständen besser gewahrt bleibt als in den Zweideutigkeiten der konventionellen abendländischen Ethik.

Vor allem die kirchengestützte Moraltheologie ist mit der Frage des Selbstmordes bis heute äußerst zweideutig umgegangen. Bis vor einer Weile noch hat man den Suizid für eine »Sünde der erhobenen Hand« erklärt: Man falle Gott aus Trotz in den Arm, wenn man sich das Leben nehme, behauptete man; denn man hat sich den Tod dann ja nicht durch die Entscheidung des Allmächtigen geben lassen, sondern man hat selber den Zeitpunkt und die Art des Sterbens bestimmen wollen. – An sich ist eine solche Behauptung, sooft sie auch wiederholt werden mag, bereits auf den ersten Blick erkennbar unsinnig, denn so, wie wir leben, fallen wir dem Allmächtigen ständig in den Arm: Wir brauchen morgens schon zwei, drei Tabletten, um den Kreislauf zu stabilisieren, wir nehmen Medikamente, um Hormone unter Kontrolle zu halten, wir versuchen, medikamentös die Funktion bestimmter Organe zu regulieren, kurz, ohne dauernde Eingriffe in den »Plan« der Natur könnten viele Menschen überhaupt nicht existieren. So betrachtet ist es logisch widersprüchlich, dass die gleiche Kultur, die uns mit allen möglichen Produkten der Pharmazeutik am Leben erhält, uns gleichzeitig die Bestimmung darüber verweigert, welch eine Medizin wir nehmen könnten, um unserem Leben ein Ende zu setzen. Wenn das Leben derart in das Belieben des Menschen gesetzt wird, wie es offensichtlich in zivilisierten Gesellschaften der Fall ist, sollte auch das Ende des Lebens in die Hand des Menschen gegeben sein.

Doch wie um dem Problem absichtlich auszuweichen, kommt es im seelsorglichen Umgang mit »Selbstmördern« zu einer weiteren Widersprüchlichkeit. Bis vor einer Weile noch wurden Selbstmörder auf keinem Boden geweihter Erde beigesetzt, – nur am Friedhofsrand wurde ihnen ein Platz zur Beisetzung gewährt, was für die Hinterbliebenen eine ungeheure Tortur bedeuten konnte, kam eine solche Regelung doch einer postumen Ächtung des Verstorbenen gleich. Wie konnte die Kirche nur so unbarmherzig sein! Inzwischen freilich hat sie sich gewissermaßen aus der Affäre gestohlen und in einer Art von Generalamnestie erklärt, jeder, der Selbstmord begehe, sei psychisch so geschädigt, dass er für nicht zurechnungsfähig gehalten werden könne, wenn er eine derartige Tat begehe. Eine solche Erklärung ist eigentlich noch schlimmer als der Vorwurf der »Sünde mit der erhobenen Hand«. Denn damit wird der Selbstmörder nicht moralisch, sondern psychisch desavouiert, indem er als Opfer von Wahnideen und neurotischen Störungen betrachtet werden soll. Tatsächlich widerspricht in vielen Fällen diese kirchenrechtliche Konstruktion gerade der psychologischen Erfahrung. Was man nicht zugeben kann oder will in der christlich-kirchlichen Moral, ist die Möglichkeit, dass es menschliche Situationen gibt, die bei Anwendung aller Vernunft dahin führen können, sittlich verantwortet, gerade in Wahrung und Bewährung der menschlichen Würde, aus dem Leben gehen zu wollen.

Ausgesprochen dramatisch in diesem Zusammenhang war das Beispiel von JOCHEN KLEPPER (1903–1942) im sogenannten Dritten Reich. Er bekam von den Nazis freigestellt, nach Skandinavien zu emigrieren, seine Frau Hannah aber, eine Jüdin, sollte natürlich in Deutschland bleiben, – um dort, wie zu fürchten stand, ermordet zu werden. KLEPPER war Christ, er war der Dichter einer Reihe von Kirchenliedern, die auch heute noch in den Gesangbüchern stehen; und er wollte nicht, dass die Nazis das letzte Wort über das Schicksal seiner Liebe hätten. Er wollte auch nicht, dass die Jüdin Hannah von ihm als

Christen getrennt würde, in Gottes Ewigkeit nicht, aber auch in der Kürze der Zeit hier auf Erden nicht. Er wollte bei ihr bleiben – unter allen Umständen. Natürlich wusste KLEPPER, was der evangelische Theologe KARL BARTH (1886–1968) gesagt hatte: dass Selbstmord als ein Akt des mangelnden Glaubens an Gott nicht vergebbar sei. JOCHEN KLEPPER riskierte seiner Liebe wegen und angesichts der Barbarei der Nazidiktatur wegen insofern sein ewiges Heil. Doch der freiwillige Gang in den Tod bedeutete ihm gerade nicht eine Verweigerung Gottes, sondern im Gegenteil ein Zeichen der Treue zu dem Partner der Liebe und ein Zeichen des absoluten Vertrauens in die Größe Gottes. JOCHEN KLEPPER war im Sinne KIERKEGAARDS nicht verzweifelt, als er sich und seiner Frau das Leben nahm, er war nicht depressiv, er war kein psychiatrischer Fall. Er war vollkommen bei Vernunft. Er war ein gläubiger Mensch. Die zwei letzten Sätze in seinem Tagebuch lauten: »Über uns steht in den letzten Stunden das Bild des Segnenden Christus, der um uns ringt. In dessen Anblick endet unser Leben«. Er wollte damit sagen: So wie Jesus am Kreuz den Ostermorgen vorbereitet hat, so fügen wir uns jetzt in seinen Armen dem gleichen Schicksal mit der gleichen Zuversicht.

Es ist also ganz ohne Zweifel möglich, unter unmenschlichen Verhältnissen auf menschliche Weise in den Tod zu gehen, getröstet in Gott als gläubiger Mensch. So müsste es als erstes die Moraltheologie der Kirche lehren, und dann müsste diese Freiheit auch in unserer Gesellschaft gegeben werden. Rechtspolitisch ist die Situation in Deutschland paradox: Man glaubt in unserer sogenannten christlich-abendländischen Kultur de facto an ganz wenig nur noch oder an gar nichts, aber in den Entscheidungsgremien der Legislative sitzen nach wie vor eine Reihe von Konservativen, die immer wieder die alten kirchentradierten Standpunkte durchsetzen. An diesem Punkte muss sich etwas ändern und kann sich auch etwas ändern. Würden wir gesellschaftspolitisch weniger vom Katholizismus – um den geht es eigentlich – bestimmt, wie vergleichsweise etwa die Schweiz oder wie die Niederlande, so hätten wir, wie man beobachten kann, auch juristisch einen viel offeneren Umgang mit den Fragen der aktiven Sterbehilfe angesichts der absoluten Hilflosigkeit nicht weniger sinnlos leidender Menschen im Alter. Es gibt besonders in der Schweiz Bewegungen, die Gesetzesnovellierungen vorbereiten, die eine aktive Sterbehilfe anzubieten erlauben oder zumindest nicht strafrechtlich unter Verbot stellen. Auch in Holland wird derlei versucht. Es ist in unseren Nachbarländern bis jetzt jedenfalls nicht zu dem gekommen, was man vor allem in der C-Partei in Deutschland als Albtraum hinstellt: das Geldverdienen von Ärzten und Pflegern in den Todesfabriken unserer Krankenhäuser, das Brechen des Eides des HIPPOKRATES und andere Formen des Abgleitens in die Unmenschlichkeit. Ganz im Gegenteil: Warum soll ein Arzt nicht begreifen, dass ein Mensch bei vollem Bewusstsein der Sinnlosigkeit seines physischen Leidens entkommen möchte? Er hat womöglich schon lange kein soziales Umfeld mehr, in dem er sinnvoll leben könnte. Er hat auch nicht mehr die Möglichkeit zu glauben, er würde jemals wieder gesund werden und ohne Schmerzen existieren können. Was man zu seiner Hilfe noch tun kann, ist in gewissem Umfang die Betäubung von Schmerzen, doch laufen gerade solche Maßnahmen nicht selten auch auf eine Betäubung des Bewusstseins hinaus. Warum darf man in solchen Fällen nicht der Verfügung eines Patienten, der sterben möchte, nachgeben, indem man nicht nur sein Leben nicht länger künstlich-maschinell verlängert, sondern aktiv seinem Wunsch nach Beendigung des Lebens nachkommt, gesetzt den Fall, dass er einen solchen Schritt selber nicht mehr herbeizuführen vermag?

Allerdings gilt es unbedingt, Sorge dafür zu tragen, dass es unter dem momentanen Druck von Angst und Schmerz nicht zu vermeidbaren »Kurzschlüssen« kommt. Manches, was einem einzelnen Patienten im Moment als endgültig ausweglos erscheint, öffnet sich vielleicht wenig später schon zu einer Landstraße mit vielen Abzweigungen: Manche Entscheidungen zum Suizid entstammen tatsächlich neurotischen Ängsten, Schuldgefühlen und Gehemmtheiten oder auch psychischen Wahrnehmungsverzerrungen, und in all diesen Fällen wäre es fatal, einem objektiv krankhaften Wunsch mit ärztlicher Hilfe entsprechen zu wollen. Aber auch gesellschaftlich müsste darüber nachgedacht werden, dass mancherlei Formen von Verzweiflung dadurch entstehen, dass eine ganze Reihe von Zielsetzungen gesellschaftlich einseitig oder geradewegs falsch den Einzelnen »alternativlos« aufoktroyiert werden, und das Zerbrechen dieser falschen Zielsetzungen mag zunächst als ausweglosen Scheitern erlebt werden, es stellt aber nicht selten einen wirklichen Entwicklungsfortschritt dar. Mit jemandem, der zum Tode entschlossen ist, sollte also geprüft werden, ob dieser sein Entschluss in Anbetracht all der Aspekte, die damit verbunden sind, im letzten wirklich aufrecht zu erhalten ist. – Man hätte zum Beispiel mit GUNTHER SACHS darüber diskutieren können und müssen, ob sein Leben als erfolgreicher, liebenswürdiger, glücksorientierter Mensch im Vollbesitz seiner Kräfte die einzig vorstellbare Form von sinnerfülltem Leben ist, oder ob nicht auch für ihn noch mehr und anderes möglich hätte sein sollen. Seine Freundin BRIGITTE BARDOT etwa hatte ebenfalls schon versucht, sich das Leben zu nehmen, – sie hatte erleben müssen, wie die blühende Schönheit einer fast als Göttin verehrten jungen Frau dahinsiechte, kaum dass sie vierzig oder fünfzig Jahre alt wurde; aber sie hatte gerade dadurch gelernt, das Leben als solches in allen Kreaturen wertzuschätzen. Die Liebe zu den Tieren hat ihr das Leben gerettet. Da stand nicht mehr die Frage nach dem blühenden Leben ewiger Jugend im Vordergrund, – der Kampf gegen Pelzträgerinnen, gegen Stierkämpfe, gegen die Massentierhaltung, gegen die Schlachtfleischlobby wurde für sie weit wichtiger, und das hält sie bis heute am Leben.

Kurz: Es sind auf den Tod viele Antworten möglich, und die Frage bleibt: Wie geht man mit dem Leben um? Das entscheidet im letzten über die Frage auch nach dem Tod. Es ist im Grunde eine Heuchelei zu sagen, wir dürfen über den Tod nicht selber entscheiden, nachdem wir über das Leben in so vielfacher Form entscheiden – und damit doch eben auch über den Tod.

Ein besonderes Thema im Umgang mit der Endlichkeit des menschlichen Lebens ist *der Tod von Kindern* und von jungen Menschen, und auch darüber sollten wir sprechen, weil er zu dem Schlimmsten gehört, was Menschen zugemutet werden kann. Den Tod von Kindern erlebt man wohl deshalb als so unglaublich schmerzhaft, weil man sich, paradoxerweise, selber als Versager oder sogar als (mit)schuldig an ihrem Sterben fühlt. Man empfindet als Mutter, als Vater zutiefst die Verpflichtung, dieses sein Kind vor dem Tod und vor allen denkbaren Gefahren zu schützen. Dieser biologisch und psychologisch gesetzten Aufgabe gegenüber hat man beim Tod des eigenen Kindes objektiv versagt. Also wird man, wenn es ein Unfall war, der einen Hauch von Vermeidbarkeit gehabt hatte, tausendmal darüber nachdenken, was man dagegen hätte tun können, und man wird sich vorwerfen, dass man es nicht getan hat: Warum ist man in gerade diesem Augenblick nicht da gewesen? Warum hat man nicht aufgepasst? Diese innere Auseinandersetzung mit einer Serie nicht endender Vorwürfe kann unglaublich stark und hart werden. Eine Frau sagte einmal: Es ist nicht in der Ordnung der Dinge, dass ein Kind vor seiner Mutter geht. Das drückt den ganzen Konflikt aus.

Nun muss man freilich zweierlei in diesem Zusammenhang bedenken: Der Schmerz über den Tod eines Kindes wird von dem Erwachsenen, der schon gelebt hat, empfunden. Es tut ihm leid, weil dieses Kind, seiner Meinung nach, noch nicht gelebt hat. Dieser Eindruck aber beruht auf einer Verwechselung der Standpunkte. Ein Kind denkt überhaupt nicht so. Ganz im Gegenteil: In der Jugend stirbt es sich in aller Regel weit leichter als im späteren Alter. Schon weil man das Leben gar nicht kennt, hat man auch wenig zu verlieren. Zudem ist der jugendliche Leichtsinn so sorglos, dass einem nichts genommen zu sein scheint, wenn man sein Leben beinahe mutwillig wegwirft. Wie sonst hätte es dazu kommen können, dass sich im August 1914 hunderttausende junger Männer freiwillig zum Kampf gegen Russland und Frankreich meldeten? Oder dass jetzt die von den Werbeoffizieren der Bundeswehr Verführten sich »freiwillig« zur Berufsarmee melden? So leichtsinnig können nur Jugendliche sein. Menschen, die ein wenig nachdenken und die psychisch älter sind als 40 Jahre, werden sich weigern, so ohne weiteres ihr Leben zu riskieren.

Paradoxerweise stirbt es sich leichter, umso jünger man ist. Auch darin lässt sich ein Trost der Natur erkennen. Der Schmerz über einen frühen Tod entsteht bei denen, die nicht sterben und zurückbleiben müssen; die Kinder, um die man trauert, haben in aller Regel gar nicht so viel zu bedauern; und immer darf man natürlich auch an das denken, was ihnen möglicherweise erspart geblieben ist. Freilich ist das letztlich eine irreale Rechnerei, – sehr weit kommt man damit nicht. Deshalb gibt es bei dem Tod eines Kindes letztlich erneut nur eine religiöse Lösung: Sein Leben steht ganz und gar bei Gott – gleich, wie alt es geworden ist. Sein Leben geht ja weiter! Gemessen an den Dimensionen der Ewigkeit, ist unser nur Jahrzehnte dauerndes Leben nach den Worten des griechischen Dichters PINDARS bloß »der Hauch eines Schattens«. Deshalb sollten wir, wenn möglich, nicht so viel Bedauern auf den allzu frühen Tod eines Kindes verwenden, sondern uns vorstellen, dass dieses Kind gerade mit seinem Sterben in eine Welt eintritt, in der es endlich all die Möglichkeiten geschenkt bekommt, die ihm auf Erden scheinbar verwehrt geblieben sind. Allerdings ändert eine solche Betrachtung an der Beliebigkeit, an der Sinnlosigkeit, an der Absurdität, mit welcher der Tod oftmals zuschlägt, überhaupt nichts. Auf der phänomenalen Ebene bleibt die empörende

Absurdität voll erhalten. Liest man zum Beispiel den Roman »*Die Pest*« von ALBERT CAMUS (1913–1960), wie unter den Augen von Pater Paneloux und Doktor Rieux ein kleines Kind stirbt, so tritt die quälende Sinnlosigkeit des Sterbens geradezu schmerzlich vor Augen. Am Ende nimmt das Kind in seinen Fieberschauern die Gestalt des gekreuzigten Christus an, schreibt CAMUS und macht damit deutlich: Das Leiden der Kreatur ist immer sinnlos, und die ganze Predigerei, dass da der ewige Gott mit Belohnung und Strafe über jedes einzelne Schicksal walte – in den Vorstellungen der Geschichtsbücher der Bibel oder beim Propheten Ezechiel zum Beispiel –, wird durch den bloßen Augenschein schon widerlegt. So darf es überhaupt nicht sein! Das ist der Eindruck! Ein Gott, der so vorgestellt wird, ist kein Gott, sondern ein Monstrum.

Mit anderen Worten: Alle Erklärbarkeit von außen fällt beim Anblick des Todes dahin. Es gibt keine Sinndeutung des Leides auf der Ebene der objektiv wirksamen Ursachen. Die Absurdität dessen, was wir sehen, lässt sich nicht durch einen neu einzubringenden, »übernatürlichen« Faktor, durch ein vermeintliches »Eingreifen« Gottes, bessern oder ergänzen. Der Tod ist der Tod. Und selbst, wenn es wahr ist, dass alte Leute ab und an auch lebenssatt sterben, wie die Bibel sich manchmal ausdrückt, so gibt es doch darauf keinen Anspruch. Gegen den Tod, gegen dieses Menetekel unserer Endlichkeit, lässt sich nur anlieben mit der Zuversicht eines ewigen Lebens in Gott, welcher selbst die Liebe ist.

Und noch ein letzter Hinweis scheint nötig. Es ist erkennbar falsch, was in der »Pastoral« der Kirchen nur allzu oft gelehrt wurde und immer noch wird, dass ein Mensch so sterbe, wie er gelebt habe. Derart verhält es sich keinesfalls. Im Gegenteil: Die Umstände des Todes sind willkürlich und unvorhersehbar. Menschen können friedlich entschlafen, die ein unglaubliches, unfriedliches Leben hinter sich haben – als Söldner im Zweiten Weltkrieg, anschließend in der Fremdenlegion und schließlich erkrankt am Krebs – sinnloser und gewalttätiger ist es nicht vorstellbar –, aber am Ende entschlafen sie wohlbehütet, während andere, die sehr gütig und friedfertig zu leben versucht haben, durch die Angstanfälle ihrer Atemnot und durch die Belastung ihres Herzens sehr qualvoll verscheiden. Auf die näheren Umstände des Todes, auf die Art, wie er eintritt, hat man keinen Einfluss. Man muss ihn hinnehmen, wie er von außen kommt. Insofern gibt es keine notwendige Kontinuität zwischen Innen und Außen, zwischen

Lebensführung und Todeseintritt. Dass wir auf die Gegebenheiten unseres Sterbens Einfluss hätten, ist weitegehend eine Illusion, die indessen gut zu unserer abergläubischen Fixierung auf Planbarkeit und Machbarkeit in allen »Lebenslagen« passend scheint. Die wirkliche Schwierigkeit des Lebens angesichts des Todes besteht darin, die Angst vor dem Unplanbaren durch Vertrauen in eine andere Macht, die nicht wir sind, zu überwinden. Die Ungewissheit selbst lässt sich nicht fortnehmen, – in jedem Augenblick kann buchstäblich alles Mögliche sich ereignen. Es kann sein, dass jemand hier durch die Tür geht und einen Hirnschlag erleidet; in einem Moment, in einer Sekunde ändert so ein Ereignis für ihn alles, was er war und ist. Haben wir Einfluss darauf, wie lange es hernach dauert und wie es dann weiter geht? Nichts haben wir! Es bleibt bei dem Wort aus Lukas 12,20: »Du Narr! Noch in dieser Nacht wird dein Leben von dir zurückgefordert«! Das ist die Wirklichkeit. Also sollte man, so gut es geht, die Angst vor dem Tode aufgeben und mit dem, was man hat, für andere zu leben versuchen. Es sollte möglich sein, mit dem Blick auf die Ewigkeit die Zeitlichkeit menschlich zu gestalten.

Leid

»Musste nicht der Messias all das erleiden?« (Lk 24,26)

oder: Vom Ende eines falschen Weltbilds sowie den
Attitüden eines verordneten Masochismus

MICHAEL ALBUS: Alle großen Religionen und viele Mythen der Menschheitsgeschichte erzählen vom Leid, versuchen ihm einen Sinn, eine Anleitung zur Überwindung des Leides zu geben.

Jeder Mensch fragt sich nicht nur einmal in seinem Leben, warum es
Leid gibt, für ihn, für andere, für die Tiere, für alle Geschöpfe. Es gibt so
viel sinnloses Leid in der Welt, dass man daran verzweifeln kann. Leid ist
da, und es drückt nieder, verschattet die Existenz. Angesichts des Leides
beginnt der Mensch zu klagen, zu weinen, zu beten, zu protestieren, zu
kämpfen. Das Leben ist ein einziger Aufstand gegen das Leid. Nichts ist
ohne Leid.

Die Ursachen des Leides sind vielfältig. Einmal liegen sie in der Natur
selber. Die Naturwissenschaften haben hier ganze Arbeit geleistet. Aber
beseitigen konnten sie das Leid nicht. Die Medizin kann die Schmerzen
lindern, das Unerträgliche erträglicher machen. Die Psychotherapie kann
helfen, wenn das Leid die Seele niederdrückt. Aber Leid kommt wieder,
immer wieder. Ein Ende hat das Leid erst mit dem Tod – hoffen wir, vermuten wir. Und das Sterben, der Weg zum Tode, ist auch ein Weg des
Leides.

Die Frage nach Gott wird durch das Leid noch einmal verschärft. Wenn
ein Kind stirbt, wenn ein geliebter Mensch von der Seite des anderen
gerissen wird, wenn ein großes Unglück geschieht, fragen die Menschen
mit Recht: Wie kann Gott das zulassen? Die Theologen kommen dann mit
der Theodizee, mit der Verteidigung Gottes angesichts des Leides in der
Welt. Ihre Argumente wurden im Lauf der Geschichte von Welt und
Mensch nicht stichhaltiger. Fügt Gott dem Menschen Leid zu, wenn die
Natur ihren Lauf nimmt? Fügt Gott dem Menschen Leid zu, wenn Menschen durch Krieg und Gewalttat, die von Menschen ausgehen, zu Millionen grausam zu Tode gebracht werden? Fügt Gott dem Menschen Leid
zu, wenn er sich selbst mutwillig überfordert und dabei stirbt? Dafür soll
Gott strafend oder prüfend verantwortlich sein? Ein Gott der es zulässt,
dass Menschen leiden müssen, soll ein liebender Gott sein, ein gerechter
und gütiger Gott? Nein, ein solcher Gott ist ein Ungeheuer, das sich die
Theologen ausgedacht haben, um Macht über die Menschen zu erlangen.

Ijobs Klage, sein Aufbegehren gegen das Leid, von dem er glaubt, dass
Gott es ihm zugefügt habe, spricht Bände: »Ich mag nicht mehr. Ich will
nicht ewig leben. Lass ab von mir, denn nur ein Hauch sind meine Tage«
(7,16). Das schreit er seinem vermeintlichen Quälergott ins Gesicht, und
die Hilfe, die ihm wird, ändert sein gesamtes Gottesbild. Allerdings, vieles

an Leid hat der Mensch selber zu verantworten. Dann bleibt immer noch die Frage: Warum Leid? Warum Leid überhaupt? Warum keine Welt ohne Leid?

Schauen wir auf ein paar Fakten:

Alle fünf Sekunden verhungert ein Kind unter 10 Jahren auf unserer Erde.

37.000 Menschen sterben täglich an Hunger und nahezu eine Milliarde Menschen sind unterernährt, verstümmelt, haben kein normales Arbeits- und Familienleben.

Schätzungsweise 18 Millionen Menschen sind auf unserem Planeten dauernd auf der Flucht: vor Gewalt, Krieg, Hunger, Naturkatastrophen, die die Menschen mit verschuldet haben.

In weiten Gebieten der Erde gibt es keine ausreichende medizinische Versorgung.

Die Bildungssituation in vielen, zu vielen Ländern ist mangelhaft. Dadurch entsteht Leid, denn viele Kinder werden dadurch für ihr ganzes Leben zu Ausgeschlossenen.

Mühelos ließe sich diese Liste des Leides fortsetzen. Warum Leid? Leid, das Menschen einander zufügen. Ohne Unterlass. Das Leid annehmen heißt, es gleichzeitig mit allen erdenklichen Mitteln zu bekämpfen, im Bewusstsein, dass wir die Tatsache des Leides niemals aus der Welt schaffen können. Die realistische Antwort ist und bleibt Mit-Leid, Sym-Pathie.

EUGEN DREWERMANN: Die einfachste Form des Leidens ist der Schmerz. Es ist ähnlich wie bei der Angst: Die Natur hat die Schmerzempfindung als ein Warn- oder Hinweissignal eingerichtet. Merkwürdigerweise gibt es, ähnlich wie bei den Schaltungen der beiden Angstbahnen, auch beim Schmerz (neben dem lemniskalen System und dem Vorderseitenstrangsystem) zwei Bahnen: eine sehr schnelle für den stechenden Schmerz (den *neuen* vom Rückenmark zum Thalamus führenden Strang) und eine langsame für den dumpfen Schmerz (den *alten* spinothalamischen Strang). Ganz großer Schmerz dauert nie ganz lange an, und der lang andauernde Schmerz wirkt nie ganz stechend. Das sei ein wenig tröstlich, meinte bereits SENECA. Aber es ist auch neurobiologisch etwas daran: Entscheidend ist, dass die Schmerzbahn auf dem Weg vom Thalamus zum somatosensorischen Cortex durch das limbische System geführt wird, das heißt, die Schmerzwahrnehmung verknüpft sich immer wieder mit einer Bedeutungsverleihung im Gefühl. Deshalb wird man Leid höchst unterschiedlich erleben. Hat man sich die Schmerzempfindung, etwa in einem Boxkampf, aktiv und willentlich zugezogen, dann wird man weitermachen und mit gewissem Stolz, mit »Nehmerqualität«, die Situation zu überstehen suchen. Anders ist es, wenn man den Schmerz als Opfer, in der Rolle eines von außen her ins Leid Gesetzten, hinnehmen muss. In beiden Fällen, wie bei Stress und Angst, muss man feststellen, dass das Schmerzempfinden an sich ganz unterschiedlich qualifiziert sein kann.

Schmerz ist also nicht einfach gleich Schmerz. Biologisch ist er gleichwohl in jedem Falle ein Hinweis darauf, dass wir uns einer Noxe, einer bestimmten schädigenden Einwirkung, möglichst rasch entziehen sollten. Wir stechen uns in den Finger, und schon zuckt der Finger zurück; wir legen die Hand auf die Herdplatte und merken sofort, dass das nicht gut tut; wir trinken zu heißen Kaffee und lernen, vorsichtig zu werden. Würde sich die Raschheit des Schmerzempfindens verzögern, könnte eine bestimmte Einwirkung oft ganz schnell schädlich oder gar lebensgefährlich werden. Deshalb müssen wir zum Beispiel Kindern das Feuer verbieten, weil ihr Nervensystem noch nicht genügend ausgereift ist, um rasch genug zu merken, wie schädlich etwa übergroße Hitze wirken kann; bis sie das merken, ist womöglich von ihrer Haut schon viel zu viel verbrannt. Kinder dürfen nicht erst am Feuer lernen, wie gefährlich Feuer ist. Deshalb verbieten wir es ihnen, um ihnen Schmerz zu ersparen.

Einen Schritt weiter führt die Frage, wie wir lernen, mit Schmerz umzugehen, der nicht mehr zu beheben ist. Das Merkwürdige ist ja, dass Körperorgane schmerzen können, die gar nicht mehr existieren. Ein solcher Phantomschmerz, etwa in einem amputierten Bein, kann sehr heftig sein. Man kann neurobiologisch zeigen, woran das liegt, – wie die Repräsentation der Körperorgane im Gehirn, im sensorischen Cortex, zustande kommt und wie Flächen, die keinen äußeren Input mehr erhalten, von anderen Körperwahrnehmungen besetzt werden: Ein Beinamputierter weint, aber er fühlt dabei Tropfen über den Teil des Beines rinnen, der ihm abgenommen wurde; auch die Knotenbildungen an den Nervenendigungen der Operationsnarbe können einen ständigen Schmerz erzeugen, als wenn es das alte Glied noch gäbe. Man wird solche Schmerzgefühle nicht mehr sinnvoll, das heißt biologisch überlebensvorteilhaft, nennen können. Sie tun einfach nur weh. In solchen Fällen ist schon viel gewonnen, wenn wir schmerzbetäubende Mittel einzusetzen vermögen. Morphium zum Beispiel wirkt so. Es nimmt den Schmerz eigentlich nicht weg. Aber es rückt ihn in die Ferne. Man spürt ihn nicht mehr so nah; irgendwo »spielt« er noch, aber er rückt nicht mehr in das nahe, helle Empfinden. Morphium (oder Heroin) hat diese Wirkung, weil seine Form ähnlich einem Stoff ist, den der Körper selbst herstellt, um Schmerz zu beruhigen: Über eine absteigende Bahn reagiert das Gehirn mit der Freisetzung von Enkephalinen, – das sind kurze Peptidketten, die in der Form von Leucin und Methionin vorliegen, und gerade dem Methionin-Enkephalin entspricht die Struktur des Morphiums; die Rezeptoren für die körpereigenen Schmerzstoffe liegen verteilt an den schmerzverarbeitenden Zentren. Offensichtlich möchte die Natur nicht, dass die Kreaturen endlos leiden.

Von *Leid* spricht man aber nicht nur somatisch, sondern vor allem dann, wenn die Seele auf Zufügung von Schmerzen reagiert. Dann fangen wir im eigentlichen Sinne an zu leiden. Hervorgerufen werden kann solches Leid durch mancherlei: durch die Zerstörung einer Liebe etwa, durch den Einbruch von Tod an unserer Seite, durch die Enttäuschung von schon geplanten Sinnzusammenhängen, – all das kann unsägliches Leid bereiten. Aber solches Leid muss nicht immer sinnlos sein. In manchen Fällen kann Leid uns auffordern, unser Leben noch einmal neu zu entwerfen und uns zu fragen, was denn wird, wenn wir bestimmte Formen von Verlust, von weggenommenem Leben zu akzeptieren beginnen. In der Trauerarbeit zum Beispiel spricht man sogar von einem bestimmten phasenspezifischen Rhythmus der Leid-verarbeitung, beginnend etwa mit einer tiefen Traurigkeit und Ver-zweiflung oder auch mit Wut, mit dem Kampf dagegen, mit dem Nichtwahrhaben-Wollen, mit der Verleugnung, bis langsam doch die Einsicht Platz greift, das Unvermeidliche akzeptieren zu müssen, damit das Leben weitergehen kann.

Manchmal wird unser Leben sogar durch ein solches Lernen auf-grund von Leid reicher. Man lernt in solchen Fällen aus dem Leid nicht nur, etwas Neues zu beginnen, sondern man vertieft das Vorhandene. Vielleicht war vieles bisher ja tatsächlich zu oberflächlich; vielleicht gehört noch mehr zum Leben, als wir bis dahin wahrhaben wollten; vielleicht sind wir als Menschen noch anders, als wir uns bisher ent-worfen und gesehen hatten.

Eine besondere Form des Leidens stellt *das neurotische* Leid dar. Da war einmal eine Angst, ein seelischer Schmerz, so unerträglich für das Ich, dass er aus dem Bewusstsein verdrängt wurde, – man wollte davon nichts mehr wissen. Diese Art von seelischer Betäubung steckt als Gewinn in jeder Neurose: Man leidet nicht mehr an der Ursache der alten Pein. Doch dafür beginnt man, an den Folgen der Verdrängung zu leiden: Man kommt mit sich selber nicht zurecht, man tut sich mit den Mitmenschen schwer, man entdeckt, dass vieles geschieht, was man so gar nicht gewollt hat. In einer psychotherapeutischen Behand-lung kommt es deshalb darauf an, das neurotische Leid wieder in reales Leid zurückzuverwandeln. Da geht es notwendigerweise anders zu als beim Zahnarzt, wo zum Zwecke der Behandlung die Schmerz-stelle betäubt wird; psychotherapeutisch muss der alte Schmerz aller-erst – gegen erhebliche Widerstände – neu bewusst gemacht werden. Doch dafür beginnen wir auch, uns wieder selber zu gehören, intensi-ver zu leben und zu lieben und vor allem: ehrlicher mit uns selber umzugehen.

Ein dramatisches Beispiel dafür erzählt die Bibel. Im Psalm 51 wird von einem Mann berichtet, der König war und in schwere Schuld geriet: David hatte die Frau seines Generals Urija geschwängert, ihren Mann umgebracht und dies alles vor dem Volk vertuscht, indem er sie heiratete. Die Kriegerwitwe wurde Königin. Dann aber starb sein Kind. Und jetzt endlich ist David mit seiner Lügerei, mit seinem Machtwillen am Ende. Ihm wird jener 51. Psalm zugeschrieben, in dem es heißt: »In Sünden schon gebar mich meine Mutter«. Diese Worte enthalten nicht eigentlich eine Aussage über die Mutter; in ihnen macht sich David vielmehr dieses klar: Alles, was ich bin, war wie eine einzige Vorbereitung zu diesem unglaublichen Sammelsurium konzentrierten Verbrechertums. Und eben das bin jetzt ich! Diese Visage habe ich mir selber aufgesetzt! Ehebruch, Mord, Verlust des eigenen Kindes, eine Heirat, die rein machtpolitisch kalkuliert ist – was wird da aus mir?

In einem solchen Fall der inneren Einkehr kann Leid, wenn es akzeptiert wird, zum Wendepunkt im Leben werden und in diesem Sinne ebenso unerlässlich wie nützlich sein. Dann kann man unter Umständen tatsächlich sogar sagen: Es gibt Formen von Leid, die Gott uns schickt, um uns an unser eigentliches Menschsein heranzuführen. Eine solche Rede kann erneut nicht objektiv-erklärend sein, aber man kann in Richtung auf Gott hin durch das Leid, schon gar durch ein solches, das man sich durch eigenes Zutun schuldhaft bereitet hat, eine neue Form des Umgangs mit sich selber lernen. So paradox es klingt: Es gibt Leiden, das am Ende glücklich genannt zu werden verdient und von dem man wirklich denken darf, man sollte Gott dankbar dafür sein, dass er es uns zugesandt und zugemutet hat.

Daneben gibt es sicherlich Formen von Leid, die einfach dazu gehören, dass man sich einen Rest an Sensibilität und Menschlichkeit bewahrt hat. Solche Formen von Leid geben uns nicht ein verlorenes Menschsein zurück, sie bekräftigen vielmehr, was in uns menschlich geblieben ist. So ist es vorstellbar, dass Menschen inwendig sich integer und identisch mit sich selbst entwickelt haben, so dass sie vieles nicht mehr akzeptieren, was draußen wie mit Selbstverständlichkeit an Leiden produziert wird. Solche Menschen schauen sich um und sehen, was zum Beispiel mit Tieren gemacht wird, die man milliardenfach in der Massentierhaltung quält, oder was man aus jungen Menschen macht, die man zu Mördern trainiert auf den Schlachthöfen der militärischen Ausbildungsanstalten, – wie selbstverständlich wird da das Spiel mit dem Tod kalkuliert und operationell programmiert auf das Töten nach Befehl; und dann noch zu sehen, wie in der bürgerlichen Gesellschaft das alles wie selbstverständlich akzeptiert wird! Menschen, die ein bisschen Phantasie haben, die sensibel und menschlich integer genug sind, werden permanent unter dieser Normalität des Wahnsinns der bürgerlichen Realität leiden. Je mehr sie sich zur Menschlichkeit entwickeln, desto größer sogar wird ihr Leid.

Spätestens von dieser Stelle an kann man begreifen, warum es im Neuen Testament Jesus möglich war, zu sagen, dass, wer ihm nachfolge, unvermeidbar ins Leid gehen werde. Derlei geschieht durchaus nicht aus einem Hang zum Sado-Masochismus, sondern weil ein tieferes Gefühl für Glück, für Menschlichkeit, für lohnende Formen des Lebens sich an einer Wirklichkeit bricht, die völlig konträr dazu steht. Man kann diesen Kontrast der christlichen Botschaft zur Normalität der bürgerlichen Existenz vor dem Hintergrund der Leidthematik gar nicht deutlich genug ausdrücken: Das Christentum ist absolut untauglich für die Sicherung des Industriestandortes Deutschland, für die global erweiterte Militärpolitik, für die exportorientierte Rüstungsindustrie, für die weit vernetzte Pharmalobby, es ist für den ganzen Apparat aus Wirtschaft, Militär und staatlicher Verwaltung unbrauchbar. Es ist revolutionär in jeder Hinsicht, – einfach weil es glaubt, dass Menschen glücklich sein können!

Mythisch wird diese Überzeugung von Jesus selber mit der Ankunft des Reiches Gottes umschrieben: Es wäre zum Greifen nahe, würde man nur die Angst verlieren vor denjenigen, deren Macht einzig darin gründet, Angst machen zu können. Wenn sie mit ihren Drohungen nichts mehr zu sagen haben, haben sie ausgespielt. Und gerade das ist der Status Jesu: Man leidet nicht länger mehr darunter, dass man eventuell von den Machthabern umgebracht werden könnte, – sollen sie doch tun, was sie glauben tun zu müssen! Es widerlegt gar nichts, wenn man nur selber richtig lebt. Das freilich schafft Leid, – zu sehen, wie viele Menschen dem Mechanismus der Einschüchterung ausgesetzt sind. Man versucht sie zu retten, aber man kann es nicht. Und dieser Widerspruch hört nicht auf. So etwas tut wirklich weh. Doch diese Art von Leid ist absolut jesuanisch. Masochistisch ist daran nichts. Im Gegenteil. Die Bibel schildert diesen Zusammenhang so, dass Jesus gerade in einem Augenblick ekstatischen Glücks auf dem Berge Tabor, 9. Kapitel im Markusevangelium, den Himmel offen sah und Moses und Elija mit sich reden hörte. Endlich, so wird man diese Szene deuten dürfen, weiß er, wie man Menschen in die Freiheit führt. So etwas hat Moses einmal gemacht mit Israel, und das zeigt sich auch in dem Bild des Elija, der den Spuk einer Religion beendete, die nur in Opferpraktiken für den Gott der Fruchtbarkeit, den Baal, getanzt und zeremoniell begangen ward. Endlich können Menschen in Freiheit leben, nach außen wie nach innen! So wäre anzufangen! Doch gerade damit geht Jesus, gleich in den nächsten Sätzen schon, in seinen Tod auf Golgatha hinein. Das ist fast in der Luftlinie, auf gerader Achse, zu sehen und zu begreifen; denn: Wer anfängt so zu leben, dass er nicht mehr nur überleben will, nicht mehr nur erfolgreich sein möchte, nicht mehr nur hoch hinaus zu kommen strebt, wer nicht mehr nur auf den Erfolg hin sein Leben kalkuliert, sondern wer im Gegenteil tut, was menschlich gerade dran ist, der spürt inwendig kaum noch Reibung, äußerlich aber reibt er sich gewaltig an den herrschenden Verhältnissen. Doch noch einmal: Ein derartiges Leid ist absolut richtig, berechtigt, nötig und unvermeidbar. Es ist von Gott.

Aber wir müssen uns, wenn wir so sprechen, vor falschen Schlüssen hüten. Denn wir können von diesem Ansatz her durchaus nicht die Frage beantworten, warum Gott die Welt so geschaffen hat, dass sie ganz offensichtlich voller Leid ist. Wir lernen lediglich, dass diese Welt so nicht bleiben soll und kann, wie sie ist. Wir sollten also nicht fragen, woher das Leid kommt, wir sollten fragen, wozu das Leid gut ist. Es ist gut dazu, gegen all die unhaltbaren oder vermeidbaren Verhältnisse von Armut, Not, Abhängigkeit, Entfremdung – von Leid in jeder Form – anzukämpfen. Damit vermehrt sich das Leid subjektiv, es wird nicht abgeschafft, aber es lohnt sich, objektiv dagegen anzugehen und es möglichst zu verringern. Sagen wir so: Wird ein Arzt darüber trauern, dass er jeden Tag Kranke heilt? Wahrscheinlich nicht! Wird ein Psychotherapeut daran verzweifeln, dass ihm jeden Tag neue Geschichten erzählt werden, die voller Leid und Elend sind? Das bisschen, was er tun kann, um die jeweilige Situation zu lindern und ein wenig besser zu gestalten, bedeutet auch für ihn ein unglaubliches Glück. Im Hintergrund freilich sieht er womöglich immer noch eine Menge von Mechanismen, die weiter wirken und weiterhin schlimm sind. Es ist, im Bilde und in der Wirklichkeit, schwer akzeptabel, sich vorzukommen wie ein Militärarzt im Lazarett hinter der Front, der die eingelieferten Verletzten immer wieder kriegsverwendungsfähig flicken soll; irgendwann will er das System ändern, das Menschen derartig verwundet. Und das nicht zu können ist wirklich quälend. Von Psychotherapeuten sollte man erwarten, dass sie sagen – was ja SIGMUND FREUD gesagt hat, was ERICH FROMM (1900–1980) gefordert hat, was viele Vernünftige längst und immer neu getan haben: Die Gesellschaft muss sich ändern! Wir können nicht dauernd zeigen, wie unmenschlich sie agiert, und dann die Menschen in genau dieses System wieder einfügen, um sie darin weiter mitmachen zu lassen.

Einsichten zu einer solchen Kulturrevolution in humaner Absicht besäßen wir genügend. Wir wüssten längst, wie sich die Gesellschaft ändern müsste, wenn wir die einfachen Forderungen der Menschlichkeit in unsere sozialen Organisationsformen übersetzen könnten und würden, und wir wissen auch: Eigentlich sollte die Demokratie genau das tun! Sie sollte das, was die meisten Mitglieder der Gesellschaft unter Menschlichkeit verstehen, in ein organisierbares, verwaltbares Handeln transformieren. Eben das geschieht aber nicht. Deswegen kann man sich schon fragen, ob wir wirklich in einer Demokratie leben oder nicht zum Beispiel in einer Plutokratie? Was für ein Quantum vermeidbaren Leids allein durch unser Geld- und Wirtschaftssystem erzeugt wird, ist ungeheuerlich und kaum mit anzusehen.

So sehen wir, dass die Menschen natürlich glücklich sein möchten, dass aber die uns verwaltenden Instanzen gar kein Interesse am persönlichen Glück der Einzelnen haben. Sie favorisieren im Gegenteil den Besitzstand von etwa 10 % unserer Gesellschaft. Die haben in Händen, was 60 % der Gesamtbevölkerung sein Eigen nennt. So gibt es 600 Leute in Deutschland, denen jeweils mehr als 100 Millionen Euro gehören, und für die wird die Politik gemacht, auf Kosten aller anderen. Das sind Zustände ähnlich wie in antiken Stadtstaaten. Auch dort gab es eine ganz dünne Oberschicht, die sich alles leisten konnte – Bildung, Annehmlichkeiten, Bäder –, und darunter eine Sklavenarmee von sprechenden Tieren, die man im Zaume hielt. Dass sich bis heute im Grunde daran nichts geändert hat, ist wirklich beschämend und schlimm.

Oder ein anderes Beispiel: Jeder begreift, dass Menschen überall auf Erden gleich sind. Trotzdem werden wir immer noch aufgefordert, gegeneinander Kriege zu führen und entsprechende Zäune, Mauern und Demarkationslinien zu ziehen, jenseits deren Menschen eben keine Menschen mehr sind. Das alles widerspricht den Evidenzen dessen, was wir sehen, fühlen und denken können, und so stellt sich die Frage, warum wir diese Verhältnisse immer noch dulden. Das kann an der üblichen Mischung von Abhängigkeit, Angst, Gewohnheit, Trägheit und Lethargie liegen. Es kann aber auch sein, dass wir gelernt haben, Kultur anders zu definieren, als sie sein sollte, und dass die Grundfehler unserer kulturellen Ethik selbst den Ursprung vieler Formen unnötigen Leidens bilden.

Zum Beispiel haben wir im Umgang mit den Tieren uns daran gewöhnt, ihnen als fühlenden Lebewesen, die sie sind, jede Art von Qual zuzumuten, wenn es nur uns Menschen nützt. Es ist ein Gedanke, der auch biblisch fundiert scheint: »Macht euch die Erde untertan, herrscht über sie!«, heißt es in Genesis 1,28 und 29. Wenn wir aber die

Gefühle zerstören, die wir Tieren gegenüber haben müssten, weil wir genau sehen, wie sehr sie Angst und Schmerz empfinden – nicht viel anders als wir Menschen, kürzer, anfallartiger, weniger auf Dauer gestellt, aber im Grundprinzip genau so –, dann sollten wir eine Ethik begründen, wie man sie im Pythagoräismus, bei den Hindus, bei den Buddhisten, in manch anderen Kulturen praktiziert findet, ausgerechnet aber nicht im christlichen Abendland. Unsere Art, mit den Lebewesen an unserer Seite zu verfahren, schien uns in der gesamten Geschichte des Abendlandes notwendig und richtig, weil wir glaubten, als Menschen ein Recht dazu zu besitzen; inzwischen aber merken wir ganz deutlich, dass dieser ausbeuterische Umgang mit der Natur nicht nur die Natur schädigt, sondern auch uns selber. – Auch davon ein Beispiel.

Wir haben mittlerweile ersichtlich neben der Natur und der Kultur eine dritte Welt aufgebaut: die Finanzmärkte. Seither gehen wir auch mit Menschen ebenso mitleidlos um, wie wir früher schon mit Tieren umgingen. Die Folge ist widersprüchlich, doch unvermeidbar: Wir sind so reich wie noch nie, und gleichzeitig waren wir noch nie so arm. Was wir gerade erleben, ist die Ökonomisierung aller Menschen auf Kosten der meisten zum Nutzen von ganz wenigen Menschen. Wir haben im Kapitalismus eine Wirtschaftsform errichtet, die überhaupt nicht für Menschen nützlich sein will, allenfalls für die paar Glücklichen »da oben«, die aber ihr »Glück« gründlich falsch verstehen, indem sie süffisant beschlossen haben, ausschließlich für sich selber da zu sein. Es scheint daher, als ob die Kapitalrendite zum neuen Grundgesetz der Welt geworden sei. Manche Finanzexperten erläutern inzwischen sogar, dass die »Gesetze«, die sie sich zurechtgelegt haben, so unhinterfragbar gelten wie die Newton'schen Gesetze der Schwerkraft. So hat es zu laufen! Was dann wem, dieser Schwerkraft entsprechend, so alles auf den Kopf fällt, interessiert nicht. Umso deutlicher aber ist einsehbar, dass die Ursache dieser Misere die Finanzarchitektur selber darstellt, – sie also müssten wir ändern. Denn sie erzeugt ein Meer von Leid; doch schon daran zu leiden, dass es ist, wie es ist, aber nicht sein darf, stellt das wohl wichtigste Motiv zur Veränderung dar.

Worauf ich hinaus will, ist dies: Wir können mit psychologischen Mitteln feststellen, woran Menschen leiden, wir können uns über den Sinn solcher Leiden existenzphilosophische Gedanken machen, wir können politische Zielsetzungen ausgeben, wie die Verhältnisse nicht sein sollten oder wie sie zu werden hätten. Das alles bleibt jedoch so lange Makulatur, wie wir die kapitalistische Wirtschaftsform nicht ändern. Der Kapitalismus ist die strukturelle, systematisierte, totalisierte Gegenordnung zu jeglicher Humanität. Ehe wir nicht die Macht haben, an die Schalter der Veränderung dieses unmenschlichen Systems zu kommen, wird alles mit vermehrter Geschwindigkeit so weiter laufen. Das lässt sich mittlerweile seit 1989, seit dem Zusammenbruch des Sowjetimperiums, im großen Stil betrachten, – in gewissem Sinne auch schon seit dem Ende des Vertrages von Bretton Woods im Jahre 1973, nach dem verlorenen Vietnamkrieg. Jetzt haben wir einen verlorenen Irakkrieg und einen ebenso verloren gehenden Afghanistankrieg. Jetzt braucht es unermesslicher »Einsparungen«, um allein die Schulden einzutreiben, die es gekostet hat, die Kriege zu führen, mit deren Gewinnen wir die Altschulden abzutragen gedachten. Natürlich muss irgendjemand auch dafür irgendwann gerade stehen, und das werden kaum jene oberen 10 % sein.

Freiheit

»Wenn die Steine ein Bewusstsein hätten, würden sie glauben, in Freiheit zu fallen« (Spinoza)

oder: Von der Erlösung falscher Zwänge

MICHAEL ALBUS: Freiheit heißt der Sehnsuchtstraum aller Menschen. Würde er wahr, wäre die Welt anders, als wir sie erfahren und uns vorstellen können. Der Wunsch nach Freiheit kommt aus der Erfahrung der Unfreiheit, aus der Erfahrung der Endlichkeit, der Vergeblichkeit, vor allem aber aus der Erfahrung der Enge, der Angst.

Wie erfahren wir unser Leben? Wir werden geboren, ohne dass wir gefragt werden, ob wir zur Welt kommen wollen, und wir müssen sterben, ohne dass wir je die Chance hätten, dem Tode zu entfliehen. In der Spanne zwischen Geburt und Tod durchschreiten wir, selten freiwillig, meist gezwungen, zahlreiche Gefängnisse. Aus manchen können wir uns kurzfristig befreien, in manchen müssen wir ein Leben lang liegen. Jede und jeder Einzelne findet seine Gefängnisse in seinen Verhältnissen vor. Ausbruchsversuche sind so zahlreich wie die Gefängnisse.

Kinder möchten ihre Familien verlassen, weil sie es dort nicht mehr aushalten, Jugendliche brechen aus in die vermeintlichen Freiräume der Drogenwelt, Erwachsene fliehen in Beziehungen und aus Beziehungen. Manche fliehen in den Tod, weil sie hoffen, dort allemal etwas Besseres zu finden als das irdische Leben. Manche vermuten jenseits des Todes das Reich der Freiheit.

Man muss das Thema ausweiten auf das Leben der Völker auf unserer Erde. Schlagen wir die Geschichtsbücher auf, lesen wir schon in den frühesten Anfängen von Herrschaft, Macht und Gewalt und dementsprechend von Aufbegehren, Revolution und Krieg. Zuweilen ergreift die Menschen die Sehnsucht nach Freiheit mit ekstatischer Gewalt. Kaum aber ist die Freiheit errungen, melden sich schon wieder die alten Fesseln, füllen sich schon wieder die Gefängnisse. Die Revolution frisst ihre Kinder. Freiheitskämpfer werden in kurzer Frist wieder zu Unterdrückern. Tohuwabohu, Irrsal und Wirrsal.

Aber noch nicht genug! Dieselben Menschen, die unbeirrbar nach Freiheit streben, bringen andere mit Macht in die Unfreiheit. Warum können wir nicht aufhören, uns selber immer wieder von Neuem unfrei zu machen, uns einzuengen, zu quälen? Warum ist der Teufelskreis von Freiheit und Unfreiheit so, wie er ist? Gibt es jemand, der das gewollt hat?

So banal die Feststellung ist, so wahr und wirklich ist sie: Die Welt und die Menschen sind so, wie sie sind. Basta! Also stellt sich die Frage: Wie gehen wir um mit dieser Wirklichkeit, mit diesen Fakten? Brechen wir – dennoch – auf oder ziehen wir uns zurück in das Reich der Projektionen, der Scheinwelten? Das Fatale ist, dass beide Bewegungen in die falsche

Richtung gehen und letztlich wieder am Ausgangspunkt landen. Dann sind am Ende die Dinge noch schlimmer, als sie vorher waren.

Fällt der Blick auf die Religionen, sehen wir ein ähnliches Bild. Die Religionen antworten, sicher unterschiedlich, mit Rezepten zur Überwindung der Unfreiheit. Sie verlagern das Reich der Freiheit ins Unendliche, ihre Verheißungen von Freiheit zielen auf ein Jenseits. Schlimmer wird es, wenn Gott ins Spiel kommt und die Frage nach der Erlösung. Flugs werden die Schuld des Menschen und die durch sie notwendig werdende Gnade Gottes thematisiert. Aber, so ist zu fragen etwa in Richtung auf das Christentum: Kann es wahr sein, dass Gott wollte, dass die Menschen sich gegen ihn auflehnten, dass sie schuldig wurden, weil sie die Gebote Gottes nicht beachteten? Das wäre doch ein hinterhältiger Fallensteller-Gott, ein Gott, der Menschen zu seinen Zwecken instrumentalisierte. Warum der »Sündenfall«, der die Menschen unfrei machte? Kann es wirklich so sein, wie ein alter Choral es ausdrückt: Durch Adams Fall ist ganz verderbt menschlich Natur und Wesen? Heute spüren und ahnen immer mehr Menschen, dass dieser Weg falsch war und ist. Sie wenden sich ab von den Kirchen und gehen ihre eigenen Wege. Die neuen Wege müssen nicht unbedingt sinnvollere und bessere Lebenswege sein, aber sie schlagen sie ein, weil sie ganz deutlich spüren und sehen, dass die alten Wege unbegehbar geworden sind, in die Irre und Leere führen. Das gibt zu denken. Oder sollte mindestens ganz grundsätzlich zu denken geben – den Moraltheologinnen und Moraltheologen, zum Beispiel.

Unfreiheit überall! Die Sehnsucht nach Freiheit überall!

EUGEN DREWERMANN: Ausgehend von der gerade vorgetragenen Kapitalismuskritik, muss man wohl als erstes zum Thema Freiheit feststellen, dass wir als Lohnsklaven keine Freiheit haben. Selbst wenn man uns »freisetzt«, indem wir keinen Lohn mehr beziehen, sind wir noch unfreier als vorher. Als Hartz-IV-Empfänger ist unsere Freiheit gerade mal so groß wie die paar Cents, die wir am Tage auszugeben vermögen. In allem übrigen sind wir gezwungen, in ganz engen, von außen gegen unsere eigene Planung und unser eigenes Wünschen gesetzten Grenzen zu existieren. Das ist unbestreitbar eine soziale Gefangenschaft, eine wirtschaftliche Unfreiheit, die monetär verordnet und gesetzlich geregelt ist unter dem lügnerischen Gerede, dass wir den Sozialstaat retten müssen, indem wir ihn ruinieren, sekundiert von einer entsprechenden Journaille, die uns jeden Morgen beweist, dass es anders gar nicht gehen kann und dass wir nichts Besseres tun können, als die Hartz-IV-Ausgaben noch weiter herunterzusetzen, um »Arbeitsanreize« zu schaffen, wie es heißt.

Bleiben wir jetzt aber einmal nicht bei der Frage der sozialen Abhängigkeit in unserem gegenwärtigen kapitalistischen Wirtschaftssystem stehen, sondern greifen die Problematik der Freiheit geschichtlich vertieft auf, dann sehen wir: In der gesamten Geschichte der Menschheit war das Thema der sozialen Unfreiheit von großer Tragweite. Wenn man bedenkt, dass die Stadtkulturen in der Antike allesamt Sklavenhalterkulturen waren, wenn man hinzufügt, dass die Sklaven als bloße Kriegsbeute nach dem »Siegerrecht« genommen wurden, dass man nach beendeter Schlacht die Arbeitsfähigen und die Schönen vor dem sicheren Tod verschonte, während man alle anderen, weil sie überflüssig waren, gleich an Ort und Stelle ermordete, dann hat man ungefähr eine Vorstellung davon, vor welchem Hintergrund von Gewalttätigkeit wir heute immer noch agieren, in allem, was wir Macht und Eigentum nennen. Wir sind dem Schlachthof unserer Herkunft immer noch nicht wirklich entronnen, im Gegenteil, wir befinden uns noch nicht einmal an seiner Ausgangstür. Wir drehen uns vielmehr in endlosen Spiralen in dem, woraus wir kommen, und tun uns anscheinend sehr schwer zu begreifen, dass, wo Angst und Gewalt regieren, Freiheit nicht sein kann. Doch im Bannkreis der Angst können wir Politik und Wirtschaft offenbar immer noch nicht anders definieren, als indem wir Produktionsgüter anhäufen und stapeln, die wir anderen gewaltsam wegnehmen, und indem wir Macht in tödlichem Umfang dadurch organisieren, dass wir andere bedrohen.

Alles das ist Unfreiheit.

Der entscheidende Zugriff, der uns bereits psychisch, im Inneren der Persönlichkeit, unfrei macht, erfolgt im Gefängnis der Angst. Solange Menschen ihren Angstmechanismen gehorchen, können sie nicht frei sein, sie werden vielmehr immer wieder in dieses Gefängnis der Angst hineingetrieben. Die Mächtigen werden dann versuchen, ihre Unentbehrlichkeit zu sichern, indem sie sich als Beschützer gegen kollektive Bedrohungslagen in gigantischem Umfang stark machen: Vor der nächsten Wahl etwa haben wir höchstwahrscheinlich wieder gewisse Terrorangriffe zu gewärtigen, der tote Osama Bin Laden wird wieder eine Botschaft aus dem Jenseits an uns richten, irgendetwas wird schon passieren, klar! Man kann nie genug Angst verbreiten, damit bestimmte Machthaber an der Macht bleiben.

Also noch einmal: So lange Angst herrscht, gibt es keine Freiheit. Allenfalls die Angst, die wir uns bewusst machen und von der wir uns verabschieden, kann neue Freiheitsräume ermöglichen.

Ein Gedanke zum Thema Freiheit ist deshalb vor allem für die Psychotherapie, genauer gesagt für die Psychoanalyse, sehr wichtig geworden. SIGMUND FREUD meinte um 1910 einmal, wir sollten den Gedanken an die psychische Freiheit schlechthin fahren lassen, beziehungsweise ihn als eine allzu stolze Fahne vom Mast holen und durch den Gedanken des Determinismus ersetzen. Das ist an sich schon ein sehr wichtiger Gedanke, weil er die Überforderung durch überhöhte ethische Erwartungen und Forderungen vermeidet. Wenn wir sagen, der Mensch sei frei, dann verstärken wir damit unvermeidlich das Fundament für die gesamte bürgerliche Ethik im christlichen Abendland. Denn moralisch können ja nur Menschen verantwortlich für ihr Handeln sein, die entscheidungsfähig in ihrer Freiheit sind, das Gute oder das Böse zu wählen. Diese Wahlfreiheit setzt man moralphilosophisch als gegeben voraus. Wenn dem aber so ist, ist alles, was Menschen an moralisch definiert Bösem tun oder an Verbrecherischem begehen, schuldhaft und strafbar. FREUD meinte demgegenüber, dass wir die Menschen missverstehen, wenn wir sie so betrachten. Dem Sinne nach hat FREUD gemeint, was wir Verbrechen nennen, stelle im Grunde ein schweres Unglück dar, indem Menschen etwas begehen, das sie so, wie sie es taten, niemals haben tun wollen. Sie schaffen Leid, weil sie selber Leidende sind. Ehe wir diesen Zwangsmechanismus nicht verstehen, können wir nicht helfen. Wir kommen aus der Maschinerie des Leidens in der Qual der Unfreiheit nur heraus, wenn wir die Zusammenhänge begreifen, die in der Vorgeschichte des Leides einer bestimmten Persönlichkeit bestehen.

Immer noch sind wir freilich an die überkommene moralische Betrachtungsweise gewöhnt, die uns nötigt, die jeweiligen Täter zu verurteilen, vermeintlich um die Opfer zu schützen. Auch Theologen reden oft genug so und nehmen dafür die göttliche Gerechtigkeit in Anspruch; Gott, sagen sie, stehe stets aufseiten der Opfer, nie der Täter. Es scheint aber vordringlich, die Täter selber schon als Opfer zu betrachten und die ganze Entstehungsgeschichte im Vorlauf des sogenannten Bösen in den Blick zu nehmen. Tun wir so nicht, verbleiben wir unentrinnbar in dem Räderwerk von Aktio und Reaktio, von Tat und Strafe und von Strafe und Tat ... Wir können diesem archaischen Schema nur entkommen, wenn wir nicht wieder mit der Strafjustiz, mit moralischer Anklage oder womöglich mit martialisch-militärischen Maßnahmen gegen das »Böse« in der Welt angehen, im Wahn, dass, je mehr Böse wir rein statistisch töten, am Ende um so mehr Gute auf Erden leben würden. In dieser bis heute politisch wie juristisch vorherrschender Logik des Umgangs mit dem »Bösen« bekämpfen wir den Teufel, indem wir selbst zu Teufeln werden. Wir rotten das Böse nicht aus, wir übernehmen es vielmehr in die eigene Praxis. Es gibt daraus nur eine Rettung: Wir versuchen, die Menschen, die, moralisch gewertet, Böses tun, in den Gründen ihres Tuns zu begreifen, statt sie abzuurteilen.

Dann aber dürfen wir nicht länger mit dem Freiheitsbegriff operieren. Ganz im Gegenteil: Wir müssen den Determinismus der Seele in Rechnung stellen. Was hat sich abgespielt? Warum hat sich ein bestimmtes Verhalten kausal ergeben? – Es ist dieselbe Betrachtungsweise, die ein Arzt einnehmen wird, wenn er eine Krankheit behandelt. Es hat keinen Sinn, das verursachte Leiden zu betrauern oder zu bedauern; man wird seiner nur Herr, wenn man die Ursachen versteht. Welch eine Art von Krankheit liegt da vor? Um welch einen Krankheitserreger handelt es sich? Erst wenn man das weiß, kann man vielleicht ein Mittel finden, um die Ursachen zu bekämpfen und Gesundheit zu ermöglichen.

Wenn wir psychoanalytisch Menschen solange für unfrei halten, solange sie an sich (auf neurotische Weise) leiden, indem sie mit sich selber zerfallen sind und den Zwangsgesetzen der unbewussten Mechanismen der Psyche sich wie hilflos ausgeliefert fühlen, dann lässt sich der Begriff »Freiheit« mit »seelischer Gesundheit« überset-

Ich muss wissen um Treuer läßt sich auf
mit Bewußtsein erlöst ist und er völlig Ruhe

zen, und dann haben wir ein ganz gutes Modell, um zu verstehen, wie *genießt*
Freiheit psychologisch möglich wird. Menschen, die aus lauter Angst
nicht zu ihrer Identität gefunden haben, können nicht frei sein. Sie tun
lauter Dinge, in denen sich ihr Unbewusstes gegen ihr bewusstes Wollen durchsetzt. Sie laufen aus dem Ruder wie ein Auto, dessen Radauf-
hängung nicht richtig zentriert ist, – es wird von der Fahrbahn abkom-
men. Menschen hingegen, die mit sich identisch sind, können tun, was
sie wollen, sie fühlen sich mit ihren Handlungen einverstanden. Und
eben das ist psychologisch betrachtet Freiheit: Man kann tun, was
man will. *wichtig! ich bin mit mir zufrieden +*

Diese Betrachtung kann und muss nun allerdings vertieft werden, *einig*
indem man fragt: Ist das, was Menschen glauben zu wollen, auch *das ist*
wirklich schon das, was sie wollen? Oft gewiss nicht! In der Psycho- *Freiheit*
analyse erlebt man, dass Menschen eine Reihe von Wünschen entwickeln, die, mit einiger Vernunft betrachtet, gar nicht wünschenswert
sind. Die Frage erhebt sich dann, wie man sie von solchen schädlichen
Wünschen abbringen kann. Am einfachsten ist es, solche Wunschvor-
stellungen sich ausreifen zu lassen. Psychoanalyse setzt es sich, nach
FREUDs eigener Definition, zum Ziel, dass da, wo »Es« war, »Ich«
werde; es gilt also, die unbewussten Mechanismen der Angst, der
infantilen Reste der Kindheit, der Übertragungsmechanismen, der
unbewussten Projektionen und so weiter, durchzuarbeiten und nach
und nach zu ersetzen durch eine ichgerechte Stellungnahme. Erst
dann entwickelt sich aus der Unfreiheit Freiheit. Soweit mag die psychologische Betrachtung reichen.

Von ARTHUR SCHOPENHAUER her muss man indessen gerade
FREUDs Gedanken als eine philosophische Frage noch ein Stück vertiefen. SCHOPENHAUER meinte, dass die Frage nach der Freiheit in
den Köpfen der meisten identisch gesetzt werde mit Handlungsfrei-
heit. Menschen können tun, was sie wollen, – das ist »Handlungsfrei-
heit«. Aber was ist mit der Willensfreiheit? Da formulierte SCHOPEN-
HAUER knapp und bündig: Ein Mensch kann zwar tun, was er will,
aber kann nicht wollen, was er will. Das ist genial richtig. SCHOPEN-
HAUER meinte, wenn wir uns fragten, wie der Wille von Menschen
zustande komme, müssten wir als erstes ihren Charakter kennen.
Dann würden wir sehr rasch feststellen, dass Menschen überhaupt nur
wollen können, was ihnen entsprechend ihrer Persönlichkeitsstruktur
als ichgerecht erscheint. Also wird der Begriff der Freiheit, den wir
gerade im Sinne der Identität eingeführt haben, schon wieder aufgeho-

ben. Denn ein mit sich identischer Wille ist ganz und gar abhängig vom Charakter der Person, die sich etwas Wünschbares vorsetzt. Drehen wir uns jetzt also im Kreise?

Rein philosophisch muss die Frage, ob wir, metaphysisch gesetzt, frei sind oder unfrei, wohl notwendigerweise aus erkenntnistheoretischen Gründen offen bleiben. IMMANUEL KANT bereits meinte zu dem Problem der Willensfreiheit, der Verstand, die Naturwissenschaften würden nie begründen können, dass es Freiheit gebe. Schon in der »Kritik der reinen Vernunft« hatte er diese Tatsache methodisch scharfsinnig abgeleitet. KANT erklärte, dass Freiheit überhaupt keine Kategorie naturwissenschaftlicher Forschung sein könne. Diese simple erkenntnistheoretische Feststellung muss man vor allem den heutigen Neurologen gegenüberhalten, die glauben, dass sie mit naturwissenschaftlichen Mitteln die Freiheit widerlegen könnten.

Vor etwa 40 Jahren war es vor allem BENJAMIN LIBETs Versuch der Verzögerung von Handlung und Vorsatz, der seither als möglicher Einwand gegen die Willensfreiheit immer wieder diskutiert wird, zeigt sich in diesem Experiment vermeintlich doch, dass wir zwar etwas frei zu tun glauben und uns auch so vorkommen, wie wenn wir eine freie Entscheidung getroffen hätten, während auf den Monitoren längst sichtbar ist, dass, zeitlich unserer bewussten Entscheidung vorhergehend, das prämotorische und auxiliarmotorische Areal im Cortex entsprechend für gerade diese Handlung, die wir dann ausführen, aktiviert wurde. Mit anderen Worten: Wir haben im Bewusstsein lediglich etwas in uns aufgenommen, das im Gehirn längst entschieden wurde; wir haben uns ein Subjekt phantasiert, das glaubt, eine Entscheidung getroffen zu haben, die längst getroffen wurde. Aufgrund unserer Ich-Struktur bilden wir uns ein, dass wir frei wären. Aber diesen Irrtum kann man durchschauen.

An dieser Stelle haben die Neurologen vermutlich sogar mehr recht, als die meisten glauben und es ihnen lieb zu sein scheint. Nehmen wir nur als Beispiel erweisbarer Unfreiheit bei gleichzeitiger Illusion von Freiheit die Hypnose. Vor Jahren wurden im Fernsehen »Spiele« gezeigt, bei denen ein australischer Hypnotiseur vier oder fünf Leute vorführte, die er in Hypnose versetzte. Eine Frau sollte sich ausziehen. Sie tat es. Ein Mann sollte unter dem Tisch Geld suchen. Er tat es. Ein anderer sollte sinnlose Bewegungen machen. Er tat es. Die Hypnose wurde aufgehoben, und alle hatten eine Erklärung dafür, warum sie sich in dem offenbar lächerlichen Zustand befanden, in dem sie wieder zu sich kamen. Das heißt: Unser Gehirn wird sich, selbst bei offenkundiger Fremdbestimmung, immer noch als Autor seiner eigenen Handlungen und Entscheidungen interpretieren! Und diese Tatsache hat wieder tiefere Gründe, die darin bestehen, dass unser Selbstbewusstsein in der Evolution zu genau diesem Zweck der subjektivierten Vereinheitlichung aller Wahrnehmungen und Handlungen konstruiert wurde. Selbstbewusstsein ist ein Produkt des Gehirns für das Gehirn, und das gleiche gilt wohl auch für die Vorstellung von Freiheit. Doch ist damit die Annahme von Freiheit schon widerlegt? Weder ja noch nein. Es scheint vielmehr, dass die Neurologen die Freiheit weder finden noch widerlegen können, einfach aufgrund dessen, dass von Freiheit zu reden einem Naturwissenschaftler aus Gründen der KANTschen Erkenntnistheorie prinzipiell nicht möglich ist. Eine naturwissenschaftliche Theorie, die damit enden würde, dass man etwas nur begründen könne, weil es in Freiheit zustande gekommen sei, hört auf, etwas zu erklären. Genau dies meinte IMMANUEL KANT: Die Naturwissenschaftler sollen so lange forschen, wie das Reich der Kausalität sich erstreckt, Freiheit aber werden sie dabei nicht finden können. Die Vorstellung von Freiheit hält sie bei ihren Forschungen als ein Ideal der Vernunft zwar in Gang, sie zu erkennen aber ist für den Verstand ein Projekt der Unmöglichkeit.

Es scheint, dass KANT auch in folgendem recht hat: Wir brauchen das Postulat, frei zu sein, nicht in erkenntnistheoretischer, sondern allein in moralischer Absicht, – um uns als ethische Individuen interpretieren zu können. Man kann zeigen, dass die Psychoanalyse, dass der Weg zur Selbstidentität, tatsächlich dazu beiträgt, moralische Individuen zu werden. Anderes allerdings sollte mit dem Freiheitsbegriff nie umschrieben werden, als dass wir fähig werden, das Gute zu tun, das wir als innere Verpflichtung in uns spüren. Für uns Menschen genügt es, so identisch mit uns selber zu werden, dass wir das Gefühl haben, frei zu sein, wenn wir das Richtige tun.

Wer also ist ein freier Mensch? NIKOS KATZANZAKIS (1883–1957), ein griechischer Dichter, Philosoph und Staatsmann, hat auf seinen Grabstein schreiben lassen: »Ich fürchte nichts, ich hoffe nichts, ich bin frei«. Das soll heißen: Ich laufe nicht mehr den Abhängigkeiten nach, die darin bestehen, dass andere mich in Panik versetzen, aber ich hypnotisiere mich auch nicht länger mit Illusionen; ich habe gelernt, vertrauensvoll das Maß an Realismus zu gewinnen, mit dem ich leben kann. Das in der Tat ist Freiheit. SÖREN KIERKEGAARD hat das in der schon angegebenen Begrifflichkeit so ausgedrückt: Freiheit sei das Gleichgewicht in der Doppelbewegung der Unendlichkeit: Wie auf dem Hochseil gewinnen wir eine Balance zwischen Zeit und Ewigkeit, Leben und Tod, Schuld und Vergebung in einem Vertrauen, das die Angst überwindet.

Auch dafür ein Beispiel. Im 7. Vers des Psalms 124 heißt es einmal: »Unsere Seele ist wie ein Vogel dem Netz des Jägers entkommen; das Netz ist zerrissen und wir sind frei.« Dieses Psalmzitat hat mittelbar in eine Filmszene Eingang gefunden, die in der Geschichte des Kinos unvergesslich ist. ROBERT BRESSON hat nach der Novelle von GEORGES BERNANOS (1888–1948) den Film »*Die neue Geschichte der Mouchette*« gedreht. Ein wenig verkürzt und zugespitzt als Metapher, lässt sich eine zentrale Bildsequenz darin so wiedergeben: Ein Rebhuhn hat sich in der Metallschlinge eines Wilderers verfangen. Ein Mann, von dem man nur die Füße sieht, tritt auf die Lichtung. Das Rebhuhn reißt in seiner Angst an der Metallschlaufe und zerrt sich in den Tod. Das ist ein grausames Bild für das, was BERNANOS bereits sagen wollte und was ROBERT BRESSON zu einem Hauptanliegen seines Films machte: Er wollte, im Umkehrschluss, sich eine Alternative ausdenken, die gar nicht möglich scheint und die dennoch über alles entscheiden würde, wäre sie zu realisieren. – Was nennen wir Christen eigentlich Erlösung? Oder Freiheit? Oder Menschlichkeit? BRESSONs Kommentar: Wir sind wie die Rebhühner in der Falle eines Wilderers. Unsere Angst zwingt uns, an der Metallschleife hin und her zu zerren, um in die Freiheit zu gelangen. Aber es ist tödlich, was wir da machen. Die einzige Rettung wäre dem Rebhuhn, dass es glauben könnte, der Mann, der jetzt auf die Lichtung tritt, sei nicht der Wilderer, der es töten wolle; seine einzige Chance besteht darin, diese Angst zu verlieren und zu glauben, der Mann, der jetzt kommt, öffne die Drahtschlinge und schenke ihm die Freiheit!

Genau das ist nun das ganze Projekt Jesu im Neuen Testament: uns aus der Angst vor den Menschen und noch viel mehr aus der Angst vor Gott zu lösen und uns die Freiheit zurückzugeben, die darin besteht, Vertrauen zu lernen. Von uns selber her ist das schier unmöglich: Man hat uns Gott als eine Art Jäger geschildert, der uns schuldig spricht, der uns straft, der hinter uns her ist. Man hat uns seit Kindertagen ständig Angst eingejagt, und in der Angst sind wir gezwungen, alles für unsere Rettung zu tun. Selbst wenn wir begreifen, dass dieses Verhalten uns noch schlimmer in die Fesseln der Unfreiheit verwickeln wird, machen wir so weiter. Man kann die tödliche Gefangenschaft der Angst nur ganz langsam durch Annäherung aufzulösen beginnen. Eben das versucht die Psychotherapie, eben das sollte jede Form von Seelsorge im Sinne Jesu tun. Aber das kann oft Jahre dauern und ist in aller Regel recht mühsam. Der eigentliche Grund dafür ist wohl in der Einsicht der Existenzphilosophie KIERKEGAARDS zu finden, dass zum Erleben der Freiheit eine Angst gehört, die den Menschen notwendig dahin treibt, die Freiheit wieder abzuschaffen. Freiheit, meinte der dänische Religionsphilosoph, ergebe sich aus einer Synthese von Endlichkeit und Unendlichkeit, von Notwendigkeit und Mündigkeit, doch der Spannungszustand zwischen diesen Gegensätzen lässt sich nur aushalten, wenn das menschliche Dasein sich selbst in Vertrauen durchsichtig wird auf den hin, der es gesetzt hat; ohne ein solches Vertrauen tendiert das Dasein dahin, sich in einen der polaren Punkte der Konstitution seiner Freiheit zu flüchten, um sich dadurch der Angst vor der Nichtfestgelegtheit der Freiheit zu entziehen. Ein solches vereinseitigtes, angstverformtes Dasein »will« dann auf verzweifelte Weise identisch sein mit der Endlichkeit – es blendet jede höhere Bestimmung seiner selbst wie mit Absicht aus; es wird dabei vielleicht in mancherlei Weise, wie bereits dargestellt, höchst erfolgreich, ist aber auf geheime Art zutiefst verzweifelt. Oder man identifiziert sich mit dem Unendlichen – man sehnt sich nach dem ganz Anderen wie in einer tiefen Depression, kommt aber nicht mit der Welt zurecht, wie sie ist. Manch ein anderer klammert sich zwanghaft an die Notwendigkeit, – er will alles nur so machen, wie es geboten ist, wie es die Pflicht auferlegt, wie es jeder tun muss, doch gerade damit verweigert er sich als Individuum, als Person. Auch die Flucht in die Möglichkeit verleugnet auf hysterische Weise die Freiheit, indem sie jede Festlegung in der Wirklichkeit scheut. Das spannungsreiche Gleichgewicht der Freiheit lässt sich nur halten im Gegenüber Gottes. Was dann die Bibel als die »Sünde« am Anfang beschreibt, hat natürlich nichts zu tun mit dem Bild eines Gottes, der geradezu möchte, dass der Mensch sich gegen ihn auflehnt, um, wie GEORG WILHELM FRIEDRICH HEGEL gemeint hat, seiner Freiheit innezuwerden; was die Geschichte von der »Erbsünde« in Genesis 3,1–7 tatsächlich schildert, ist die Tragödie einer Angst, die Gott als schützenden Hintergrund der menschlichen Existenz aus den Augen verliert. Es ist die eigentliche, die fundamentale Form aller Schuld – nicht auf der Ebene der Moral, wohl aber der Existenz –, aus lauter Angst das Vertrauen in die bejahende

Macht im Hintergrund unseres Daseins preiszugeben und sich statt dessen an die Bruchstücke der zerborstenen Existenz wie ein Ertrinkender an die Planken eines im Sturm zerschellten Schiffes zu klammern, – eine Tragödie des Scheiterns der Freiheit an der Angst, die zu ihr gehört, solange sie sich nicht festmacht im Unendlichen.

Schicksal

»Durch Leid lernen!« (Aischylos)

oder: Vom Zwangsjoch des Schicksals

MICHAEL ALBUS: Alles, was uns Menschen widerfährt und was wir nicht beeinflussen können, nennen wir Schicksal oder, mit einem älteren Wort, Geschick, die Summe dessen, was wir ertragen müssen. In FRIEDRICH SCHILLERs Gedicht von der Glocke heißt es: »Doch mit des Geschickes Mächten, ist kein ew'ger Bund zu flechten, und das Unglück schreitet schnell.« Die Gemeinschaft von Menschen, die alle vom gleichen Schicksal betroffen sind, nennt man Schicksalsgemeinschaft.

Das Schicksal ist unerbittlich, resistent gegen alle Versuche, es zu ändern, ihm zu entkommen, ein eherner Ablauf, dem wir uns, trotz heftiger Gegenwehr, fügen müssen. Schicksal ist meist die Erfahrung der Unfreiheit. Selten trifft uns ein gütiges Schicksal. Sich in sein Schicksal fügen heißt, nolens volens einverstanden zu sein mit dem Unvermeidlichen. Das Geschick führt den, der sich fügt, wer sich widersetzt, den reißt es mit sich fort. Alles ist Schicksal. Diese banale Feststellung ist das Eingeständnis existentieller Ohnmacht.

Früh schon haben die Menschen die Vermutung gehabt, dass es jemand außerhalb der Schicksalswelt geben muss, der schickt. Die Namen der Schicksalsgöttinnen tauchen in den Mythen auf: Norne, Moira, Parze. Sie weben die Muster des Lebens, spinnen die Fäden, unabwendbar, vorherbestimmt. Im Grunde kann man den Glauben an eine höhere Macht, die unser Leben, wie auch immer, bestimmt, als den Ursprung der Religion bezeichnen. Er war ein Schicksalsglaube. Not lehrt glauben.

Was kann man auch grundsätzlich gegen das Schicksal tun? Heroisch widerstehen? Die Hände in den Schoß legen und warten, bis alles aus und vorbei ist? Verhandeln mit der Macht, die das Schicksal bestimmt? Beten? Gut, man kann partiell versuchen, die machbaren Dinge zu machen. Viele werden es nicht sein, und manches, was wir mit großer Kraft, mit Geduld und Hingabe zu ändern vermochten, fällt früher oder später wieder dem Schicksal anheim. Man kann ja eh nichts ändern, sagen viele Menschen mit einem Seufzer auf den Lippen. Heute, in der glitzernden Fortschritts- und Technikwelt, hört man diesen Satz auffällig oft. Die Erfahrungen, die dahinter stehen, zeugen von einer tiefen Skepsis, die sich spürbar breitmacht in unserer sich modern nennenden Gesellschaft. Sie führt in den Religionen weltweit zu fundamentalistischen Bewegungen, die ihr Heil in der eindimensionalen Flucht in die Klammerarme Gottes suchen. Wenn schon Schicksal, dann auch totale Ergebung, keinen Widerstand mehr, kein Zweifeln, kein Fragen, kein Differenzieren mehr. FRIEDRICH SCHLEIERMACHER (1768–1834) hat Religion als das schlechthinnige Abhängigkeitsgefühl bezeichnet. Ist das so? Und wenn es so ist, erscheint dann die

Religion nicht als der Ausdruck einer ersten und letzten Verzweiflung, als Gestalt der ersten und letzten Unfreiheit des Menschen? Man kann die Frage stellen: Was machen wir da mit Gott?

Könnte es nicht sein, dass es einfach so ist, wie es ist? Und dass wir Gott nur zum Interpretament unserer Aussichtslosigkeit machen? Zugespitzter gefragt: Braucht es einen Gott, um das zu erklären, was wir Schicksal nennen? Oder wäre es nicht sinnvoller und pragmatischer, dem Rad in die Speichen zu greifen und auszuloten, welche relativen Möglichkeiten wir innerhalb des Vorgegebenen und Vorgefundenen haben, anstatt einen Gott anzunehmen, der mit uns Würfel spielt, der uns zu seinem Spielball macht? Früher hat man die, die solche Fragen stellten, auf den Scheiterhaufen gebracht, weil nicht sein konnte, was nicht sein durfte. Man hat sie dem Schicksalsgott zum Opfer gebracht. Denken wir nur an die »heilige« Inquisition oder an CALVINS Regime in Genf. Religion als ein einziges Gefängnis, in dem das Schicksal noch einmal zum Schicksal wurde, die Herren des Glaubens Schicksal spielten.

Wir wissen heute, dank der Naturwissenschaften, ziemlich viel darüber, wie das abläuft, was abläuft. Dieselben Naturwissenschaften können aber bis heute nicht erklären, was für einen Sinn es hat, was abläuft. Es ist einfach so! Noch einmal: Schicksal!

Es gibt eine, wenn auch schwache und manchmal unmögliche Möglichkeit, unser Schicksal zu lindern: Angesichts des Schicksals der anderen, in dem wir unser eigenes wieder erkennen, zu helfen, mit zu leiden, nicht dabei zu stehen, es zu sehen und vorüber zu gehen. Nicht als Heldin oder Held. Eher als Helferin oder Helfer.

EUGEN DREWERMANN: Die neuzeitliche Variante der Frage, was Schicksal sei, beginnt mit der Auskunft des Philosophen BARUCH SPINOZA (1632–1677), Religion sei eben dies: die Liebe zum Schicksal (amor fati). Die Überzeugung SPINOZAS gründete in dem Konstrukt eines pantheistischen Weltgebäudes, in welchem alle Dinge nach einer ehernen Notwendigkeit festgelegt sind, mit der Folge, dass die Welt so sein muss, wie sie ist, und dass es so gut ist, wie sie ist. Wer das begreift, wird einverstanden mit allen Dingen, wie sie sind. GOTT-FRIED WILHELM LEIBNIZ (1646–1716) hat eben deshalb, allerdings zur Aufrechterhaltung des theistischen Weltbildes, von der »besten aller Welten« gesprochen, die insgesamt durchzogen sei von dem Walten eines allweisen, allgütigen und allmächtigen Schöpfergottes, der gar nicht anders gekonnt habe, als die Welt auf die bestmögliche Weise ins Dasein zu setzen. Doch wie soll diese Idee vereinbar sein mit dem unendlichen Maß an anonymem Leid auf Seiten der Kreaturen? Nicht ein gütiger Gott – ein furchtbares, blindes und gleichgültiges Zufallsregiment scheint da buchstäblich »Schicksal« zu spielen. Das Scheitern von LEIBNIZ und seiner Idee von der besten aller Welten macht deutlich, wie unversöhnlich der Schicksalsgedanke dem Schöpfungsoptimismus der Bibel entgegensteht. Der Dichter HERMAN MELVILLE (1819–1891) zum Beispiel hat in seinem Roman »*Moby Dick*« eben diese düstere, heidnische, abgründige Seite des menschlichen Lebens wiederentdeckt und sie mit »Schicksal« umschrieben: Der Ozean rollt seit Jahrtausenden und mit ihm das menschliche Leben im Auf und Ab von Freud und Leid. Das Herz jedes Einzelnen, sagt Ahab, der Kapitän der Pequot, wird umgedreht wie ein Gangspill. Wenn selbst die Sonne am Himmel ihre Bahn nach ehernen Gesetzen zieht, wie soll dann dieses mein Herz anders schlagen als in dem Takt einer seit Ewigkeiten vorher bestimmten Notwendigkeit?

Wenn wir verstehen wollen, was sich mit dem Begriff und den Gefühlsassoziationen des Wortes Schicksal verbindet, müssen wir noch einmal in die Schule des antiken Griechenlands gehen. Für die Tragödiendichter stand das Wort Schicksal sogar über der Götterwelt. Das Schicksal, die Moira, spielt mit den Göttern, und die Götter spielen mit den Menschen. Was sie aufführen, unterliegt einer tragischen Widersprüchlichkeit – ein kleines Beispiel nur: Die schönste der Frauen, Helena, wird nach Troja entführt, weil die Göttin Aphrodite sie dem Prinzen Paris versprochen hat; doch um sich dafür zu rächen, dass nicht sie, sondern eben Aphrodite von Paris gewählt wurde, zetteln Hera, die stets eifersüchtige Gemahlin des Zeus und Hüterin der Ehe, sowie Athene, die kriegerisch-jungfräuliche Göttin aus dem Haupte des Zeus, den zehnjährigen Krieg um Troja an, zu dem Ziel, Helena, die Tochter von Zeus und Leda, wieder nach Sparta zurückzuholen. Auf dem Olymp sind die Götter selbst uneins, mit welcher Partei sie es halten wollen; doch mit dem Krieg selber sind sie allesamt einverstanden, und so hat ihn HOMER auch besungen. Doch nun kommt etwas sehr Seltsames. In der Tragödie »Helena« beschreibt EURIPIDES eine noch weit höhere Stufe der Schicksalshaftigkeit menschlicher Tragik. Nach seiner Darstellung wurde Helena gar nicht nach Troja entführt. In Wirklichkeit hat man sie nach Ägypten gebracht, und dort wird ihr Gemahl Menelaos nach zehn Jahren des Mordens sie dann auch wiederfinden. Sie ist ihm immer treu geblieben! Was man nach Troja entführt hat, war ein Scheingebilde, die reine Wahnidee einer untreuen Helena. Mit anderen Worten: Mitten in der Auseinandersetzung des Peloponesischen Krieges – rund dreißig Jahre wütet er zwischen Sparta und Athen – will EURIPIDES sagen: Schon in dem Krieg um Troja, in jedem Krieg, auch in dem Massenmorden jetzt, schlagen Männer einander tot für eitle, irrige, trügerische Ziele. Sie geben vor, es aus Liebe zu tun, um hohe sittliche Werte zu schützen, in Wahrheit aber verraten sie alles und zerstören sie alles. Sie folgen einer Hypnose, die über sie gekommen ist und die sie nicht beherrschen können. Mögen die Götter selbst daran schuld sein, mögen die Götter ihrerseits dem Schicksal unterliegen, was sollen Menschen dagegen tun? – Die Tragödie des EURIPIDES wollte natürlich die athenischen Zuschauer auffordern, selber zum Nachdenken zu kommen und sich, aufgerüttelt durch dieses Bühnenstück, nicht länger orientierungslos durch die Wirren der Zeit treiben zu lassen. Sie sollten durch die Unerträglichkeit des dargestellten Schicksals geläutert werden, um die Freiheit und Autonomie ihrer Lebensgestaltung in die Hand zu bekommen.

Am dichtesten ist der Begriff des Schicksals in seiner Undurchschaubarkeit präsent, wenn er als Antrieb zu unlösbaren Konflikten und unvermeidbaren Formen moralischer Schuld verstanden wird – als Ausdruck der Widersprüchlichkeit und Zerrissenheit der gesamten »Weltordnung«, etwa wie in der Germanische Mythologie. Da sitzen die drei Nornen und spinnen den Schicksalsfaden ähnlich wie auch bei den Griechen. Sie tragen die Namen Urd, Verdandi und Skuld: Vergangenheit, Gegenwart und Zukunft; – alles halten sie in den Händen, am Ende auch das Weltenschicksal. Denn eines Tages werden die Götter die Welt in einen Feuerbrand abstürzen sehen, in dem sie selber zu Grunde gehen. Das alles ist im Weltenlauf, modern gesprochen, kosmisch oder physikalisch, vorgesehen; und diese Zwangsläufigkeit heroisch zu ertragen und sich dem mit Heldenmut auszusetzten, erscheint als die Aufgabe des Menschen.

Doch eben da liegt das Problem aller Schicksalsgläubigkeit. Offenbar wird menschliche Größe fehldefiniert, wenn man sie in die Identifikation mit dem vermeintlich Absurden hineintreibt. Die Absurdität sollte zum Widerspruch reizen, nicht aber zum Mitmachen. Darin eigentlich lässt sich im 5. Jahrhundert vor Christus die Entwicklungsrichtung der griechischen Tragödie von AISCHYLOS bis EURIPIDES festmachen. Sie will einen neuen geistigen Standpunkt begründen, indem sie die alten Göttermythen mit psychologischen Mitteln vermenschlicht. Das Geschehen selbst lebt auf dem Olymp, und gespielt wird es auf der Bühne im Dionysostheater von Athen, im Grunde jedoch spielt es nicht dort, es spielt in der eigenen Seele. Wenn das begriffen wird, ist es zu Ende mit dem blinden Schicksalsglauben. Von dem Moment an treten Menschen in ihre Autonomie ein, und das können sie, indem sie zu sehen lernen. Durch richtiges Hinschauen auf das, was ist und wie es abläuft, gibt es ein Entrinnen.

Diese im Grunde aufklärerische Tendenz verrät eine Architektur, die im gesamten europäischen Theater beibehalten worden ist. Man erkennt sie, beispielsweise, in HENRIK IBSENs (1828–1906) Drama »Die Wildente« wieder. Das ist die Geschichte eines Kindes, das erbbedingt zur Blindheit neigt und das entdecken muss, dass sein Vater in Wahrheit gar nicht sein Vater ist. Das Ganze ist ein riesiges Räderwerk von Lüge, von selbstgemachter Blindheit; aber der Zuschauer, der sieht, wie die eine Person mit ihren Selbstwidersprüchen zum Schicksal einer jeweils anderen Person wird, bekommt, weil er es durchschaut, auch die Chance, selber ein anderes Leben zu führen. So, wie hier dargestellt, sollte das Leben, sollte er selber nicht sein, das steht fest. Als ein Geläuterter also tritt der Zuschauer, der nun kein Zuschauer mehr ist, ins Foyer hinaus. Wer das Schicksal begreift, hat es hinter sich.

Das ist im Grunde derselbe Gedanke, den auch die Psychoanalyse aus den griechischen Dramen entwickelt hat. Sie hat gemeint, dass Schicksal identisch sei mit den unbewussten Mechanismen der Psyche. Wir halten für Götter, was wir in der Gestalt unserer eigenen

Eltern erlebt haben oder was wir als dunkle Mächte in uns tragen. All das werfen wir projektiv in den Horizont übermächtiger Gestalten. Die Teilpersonen, die unbewusst in uns hausen, gewinnen dann ein riesiges Format in Gestalt von Kentauren, Feen, Göttern und Dämonen, die wie von außen auf uns zurückzukommen scheinen. Erst wenn wir die Projektionen wieder nach innen ziehen und begreifen, dass sich das Götter- oder Gespensterschicksal in uns selber abspielt, können wir ihm die Macht nehmen und das eigene Ich aus den Zuständen seiner angstbedingten Entfremdung zurückgewinnen. – Es liegt im Begriff des Schicksals von daher etwas, das dringlich auf seine kognitive und emotionale Auflösung wartet. Sobald wir begreifen, wie die Mechanismen unserer seelischen Entfremdung funktionieren, können wir anfangen, uns dagegen zu wehren.

Man kann es auch anders sagen: Die meisten Menschen in den Neuen Bundesländern haben als Kinder im Marxismusunterricht gelernt, wie HEGEL Freiheit definierte. Für gewöhnlich sind wir geneigt, Freiheit als Gegenbegriff zum Notwendigen zu verstehen. HEGEL aber meinte, das sei falsch, und darin hat er wohl recht gehabt. Wäre die Welt nicht notwendig, wäre sie durch keinerlei Festlegung reinweg chaotisch, so könnte es Freiheit nicht geben, schon weil es keine Planbarkeit gäbe, keine Abschätzbarkeit, keine Wertbarkeit; selbst unser Verstand könnte nicht in Aktion treten, vielmehr würde er permanent inmitten einer rein chaotischen Welt in die Irre geleitet. Nur weil die Welt eine Ordnung besitzt, die gusseisern notwendig ist und entsprechend zuverlässig abläuft, können wir durch Erkenntnis das Funktionieren der notwendigen Mechanismen uns selber zueignen; wir gewinnen unsere Freiheit, meinte dialektisch HEGEL, als »erkannte Notwendigkeit«.

Dahinter verbirgt sich ein nicht leicht zu lösendes Problem. Die Naturwissenschaften zum Beispiel durchschauen die Naturnotwendigkeiten oder versuchen es zumindest; doch ohne es zu beabsichtigen, eröffnen sie damit der Gesellschaft neue, unerhörte Freiheitsräume, deren Gestaltung in keiner Weise festgelegt ist. Was macht man, wenn man die Atombombe bauen kann, wenn man die Gene verändern kann? Was darf man machen? Was darf man nicht machen? Das naturwissenschaftliche Denken weiß darauf keine Antwort. Die naturwissenschaftliche Forschung aber wird heute vorangetrieben durch ganz eigene Mechanismen, die nicht mehr in der Natur, sondern in der Kapitalverwertung unseres Wirtschaftssystems liegen.

Diese ökonomischen und monetären Gesetze plus die von ihnen induzierten politischen Interessen müsste man durchschauen, um sie beherrschen zu können. Das war eigentlich der Gedanke der Marxisten: Wenn wir einmal die herrschende Wirtschaftsform mit ihren Mechanismen erkannt hätten – in der Mehrwerttheorie zum Beispiel, in der Darstellung der »Gesetze«, nach denen man die Arbeiter über oder unter den Tisch zieht –, dann könnte man diese ungerechte und unmenschliche Wirtschaftsform der Ausbeutung von Natur und Mensch beseitigen. Dahin gekommen ist es bis heute nicht; aber ganz falsch scheint der Gedanke nicht zu sein, man könnte durch Aufklärung, durch Einsatz von Vernunft, die Gesetzmäßigkeiten aufbrechen, die uns in die Sklaverei geführt haben. Freiheit sei erkannte Notwendigkeit. So hat es jedes Kind in der DDR einmal gelernt. Und hinzugefügt: Sie ist das Resultat gesellschaftlicher Praxis von Menschen, die in Staat und Gesellschaft ihr Schicksal selbst bestimmen können. Das also wäre zu leisten. Mitleid ist etwas Wunderbares, aber es bliebe blind ohne Einsicht und ohne Veränderung der gegebenen psychischen wie sozialen Strukturen. Ansonsten behält der griechische Gott Zeus recht, wenn er am Anfang bereits der »*Odyssee*« laut HOMER sagt: »Nein, wie töricht klagen die Sterblichen an doch die Götter! Denn von uns her, sagen sie, kämen die Übel, doch auch selbst schaffen sie Qual sich – über ihr Los durch eigenen Frevel.« (I 32–34)

Macht

»Denn wer die Macht hat, hat das Recht,
und wer das Recht hat, bricht es auch« (Orff)

oder: Was halten wir für wirklich »groß«?

MICHAEL ALBUS: Wir erleben es wieder, dicht gedrängt, in unseren Tagen: Mächtige werden zu mächtig – und müssen mit Macht von der Bildfläche verschwinden. Andere übernehmen die Macht – meist mit Gewalt. Im Guten wie im Bösen. Legal oder illegal. Politische Macht ist die Macht des Menschen selbst. An ihr sieht man auch, wie eng die Grenzen der Macht des Menschen sind.

Nun bleibt hinter allen zeitlichen Erscheinungen des Willens zur Macht die Frage: Woher dieser Wille? Warum üben Menschen Macht über Menschen aus? Warum sind die einen ohnmächtig und die anderen mächtig? Hätte es nicht anders sein können? Könnte es nicht anders sein?

Überall erhebt die Macht ihr Haupt. Im Verhältnis von solchen, die sich lieben, ebenso wie in dem Verhältnis derer, die sich hassen. Im Verhältnis von Eltern zu Kindern und von Kindern zu Eltern, selbst in Freundschaften schleicht sich der Hang zur Herrschaft über die anderen ein. Auch die Religionen und Kirchen sind nicht frei davon. Nicht selten in der Geschichte hat sich die geistliche mit der weltlichen Macht verbündet und war am Ende in ihrer konkreten Machtausübung nicht mehr von der politischen Macht zu unterscheiden. Der Expansionsdrang der Missionsgeschichte bietet erschreckende Einsichten dazu.

Heute ist es mehr und mehr die Macht des Geldes, die das Leben der Menschen beherrscht. Die Macht der Geldwirtschaft, des Kapitalismus, dringt immer tiefer in den Herrschaftsbereich der Politik ein. Die wahren Mächtigen sitzen heute nicht mehr in den Staatskanzleien oder Ministerien, sie sitzen in den Banken, sie treffen täglich in Sekundenschnelle Entscheidungen, deren Tragweite ihnen selber nicht mehr bewusst sein kann, die bis in das persönliche Leben von einzelnen Menschen hinein reicht. Immer mehr Menschen sind dieser Macht hilflos ausgesetzt. Das alte Volkslied ist immer noch oder wird schon wieder aktuell:

Geld nur regiert die ganze Welt,
Dazu verhilft Betrügen;
Wer sich sonst noch so redlich hält,
Muss doch bald unterliegen,
Rechtschaffen hin, rechtschaffen her,
Das sind nur alte Geigen:
Betrug, Gewalt und List vielmehr,
Klag du, man wird dir's zeigen.

Was soll man tun, wenn man die Mechanismen der Macht durchschaut hat, wenn man der eigenen Machtausübung und derer der Mächtigen in der Welt auf die Schliche gekommen ist und sogleich bemerkt, dass man doch nichts dagegen tun kann, erfahren muss, dass man ohnmächtig ist? Soll man resignieren? Soll man in den Widerstand gehen? Soll man sich anpassen? In solchen Situationen, die ganz verschieden sein können, muss man sich entscheiden. Was aber, wenn die Entscheidung am Ende das eigene Leben kostet? Ist das Leben der Güter höchstes? Könnten wir heute die Märtyrer, die Blutzeugen, die Widerstandskämpfer, die Rebellinnen und Rebellen fragen, wir bekämen Antworten, die uns die Sache nicht leichter machen würden.

Welche Macht ist gerecht? Welche Macht ist legitim? Müssen wir, wie es der Römerbrief der Bibel uns nahelegt, der »Obrigkeit« – Ober sticht Unter! – untertan sein, weil sie von Gott ist? Ist sie von Gott? Ist das Regime von Assad in Syrien von Gott? Waren Dschingis Khan, Hitler, Pinochet, Saddam Hussein, Gaddafi und Milosevic von Gott? Leider muss man auch hier feststellen, dass die Theologen sich im Laufe der Geschichte mehrfach gründlich verrannt haben. Das ist keine Polemik, das ist die nüchterne Feststellung einer sich immer wieder erneuernden Tatsache. Ein dunkles Kapitel.

Warum gibt es so übermäßig viel zerstörerische Macht? Es ist müßig zu fragen, ob Gott sie zulässt. Sie ist eine Tatsache.

Es bleibt uns nichts als Widerstand UND Ergebung.

EUGEN DREWERMANN: Wie sich zeigt, haben wir kaum Einfluss auf die Machtfaktoren, die uns beeinflussen. Im Gegenteil, wir fühlen uns ausgeliefert. Die Möglichkeit, alle vier Jahre mit irgendeinem Kreuzchen auf dem Wahlschein etwas zu verändern, wird ja von denjenigen, die wir wählen sollen, selber für albern gehalten. Vor Jahren hat zum Beispiel der Deutsche Bank-Chef ROLF BREUER in Davos im Beisein von Frau MERKEL eine Rede gehalten, in der er frei heraus erklärte, dass die wirkliche Macht natürlich nicht bei den Wählern, sondern bei den Bankiers liege. Zum Beweis: Als Demokraten und Staatsbürger können wir, falls wir zur Wahl gehen, alle vier Jahre unser Votum abgeben. Die Börsianer indessen entscheiden über äußerst folgenreiche Investitionen milliardenfach jeden Tag in Bruchteilen von Sekunden. Auf sie also muss man hören, um zu verstehen, wie die Welt läuft. Damit beschrieb einer der damals wirklich mächtigen Leute in Deutschland faktisch die Nichtexistenz der Demokratie oder die politische Illusion, die wir für unsere Verfassung halten. So betrachtet, ist es einsichtig, dass die Mehrheit der Bevölkerung inzwischen begriffen hat, dass sie praktisch keinen Einfluss auf den Lauf der Dinge hat, dass sie ohnmächtig ist, dass man mit ihr spielt und dass eine ganze Propagandaindustrie, die sich als »Nachrichten« und »Information« gibt, nichts anderes tut, als sie bei Laune zu halten und durch dauernde Events vom Wichtigen abzulenken. Zudem werden wir jeden Tag mit einer Flut von Mitteilungen aus aller Herren Länder überschüttet, die wir nicht durchschauen können und oft genug auch gar nicht durchschauen sollen, – die Ausweitung der Informatik geht einher mit der Auszehrung der persönlichen politischen Beurteilungskompetenz. Diesen Zustand können wir bedauerlich finden, ganz rasch ändern werden wir ihn sicher nicht. Ob man das nun Plutokratie, Kleptokratie, Mediokratie oder wie auch immer nennt: Demokratie ist es nicht.

Auf der anderen Seite erhebt sich die Frage, ob das, was da als Macht bezeichnet wird, dem Inhalt des Wortes auch nur entfernt entspricht. Man sollte glauben, dass die Mächtigen tatsächlich etwas zu sagen hätten. Dann aber muss man sich nur anschauen, wie sie selber leben. Selbst in unseren Bundestagsdebatten wird die Opposition sagen:»Frau Merkel, Sie sind eine Getriebene.« Das hat etwas für sich, wenn man sieht, mit welcher Windeseile von ihr Entscheidungen getroffen werden, wie sie auf der Regierungsbank sitzt und mit dem Handy alle möglichen Informationen einsammelt und wieder rückmeldet. Es gibt keine ruhige Minute, kein Nachdenken und kein wirkliches Einarbeiten und geistiges Durchdringen der oft sehr komplexen und komplizierten Sachprobleme. Statt dessen erleben wir ein ständiges Horchen auf die nächsten Berater, die vorweg schon formulieren, was in der nächsten Rede zu sagen ist. Ist das nun Macht oder nur ein höherer Status der Auslieferung in bühnenbildartiger Darstellung von Ohnmacht? Wer hat da Macht? Offenbar wird sie immer anonymer oder kollektivierter.

Aktionäre zum Beispiel haben die Macht zu bestimmen, wie die Unternehmer entscheiden. Die Unternehmer selber haben eben deshalb keinerlei Freiheit, sozial wohltätige Entscheidungen zu treffen; sie sind gezwungen, den Aktionären die Rendite zu vermehren. Wenn *das* wirtschaften heißt, sind die Aktionäre die eigentlich Mächtigen in einem Wirtschaftssystem, das alle Nicht-Aktien-Besitzer in die Ohnmacht schickt. Aber sind die Aktionäre tatsächlich diejenigen, die man für die Mächtigen, für die Glücklichen halten sollte? Ohne Zweifel auch nicht! Sie haben wieder ihre eigenen Gründe, weswegen sie ihre Aktien angelegt haben, um andere Spiele zu spielen, die letztlich von Computerprogrammen diktiert werden, weil die menschliche Reaktionsfähigkeit mit dem hysterischen Trubel der Geldgier schon lange nicht mehr Schritt halten kann. Kurz: Man kann wie DIOGENES mit der Laterne bei hellem Tage auf den Markt gehen und schauen, wo man Menschen fände.

Aber schauen wir die Sache einmal umgekehrt an. Was wir Macht nennen, ist zunächst einmal eine Gegebenheit, die schon im Zusammenleben der Tiere sich beobachten lässt. Ein Weibchen etwa hat eine enorme Macht, ein Männchen zu verlocken, – etwas, das wir auch als Menschen zwischen Mann und Frau sehr gut kennen. Andererseits kann ein Mann seine Macht demonstrieren, indem er sich als stark und begehrenswert hinstellt und dadurch mögliche Konkurrenten aus dem Felde jagt. Beide zeigen ihre Macht durch Imponieren: der eine durch seine vitale Stärke, die andere durch ihre vitale Schönheit, – ein ganz simples Beispiel dafür, wie Austausch von Macht als Kommunikation funktioniert. Erkennbar können wir aus diesen Mechanismen niemals gänzlich heraustreten, selbst wenn wir wollten; wir unterliegen ihnen, – sie sind naturgegeben. Eine andere Frage ist, in welchem Maße wir uns dahinein begeben. Eine Frau etwa, die glaubt, dass sie ihre Persönlichkeit nur durch die Macht ihrer Schönheit definieren könne, ist hoch gefährdet. Ein Mann, der glaubt, dass er nur durch die gesellschaftliche Ausstrahlung seiner Macht, seines Geldes oder seines

Besitzes seine Persönlichkeit zu definieren vermöge, ist genauso gefährdet; denn er ist zu wenig ichzentriert, – er lebt ja dauernd zum Fenster hinaus und verwirbelt sich in der Peripherie seiner Existenz; er lebt zentrifugal auf der Flucht vor dem Nichts, als welches er sich eigentlich vorkommt.

Mit einem Wort: Wir sehen bei nur geringem Nachdenken über den Begriff Macht bereits, dass ihr Zauber ganz und gar darin besteht, nach außen zu wirken, es aber für den Einzelnen äußerst gefährlich ist, in dieser Wirksamkeit aufgehen zu wollen.

Was also tun wir, um auch beim Streben nach Macht unabhängig zu sein?

Hilfreich auf dem Wege zu einer möglichen Antwort ist wieder einmal die Psychoanalyse. Sie sagt uns: Am meisten Macht wollen Menschen, die sich am meisten minderwertig fühlen. Sie kompensieren ihren Unwert, indem sie andere zu beherrschen trachten. Selber sind sie nichts. Aber sie schaffen sich eine Wolke von Zeugen, von Trabanten, die sie umkreisen wie die Planeten die Sonne, und kommen sich am Ende selber unglaublich strahlend vor. In Wirklichkeit wird ein Mensch bei dieser Art zu leben von seiner Persönlichkeit immer weiter abgezogen. Er muss immer mehr Sorge um den Machtbesitz tragen.

Verdeutlichen wir uns den Sachverhalt noch einmal mit Hilfe der Verhaltensforschung. Ein Alphatier in einer Herde wird so lange seine Macht bewahren, als es den Jüngeren gegenüber sich durchzusetzen vermag. Aber von dem Zeitpunkt an, wo begriffen wird, dass das alte Alphatier an Kraft verloren hat, ist es bald schon dem Tode ausgeliefert. – Vor Jahren lief im Deutschen Fernsehen ein Film, der in den Pyrenäen über das Leben eines alten Steinbocks gedreht worden war. Das Tier hatte sein Leben lang gekämpft, es hatte mit krachendem Gehörn all seine Feinde, die es als Konkurrenten bedrohten, aus dem Felde gejagt. Aber nun spürte es zum ersten Mal seine Schwäche. Und der Augenblick, zum ersten Mal zu unterliegen, war identisch mit seinem Todesurteil. In wenigen Stunden stürzte es von der höchsten Position der Macht in das gähnende Nichts. – So ähnlich verhält es sich auch bei denen, die uns beherrschen, bei den sich mächtig Fühlenden. Es genügt ein kleiner Fehler, ein Fauxpas, ein trickreicherer Konkurrent, und sie werden nicht wenig, sondern alles verlieren, – vor allem dann, wenn sie geglaubt haben, dass sie nur das sind, was sich in Macht definieren lässt. Denn dann waren sie ja nie etwas anderes gewesen als das, was sie jetzt verlieren. Die Psychoanalyse meint, dass dieser Fetischismus des Machtgewinns, der Beherrschung anderer, wesentlich ein Abwehrmechanismus von Angst und Minderwertigkeitsgefühlen sei.

Die eigentliche Frage lautet also: Wie wird man mit sich so identisch, dass man das alles nicht nötig hat? Man kann auch leben, ohne andere zu beherrschen. Man kann die Macht, die man hat, so einsetzen, dass andere nicht zu Sklaven werden, sondern sich im Gegenteil in ihrer Selbstachtung gehoben fühlen. Wie das geht? Zum Beispiel so: Man gibt ehrlich zu, dass die Frau, die man lieb hat, mit ihrer Schönheit, mit ihrem Wesen, einen außerordentlich starken Einfluss ausübt, aber man muss sie deshalb nicht in Besitz nehmen. Man kann Macht auch anders handhaben, als sie in Herrschaftswillen zu transformieren und entsprechend zu instrumentalisieren. Nur müsste man sich einen ehrlichen Rechenschaftsbericht darüber geben, was einem am Anderen gut tut und was man dem Anderen schenkt, damit es ihm gut tut. Das wäre ein Austausch in freier Verfügbarkeit. Dann könnte Macht wirklich dienlich werden. Sie transformierte sich zur Macht wechselseitiger Liebe, in der niemand den anderen beherrscht, jedoch mit ihm sich in unwiderstehlicher Stärke verbunden fühlt.

Doch das Gegenteil geschieht zumeist: Wir setzen Machtbesitz mit Größe gleich, so als sei Dominanzverhalten ein Wert an sich. Im Jahre 1943 schrieb die jüdische Französin SIMONE WEIL (1909–1943) einen zu diesem Thema sehr nachdenkenswerten Text über ADOLF HITLER. Das Erstaunliche war: Sie wollte eben den Mann begreifen, der wie eine Inkarnation des Bösen im 20. Jahrhundert, zu diesem Zeitpunkt gerade auf dem Höhepunkt der Schrecknisse des Zweiten Weltkrieges ebenso wie der »Endlösung« der Judenfrage, vor ihr stand. SIMONE WEIL dachte, dass ADOLF HITLER fatalerweise einem bestimmten Gedanken der Größe folgte, und sie überlegte, was wir eigentlich gemeinhin als »groß« in den Geschichtsbüchern bezeichnen. Massenmörder wie Karl den »Großen« oder Friedrich den »Großen« nennen wir »groß«, und Hitler hat sich unzweifelhaft die Art der »Größe« dieser »Vorbilder« zu eigen gemacht. Wie viel Macht muss man haben, um wirklich groß zu sein, und was macht man, wenn man groß ist? SIMONE WEIL unterstellte, was Hitler auf seine Weise wirklich wollte: Die Größe Deutschlands, die Rettung einer geschundenen und entwürdigten Nation, – das alles suchte er zu erreichen durch das einzige, woran er wirklich glaubte: durch die Erinnerung militärischer »Größe«. So paradox es sich anhört – in der Logik des uns ganz normalen Begriffs von Größe müssen wir uns fragen, ob HITLER noch »größer« gewesen wäre, wenn er die Atombombe gehabt und den Zweiten Weltkrieg gewonnen hätte. Wäre er dann, wie ALEXANDER DER GROSSE, in die Geschichtsbücher eingegangen als der Allergrößte? Wahrscheinlich! Die beiden »Großmächte« nach dem 2. Weltkrieg jedenfalls strebten nichts so sehr an wie die Produktion immer größerer Bomben mit potentiell immer größeren Totenziffern bei ihrem Einsatz. SIMONE WEIL sagte: Wir werden Hitler niemals los, wenn wir nicht den Begriff der Größe ändern. Und da hat sie offensichtlich recht.

Denn damit stand sie ganz dicht an den Gedanken, die in den jeweils 4. Kapiteln der Evangelien von Matthäus und Lukas erzählt werden: Jesus, so berichtet dort die Legende, ward am Anfang seines Wirkens, noch bevor er öffentlich auftrat, vom Teufel auf einen hohen Berg geführt, und der Teufel zeigte ihm alle Reiche der Erde; ja, er stellte sie ihm zur Verfügung, wenn er vor ihm niederfiele und ihn anbetete. So etwas verdichtet ohne Zweifel die schärfste gegen jede Macht von Menschen über Menschen gerichtete Botschaft, die denkbar ist: Man kann natürlich alle Menschen sich zu Untertanen zu machen suchen, und es wird dafür gar nicht so bald ein Ende geben, aber alles das ist Teufelsanbetung oder, weniger mythisch gesprochen, der komplette Verlust seiner selbst, es ist die Sabotage aller Menschlichkeit. Wer das einmal begriffen hat, macht sich wie von selbst auf den Pfad, den Jesus im Neuen Testament beschritten hat. Im 22. Kapitel des Lukasevangeliums etwa erteilt er den Jüngern im Abendmahlssaal wie zu seinem eigentlichen Vermächtnis noch einmal eine Lektion; er hört, wie sie untereinander die Frage diskutieren, wer von ihnen der Größte sei – wer von ihnen werde wohl auf dem Thron sitzen, um die 12 Stämme Israels zu richten? Jesus aber antwortet: »Die Herrscher der Welt willküren herunter auf ihre Untertanen und lassen sich dafür Wohltäter nennen. Unter euch nicht so! Wer unter euch groß sein will, werde zum Diener aller.« Das soll heißen: Groß ist einzig jemand, der dazu beiträgt, dass es anderen besser geht. – Die Paradoxie ist, dass die uns Regierenden sich selber ja geradezu besonders gern als Diener bezeichnen; sie sind keine Herrscher, sie sind lauter Minister. Wir haben eine Kanzlerin, die bei ihrem Amtsantritt wirklich erklärt hat: »Ich will Deutschland dienen«. Wir haben einen Papst, der erklärt, dass er nicht so sehr *pater patrum*, Vater aller Väter, also »Papst« sein wolle, sondern *servus omnium servorum*, der Diener aller

Diener, – wenn das kein SOS der Kirchenleitung auf dem sinkenden Schiff Petri sein soll, wäre es ja schon genug, sollte man meinen, wenn er nur Diener wäre, ohne im Hintergrund schon wieder in den Superlativ zu verfallen. Die Frage bleibt: Wann genügt es wohl, einfach einmal selber zu sein und das zu tun, was gerade notwendig ist im Abarbeiten der Not, die ein anderer als einen Auftrag zum Dasein und Handeln an einen selbst heranbringt? Das wäre das ganze Leben, und es wäre die einzige Form von »Größe«, nach der zu streben lohnt.

Freilich, zu diesem Zwecke muss man ehrlich sich selber gegenüber werden. Es ist unerlässlich, den Minderwertigkeitskomplex aufzulösen, indem man die Maßstäbe ändert, die einen als minderwertig erscheinen lassen. Man sollte dahin gelangen, mit sich einverstanden zu werden in dem, was man selber wirklich ist, und das Leben in Anerkennung der eigenen Schwachheiten, Armseligkeiten und Bedürftigkeiten zu bejahen. – Ein wunderbares Wort steht in diesem Zusammenhang in den sogenannten Seligpreisungen der Bergpredigt im Kapitel 5 bei Matthäus – es wird nur meistens falsch übersetzt. Da heißt es für gewöhnlich: »Glücklich (selig) sind die Armen im Geiste.«

Exegetisch rätselt man herum, welche religionsgeschichtliche Gruppe damit gemeint sein könnte. Sind es die *anawe ruach*, – hat das mit den Essenern etwas zu tun? Wie aber wäre es, man nähme das Wort so einfach, wie es dasteht: »Glücklich nenne ich die Menschen, die ihre Armut kennen und sich dazu bekennen.« Das umschriebe »im Geiste«. Gemeint ist nicht der soziale Status, auch nicht der psychische. Geistige Armut ist das, was man an eigener Armseligkeit und Ohnmacht erkennt und durch die Erkenntnis filtert bis zur Bejahung. Solche Menschen sind glücklich zu nennen. Paulus wird sogar später sagen: »Wenn ich schwach bin, bin ich stark!« (2 Kor 12,10) Eine solche Einsicht wirkt unerhört befreiend. Man muss kein anderer mehr sein, als man ist. Man ist der Lügerei, der Fassadenkleberei endlich ledig. Solange ich Macht will, muss ich andauernd die Außenfläche lackieren. Ich muss immer wieder versuchen, mich so darzustellen, dass es in den Augen der anderen als bewundernswert erscheint. Und dabei weiß ich doch selber, dass ich von meiner Wahrheit immer mehr abweiche. Je erfolgreicher ich mit meinem verlogenen Großtun werde, desto größer die Gefangenschaft. Denn ich muss ja den fremd gezüchteten Erwartungen immer noch mehr nachkommen. Die Latte wird immer höher gelegt, die ich überspringen soll, meine Sprungfähigkeit aber immer niedriger. Irgendwann laufe ich natürlich unter der eigenen Bestmarke durch. Anders also: Wie komme ich einmal dahin, das Ganze dranzugeben und zu sagen: Ich bin nur das, was ich bin?

Bis ins Persönliche hinein wirkt ein solcher Machtverzicht äußerst hilfreich. Wie viele Ehen zum Beispiel scheitern, weil Menschen einander von Anfang an etwas vorgemacht haben? Sie mussten besser, reicher, größer, stärker sein, als sie in Wirklichkeit sind. Und wie lange lässt sich mit derartigen Lebenslügen leben? – Die Bibel erzählt, dass alles damit begann, dass die Menschen Feigenlaub nahmen, um ihre Scham zu verdecken (Gen 3,7). Wenn es sich so verhält, liebt man sich nur noch für eine Fassade, die immer schöner aussehen soll als die Wirklichkeit. Gemeint aber war einmal mit den Menschen, dass sie voreinander »nackt« sein dürften, ohne sich schämen zu müssen (Gen 2,25). Das wäre das Paradies. Menschen in der Schönheit ihres Glücks besitzen gewiss unglaublich viel Macht, doch nur, weil sie gar keine Macht wollen, weil sie mit sich identisch sind und keine Macht mehr benötigen. Schöner als in ihrer unverfälschten Identität sind sie nie, kostbarer nie! Und der ganze Mummenschanz wäre buchstäblich überflüssig. Das wäre die religiöse Lösung des Machtproblems.

Natürlich muss man sich fragen, warum in zweitausend Jahren Christentum die Machtspirale trotzdem niemals durchbrochen worden ist, obwohl man nominell in der Geschichte des »christlichen« Abendlandes sich immer wieder ausdrücklich auf Jesus bezogen hat. Diese Tatsache selber ist völlig schizophren!

Nehmen wir, um das zu verdeutlichen, einmal als Beispiel das Fest Christi Himmelfahrt, – die Erzählung aus dem 1. Kapitel der Apostelgeschichte. Der Unverstand beginnt schon in den Predigten, die an diesem Tage noch immer zu hören sind: Man historisiert ein überaus kostbares mythisches Bild und setzt es wie mit Absicht dadurch in die reine Bedeutungslosigkeit. Dabei ist der Kontrast unübersehbar. Die Römer erzählten von ROMULUS, der bei einer Militärparade zum Himmel aufgefahren sein soll und später einem der Senatoren erschien und ihn aufforderte, die Militärmacht Roms bis zum Ende der Welt auszudehnen. Das erzählt LIVIUS. So ist AUGUSTUS. Dafür feiert man den Imperator Roms als »Friedensstifter« der Welt, als den größten Wohltäter aller. So ist es allgemein. Wer aber glaubt, dass dieses mythische Bild sich in Jesus erfüllt, eben nicht in Romulus, der glaubt genau das Gegenteil. Jesus, nicht Romulus, steht an der rechten Seite des Thrones Gottes! Zu ihm blickt man auf! Er ist der Maßstab! Da sieht man vor sich das genaue Kontrastprogramm: Frieden kommt nicht durch die pax Augustana oder durch die pax Americana, durch den Großmachtstatus der höchstgerüstetsten Armee der Welt, sondern genau durch das Gegenteil: durch Abrüstung, Kooperation und wechselseitige Anerkennung – durch Machtverzicht, durch Nicht-Herrschen-Wollen. Wer das begriffen hat, dem tritt in wunderbarer Weise Christi Himmelfahrt vor Augen.

Die Geschichte des real existierenden Christentums aber ging genau anders weiter. Im 4. Jahrhundert nach Christus bereits lässt Kaiser KONSTANTIN eben dieses Bild von der Himmelfahrt (des Christus, des Sonnengottes) auf seine Münzen drucken. Er selber fährt da zum Himmel auf, er selber ist Christus. Der Imperator Roms und der Christus, mit einem Wort, sind identisch! Seitdem bewegen wir uns in eine durch und durch falsche Richtung. Seit der Schlacht an der Milvischen Brücke im Jahre 312, als KONSTANTIN siegte über seinen Konkurrenten MAXENTIUS, und das vermeintlich im Zeichen des Kreuzes (!), haben wir Jesus Christus ersetzt durch den Romulus Christus. Seither ist Himmelfahrt Vatertag, seitdem ist die Macht der Machos absolut. Wie man sieht, bekommen wir es nicht einmal fertig, die Botschaft der Erneuerung, der Umkehr in der Bibel, mit den Bildern in Verbindung zu bringen, die erzählt wurden, um die Wirklichkeit endlich zu widerlegen, auf dass sie sich vermenschliche. Zweitausend Jahre Kirchengeschichte und Kulturgeschichte sind offensichtlich in lauter Missverständnissen oder selbstgemachten Lügen ins Land gegangen.

Verständlich ist es deshalb, dass viele Menschen sich sagen: Ich kann ja doch nichts ändern! Dennoch: Wir könnten im Sinne von SIMONE WEIL beginnen, unsere Schulbücher im Fach Geschichte umzuschreiben, den Universitätsbetrieb umzukehren, den Begriff des Professors neu zu definieren, die Pädagogik zu ändern und den Begriff der Bildung im Sinne WILHELM VON HUMBOLDTs (1767–1835) wieder aufzugreifen. – Gewöhnt sind wir an den Satz von JOHN STUART MILL: »Wissen ist Macht«. Tatsächlich instruieren wir ganze Generationen zu nichts anderem, als den »Wissensvorsprung« der Deutschen in Konkurrenz zu anderen Staaten zu sichern, weltweit Geschäfte zu machen und global Macht zu behaupten. Aber Wissen ist etwas, das allen Menschen gehört, weil sie Menschen sind; es darf nicht in ein Machtinstrument pervertiert werden. Es ist das Ethos der Wissenschaft, allen zugänglich zu sein. Wir könnten darüber hinaus die unglaubliche Produktivitätssteigerung unserer Unternehmen dazu nutzen, eine Gewinnausschüttung für die Gesamtbevölkerung vorzusehen. Wir hätten viele Möglichkeiten, von dem negativen Machtverständnis frei zu werden. Das Einzige, was wir tun müssten, bestünde freilich darin, den heutigen Machthabenden ihre Macht zu nehmen oder sie der Lächerlichkeit in ihrer Art der Machtausübung zu überführen.

Bis es dahin kommt, hat jeder für sich die Möglichkeit, seine Welt zu ändern. Nicht die Welt draußen, – *seine* Welt kann er ändern. Er kann versuchen, für sich selber anders zu leben. Er kann frei sein, glücklich sein und sich fragen, wie das, was er tut, anderen zur Hilfe werden könnte. Schließlich müssen wir nicht die ganze Welt verantworten. Aber für uns selber geradestehen können wir schon. Und das ist nicht gerade wenig.

Gewalt

»Die Sanftmut ist eine furchtbare Gewalt«
(Dostojewski)

oder: Vom Ende einer archaischen Verhaltensweise

MICHAEL ALBUS: Gewalt ist kein neuer Trend oder eine Erscheinung, die erst unsere Gegenwart bestimmt. Sie wurde und wird ausgeübt und wird immer ausgeübt werden. Durch die Berichterstattung der Medien wissen wir heute mehr davon, und die Gewalt erscheint im Übermaß. Wir haben eine ausgeprägte Neigung zur Entgegennahme von Berichten über Gewalt und Horror. Über das bewusstlose Konsumieren solcher Berichte vergessen wir allzu schnell, dass wir in ihnen nicht nur der Gewalt, die andere ausüben, begegnen. In einer tieferen Schicht begegnen wir uns dabei selbst. Ich könnte der nächste sein, der nicht nur Gewalt erleiden muss, sondern der Gewalt ausübt.

Zu welchen Taten wir auf diesem Gebiet fähig sind, hat nicht erst der 11. September 2001 in New York gezeigt – davor waren die zahllosen Kriege in der Geschichte der Menschheit, die Vernichtungslager, die Gulags und Psychiatrischen Kliniken – die Liste ließe sich fortsetzen. Ganz zu schweigen von der alltäglichen und allnächtlichen Gewalt in Ehen und Partnerschaften, in Familien, in Arbeitsbeziehungen. Gewalt und kein Ende.

Die Wissenschaften nehmen sich der Gewaltproblematik intensiv an. Sie haben manche Gesichtspunkte zu Tage gefördert, die beachtenswert sind und hilfreich in der Bekämpfung von Gewalt sein können. Aber auch hier greift die Frage nach den Ur-Ursachen am Grunde und Ende ins Leere, führt uns an einen Ab-Grund. Wir sind so! Basta! Nach Lage der Dinge können wir den Hang zur Gewalt nur eindämmen, beseitigen, operativ entfernen können wir ihn jedoch nicht.

Eng damit verbunden ist die Frage nach Gott. Sie steht am Ende der Fragen an uns Menschen. Warum neigen wir zur Untat, zu Mord und Totschlag, zur endlosen und sinnlosen Quälerei? Wer hat uns so gemacht? Die Verhältnisse allein können es nicht gewesen sein. Schließlich haben wir sie auch zu weiten Teilen selbst und mit geschaffen. Mit leichten Argumenten kommen wir nicht aus dem Teufelskreis heraus. Was ist los in uns und mit uns? Gott schweigt dazu hartnäckig. Einen wichtigen Hinweis allerdings hat es in der Geschichte der Religionen gegeben: Mit der wehrlosen Hinnahme von Gewalt hat Jesus von Nazareth einmal den Teufelskreis durchbrochen. Allerdings nur um den Preis seines Lebens. Das also kann der Preis dafür werden, wenn wir letztlich der Gewalt wirksam entgegentreten wollen.

Wieweit zum Beispiel die christliche Religion im Laufe ihrer Geschichte aus diesem unüberbietbaren Faktum ihres Anfangs die Konsequenzen gezogen hat, ist eine ganz andere Frage. Sie verschärft die Frage nach

Gott und seiner Macht und Gewalt noch einmal. Denn schließlich haben die Religionen selber Gewalt ausgeübt – im Namen Gottes! – und tun es immer noch. Die Heiligen Schriften aller großen Religionen enthalten nicht nur Friedenstexte. Treibt man diese Theo-Logik auf die Spitze, dann kann man unschwer zu der Behauptung kommen, dass in »unserem« Gott selber die Bereitschaft zur Gewalt vorhanden sein muss, wenn es stimmt, dass er uns »nach seinem Bilde« erschaffen hat. Da liegen nicht nur kleine Stolpersteine im Weg, sondern schwere Brocken erschweren oder versperren uns den Zugang zu einer erlösenden Antwort. Dann muss man an die Kreuzzüge, die Massaker gegen die Juden im Mittelalter, die Religionskriege, die Rechtfertigungsargumente der Theologen für einen »gerechten Krieg« oder für die atomare Kriegführung, die sexuelle Gewalt in den Kirchen, die Selbstmordattentäterinnen und –attentäter im Islam denken – die Liste ließe sich nahezu unbegrenzt erweitern.

Dennoch: Den Lichtblick schlechthin dürfen wir nicht außer Acht lassen. Er hat einen Namen und trägt ein Gesicht, über das Blut und Tränen geflossen sind: Jesus von Nazareth. Er kann Mut dazu machen, die Gewalt in mir und außerhalb von mir einzudämmen, sie zu mindern und zu mildern. Wer beim nächsten Mal zuschlagen möchte, sollte sich daran erinnern und einhalten.

EUGEN DREWERMANN: Gewalt ist ein dynamischer Begriff: Eine gerichtete Kraft trifft auf einen Widerstand und fügt ihm, aufgrund ihrer Eigendynamik, Gewalt zu. Sie räumt ein Hindernis aus dem Wege, sie spült es hinweg, sie überschwemmt es, gleich ob es die Dynamik von Wasser, von Luft, von Hurricans, von Erdbeben oder von was auch immer ist. In all diesen Fällen herrscht, wie in der Physik, die Regel ISAAC NEWTONS (1642–1726), dass jede Aktion mit einer Reaktion einhergeht. Die Stoßgewalt, die der Impuls am Gegenstand, an dem er aufprallt, ausübt, wird genauso rückbeantwortet. Beide Kräfte sind eigentlich identisch. Mit anderen Worten: Es gibt keine Gewaltausübung, die nicht in gleichem Maße auf den Gewalttätigen zurückwirken würde. Übersetzen wir dieses Faktum der Physik in ein Bild der Psychologie, so ergibt sich eine Einsicht, von der wir uns in aller Regel kaum Rechenschaft geben. Sie besagt: Der Tyrann, der Gewaltherrscher, verändert sich selber mit der Gewalt, die er ausübt, denn diese Gewalt hat unmittelbare Rückwirkungen auf ihn selber. Da hebt ein Deformationsprozess an, dem er als erster selbst unterliegt. Wir stellen uns immer vor, dass der Gewaltherrscher beneidenswert sei, weil er über alle Möglichkeiten verfügt, andere zu seinen Opfern zu machen. Genauer betrachtet, herrscht indessen die Newtonsche Physik auch psychologisch: Gewalt verformt den Tyrannen. Er hört auf, ein Mensch zu sein durch die Unmenschlichkeit, die er in die Welt bringt.

Ist Gewaltausübung dann wirklich etwas Erstrebenswertes?

Sagen muss man: Gewalt wird aus Hilflosigkeit und aus Angst geboren. Wir setzten Gewalt ein, wenn zur Erreichung wichtiger Ziele gutes Zureden scheinbar nichts mehr nützt. Wir werden gewalttätig, wenn zivile Umgangsformen auseinanderbrechen. Wir glauben, bestimmte Situationen nicht mehr anders lösen zu können als durch Gewalt, weil wir selber in der Position der Unterlegenheit oder mit dem Rücken an der Wand nichts mehr zu verlieren haben.

Merkwürdigerweise aber gilt das sogar in der Position der Überlegenheit. Es ist die Situation, die sich heute vor allem politisch-militärisch darbietet. Wir sprechen derzeit militärstrategisch von asymmetrischer Kriegsführung. Sie bedeutet, dass in Tuscon/Arizona Leute sitzen, die Drohnen lenken, die in zehntausend Kilometern Entfernung gezielt töten. Die Burschen, die das machen, kostet der Einsatz der Drohnen persönlich gar nichts, den Staat etwa eine Million Dollar pro Stück beim Einsatz und etwa sechzehn Millionen Dollar bei der

Herstellung; aber getrost: die Drohnen werden immer billiger durch die Massenproduktion. Soeben versucht man, Drohnen mit 14facher Schallgeschwindigkeit zu testen und sie so zu beschichten, dass sie von keiner Radarabwehr zu erfassen sind. Sie sollen absolut perfekte Killerapparate werden – präzise, effizient und »irresistible«. Demgegenüber stehen andere, die sich in die Luft sprengen, um mit ihrem Tod noch möglichst viele Feinde in den Tod zu reißen und auf diese Weise zumindest etwas zu artikulieren, das nach Widerstand und nach Würde aussieht.

Das Problem einer solchen Asymmetrie kriegerischer Auseinandersetzungen liegt darin, dass die absolut Überlegenen, die militärtechnisch in jedem Falle Unerreichbaren, zu wenig darüber nachdenken, warum ihre Gegner wohl so sind, wie sie sind. Das ist ein Gedanke, der im Zusammenhang mit dem 11. September 2001 anscheinend bewusst verdrängt werden sollte. Damals übertrug CNN ein Gespräch zwischen dem DALAI LAMA und einer sichtlich überforderten amerikanischen Reporterin; der Dalai Lama sagte immer wieder zu ihr, das, was da geschehen sei, bedeute eine große Chance für die Nichtgewalttätigkeit, a big chance for nonviolence. Der DALAI LAMA wollte sagen: Wenn die größte, einzig verbliebene Weltmacht, die USA, auf diese unglaubliche Explosion von Gewalt hin selber nicht wieder in die Mechanismen der Gewalt zurückfällt, sondern darüber nachdenkt, was Menschen dahin bringt, so zerstören zu wollen, und welch ein Ziel sie jenseits des Zerstörungsprozesses erreichen möchten, könnte man die ganze Weltgeschichte ändern. Er fragte, wie man diese gewaltsame Art von Widerspruch reintegrieren könnte in die Gemeinschaft aller Menschen, und er meinte, dass dies durchaus möglich sei. Man müsste allerdings mit Menschen reden, die nach allem, was man ihnen angetan hat, nicht mehr daran glauben, dass man mit ihnen reden würde, ohne den Zwang von Gewalt. Um so mehr müsste man sie fragen, was ihnen fehlt und was sie eigentlich wollen.

Gewalt erscheint immer dann als ein probater Ausweg, wenn keine Gespräche mehr geführt werden. Manche Psychologen sagen mit Recht, Gewalt sei die Ersatzsprache für ausgefallene Dialoge. Das stimmt aufs Wort. Bemerkenswerterweise schildert auch die biblische Geschichte das Problem der Gewalt in gerade dieser Weise: Sie erzählt von dem ersten Mord unter den Menschen in Genesis 4,1–12, als Folge eines ausgefallenen Gesprächs. Gott verlangt in dieser Erzählung von Kain, dass er seine eifersüchtigen Mordimpulse gegenüber seinem

Bruder Abel unterdrückt, dass er »gut« bleibt, indem er sich moralisch kontrolliert. Und in der Tat: Kain will mit Abel, seinem Bruder, reden; dann aber findet das Gespräch nicht statt, – es fällt aus. Und eben deshalb erschlägt Kain seinen Bruder Abel. Die Gewalt explodiert, weil das, was er sagen möchte, nicht zu sagen ist.

Genauso kann es bereits in vielen Ehen zugehen: Man hat sich eben noch vorgenommen, dieses oder jenes nicht zu sagen oder dies oder das unbedingt so zu sagen, so dass es versöhnend wirkt; dann aber werden ganz andere Impulse wirksam, und nach spätestens zwei Minuten sagt man genau das, was man eben nicht sagen wollte – und es beginnt eine zerstörerische Eskalation.

Und wie im kleinen, so im großen. Kulturgeschichtlich kann man – sehr vergröbert – sagen: Die Menschheit hat die Keule ein paar Millionen Jahre früher entwickelt als die Sprache. Draufzuhauen war offenbar zunächst einmal urtümlicher, probater, als sich mühsam mit Hilfe von Sprache zu verständigen. Im Umkehrschluss hieße das: Alles, was wir Kultur nennen, was uns vor dem Rückfall in die Urzeit bewahrt, liegt darin, Gewalt aufzulösen durch Sprache. Das ist die einzige Rettung, die wir haben: gegen die Keule den Mund und die Ohren zu gebrauchen und uns zu fragen, wie unsere Sprache auf den Anderen wirkt, wie wir ihn erreichen können in seiner Angst, in seinen Minderwertigkeitsgefühlen, in seinem Hass, in seinen Idealen, in seinem um Gleichgewicht ringenden Selbstbewusstsein.

Vor allem in den zwischenstaatlichen Beziehungen sollte diese Einsicht befolgt werden. Die Arroganz war seinerzeit unüberhörbar, mit der HENRY KISSINGER während und nach dem Vietnamkrieg erklärte, Politik sei keine Psychiatrie; er lehnte es ab, darüber nachzudenken, was in anderen Kulturen, in anderen Völkern, in anderen Herrschaftssystemen vor sich geht. Diese Gesprächsverweigerung setzt sich fort in dem sogenannten »clash of civilizations«, dem »Kampf der Kulturen«, dessen Namengeber, SAMUEL P. HUNTINGTON, allen Ernstes schrieb, dass es einem Amerikaner gleichgültig sein könne, was in anderen Kulturen passiere, – das müssen diese halt selbst mit sich abmachen. Bei einer solchen Einstellung wird vor allem die Frage verweigert, was wir wohl selbst dazu beigetragen haben, fremde Kulturen zu deformieren, zu erniedrigen und auszubeuten. – Doch so geht es! Auf dem Deutschen Evangelischen Kirchentag 2011 in Dresden trat der deutsche Verteidigungsminister LOTHAR DE MAIZIÈRE auf und erklärte, wie zuvor schon im Deutschen Bundestag, dass Wohlstand Verantwortung brauche, und er meinte damit: Wir brauchen in Zukunft eine Berufsarmee, die global zur Sicherung der Ressourcen der Absatzmärkte, der Installation uns befreundeter Regime sowie zur Kontrolle der Wirtschaftsansprüche des Westens einzusetzen ist. Das alles brauchen wir, weil es Teil der »Verantwortung« zum Schutz unserer Interessen ist. Jeder kann und soll es verstehen: Wir verteidigen nicht mehr unsere nationale Sicherheit oder unsere territoriale Integrität, sondern wir führen offensive Wirtschaftskriege in neokolonialem Stil, und wir greifen dabei zur schlimmsten Form der Gewalt zur Durchsetzung der Interessen unserer Wirtschaft. So definieren wir jetzt »Verantwortung« in der Politik. Nicht einmal die Opposition, außer der Linkspartei, erhebt gegen diese Barbarisierung der Zukunft irgendein Wort des Widerspruchs. Im Gegenteil, man applaudiert DE MAIZÈRE stehend. Er spricht ja auch nur aus, was sogar die Grünen und die Roten seit GERHARD SCHRÖDER und seit JOSCHKA FISCHER in Afghanistan 2001 und bereits bei der Bombardierung Belgrads 1998 schon gesagt haben. Das also soll jetzt so weitergehen. Gewalt als Mittel der Politik ist wieder voll gerechtfertigt. Nicht einmal die Lehre des Völkerrechts, das Verbot der Nichteinmischung in die inneren Angelegenheiten fremder Staaten – eine wichtige rechtsgeschichtliche Errungenschaft aus dem Friedensschluss von 1648 nach 30 Jahren Krieg in Europa mit der Festlegung der Gebietsansprüche der Kirchen und der Fürsten –, wird eingehalten. Es ist bezeichnenderweise der Altkanzler HELMUT SCHMIDT, der sagt: Wir haben in Afghanistan nichts verloren, wir haben in Pakistan keine Drohnen abzuschießen, wir haben in anderen Ländern keine eigenen Interessen durchzusetzen. Wir können unsere Interessen zwar anmelden und schauen, was daraus wird, aber wir sollten nicht militärisch eingreifen und die anderen zwingen, dass sie machen, was wir wollen. Eben das dachte man vor 400 Jahren in Europa ein für allemal, als poltische Kultur etabliert zu haben. Aber genau das findet im Vereinigten Europa gegenüber dem Rest der Welt, an der Seite der US-amerikanisch dominierten UNO, nicht mehr statt.

Was vermag in dieser Lage die Religion zu »leisten«? Die Antwort Jesu in Mt 26,52 gebietet ausdrücklich, nicht zum Schwert zu greifen; Jesus weigert sich, Gewalt als Lösung des Angstproblems zu akzeptieren. Für gewöhnlich wird diese Haltung als »utopisch«, als »zu idealistisch«, als »nicht machbar« ausgeben, doch gerade das ist ein schwerer Fehler. Was wäre zum Beispiel, wenn die Palästinenser nach dem 6-Tage-Krieg 1967 und der Besatzung ihres Landes durch die Israelis, statt der absurden Gewaltpolitik des »Aug um Auge«, des Abschießens von Kassam-Raketen, die nichts bewirken außer das nachfolgende Vergeltungsbombardement mit regelmäßig vielen Toten, zu einer Gandhi-Strategie gefunden hätten, – wenn sie konsequent zivilen Ungehorsam und strikte Gewaltlosigkeit demonstrativ vor der Weltöffentlichkeit durchgesetzt hätten? Es wäre vor dem Weltforum heute unmöglich, noch der Lüge der israelischen Regierung zu glauben, dass man die Besetzung der Westbank und den Ausbau der Siedlungen in Ostjerusalem aus Sicherheitsinteressen brauche statt aus rein zionistischen Zielsetzungen. Gewaltverzicht wäre die Rettung des Standpunktes der Palästinenser! Solange sie auf Gewalt setzen, bleiben sie ohnmächtig. Sie werden nie die militärischen Möglichkeiten haben, die Israel von den Amerikanern seit Jahrzehnten auf das beständigste geliefert werden. Die militärische Option ist aussichtslos; auf dieser Ebene können und sollten sie nicht mithalten.

Wie aber, es hätte die Strategie MAHATMA GHANDIs (1869–1948) vom gewaltlosen Widerstand von den Palästinensern Besitz ergriffen! Ihre politische Lage stünde heute unvergleichlich viel besser da, als sie es jetzt ist, – die Weltöffentlichkeit könnte die Augen nicht mehr vor ihrer untragbaren Notlage verschließen.

Freilich muss man zugeben, dass GHANDI ein singuläres Genie war. Dieser Mann besaß die moralische Kraft, ein Volk von Analphabeten gegen die britische Kolonialarmee in Stellung zu bringen und ihm seine Würde zurückzugeben. Es ist ein wirkliches Unglück, dass eine solche Strategie bis heute zum Beispiel im palästinensischen Kulturraum nicht möglich war. Man hat gelernt, tapfer die Zähne zusammenzubeißen, endloses Leid zu ertragen und sein Rechtsgefühl in gewaltsamen Widerstand zu setzen. Bei jeder Unterdrückung mag dies der normale Reaktions-Mechanismus sein; aber man verharrt dabei in dem dumpfen Schema von Reaktion und Gegenreaktion. Freiheit kann man nur erreichen, wenn man sich daraus erhebt, und dazu müsste die Religion verhelfen. GANDHI hat es auf seine Weise aus der Bhagavad Gita gelernt; aber es war und ist ebenso die Position Jesu. Der simple Satz im Matthäusevangelium, 26,52: »Wer zum Schwerte greift, wird durch das Schwert umkommen«, ist alles andere als ein blauäugiges Wunschdenken; er ist höchster politischer Realismus. Und er ist noch viel mehr. Er ist das Ende der Angst, die es anscheinend nötig macht, anderen das Leben nehmen zu wollen, um selber zu leben. Der Kampf ums Überleben ist ja kein wirkliches Leben; er ist die Rückkehr archaischer Reflexe mitten hinein in die Bedingungen der Zivilisation, – ein Anachronismus pur.

Insofern hilft es auch nicht mehr viel, daran zu erinnern, dass wir Menschen ja mit der Gewalt groß geworden sind. Es ist wahr: Über 100 000e von Jahren hätten unsere Vorfahren nicht überleben können, ohne auf die Jagd zu gehen und Tiere zu töten. Das war Gewalt, und der Jagderfolg war begleitet von Freude. Zweifellos dürften hier die Wurzeln sadistischer Verhaltensbereitschaften zu suchen sein. Und aus der Jagd auf Tiere ging die Jagd auf Menschen, ging der Krieg hervor als eine Potenzierung der Gewalt im Herzen der Menschen: Es ist schwerer, einen Menschen zu töten als ein Tier, denn er ist listiger und gefährlicher, und es macht Schuldgefühle, es bereitet nicht nur Freude, einen Menschen getötet zu haben. Vor allem: die Programme der Steinzeit liegen noch immer auch in uns heutigen Menschen; allerdings, sie taugen kaum mehr zur Erklärung dessen, was wir derzeit tun. Tatsächlich hat der Druck des zivilisierten Zusammenlebens den Einzelnen ein Stück weit purifiziert, – seit den frühen Stadtstaaten im Alten Sumer wurde ihm Gewaltausübung auf eigene Faust untersagt, der Staat erhob ein Monopol auf die Anwendung von Gewalt. Doch damit schaffte er die Gewalt nicht ab, im Gegenteil, an der Peripherie der Kultur des gemeinschaftlichen Zusammenlebens akkumulierte er das Quantum und die Austragungsform der Gewalt in Gestalt des Militärs. Das Paradox besteht, dass der Staat Generation um Generation an sich friedfertige Leute systematisch auf das Niveau der Steinzeit zurückdressieren muss, damit sie auf Befehl hin zu töten bereit sind. Sie tun es freilich nicht mehr mit den Methoden des Paläolithikums, sie exekutieren den Tod mit dem technischen Gerät des 21. Jahrhunderts. Weit problematischer als die Gewaltbereitschaft Einzelner, ist daher die immer noch weltweit vertretene Staatsräson, sich die »Option« des Krieges offenzuhalten, und man kann sicher sagen, dass wir das Gewaltproblem erst hinter uns bringen, wenn wir das Militär abschaffen. Einen wirklichen Fortschritt der Kultur wird es niemals geben, solang wir immer noch allen 18jährigen auf den Kasernenhöfen beibringen, wie man am effizientesten mordet, und das brutale »Er oder Ich« zur Pflicht nach Vorschrift erklärt. Wir sollten daher die allgemeine Wehrpflicht nicht abschaffen, um eine Truppe von Killerprofis aufzustellen, die global an jedem Punkt unserer Begehrlichkeiten ihre Auftragsmorde zu vollbringen bereit und geeignet ist, wir sollten das Militär samt der Rüstungsindustrie auf der Ebene der Nationalstaaten und der Bündnisarmeen auflösen und es in die Hände einer von den USA unabhängig gewordenen UNO legen.

Jenseits der Politik bleibt dann immer noch die Frage, wie man als Einzelner mit dem Gewaltproblem umgeht. Es gibt einen wunderbaren Satz in der Bergpredigt, Matthäus 5,41–42, der da lautet: »Wenn einer dich nötigt, eine Meile Weges mit ihm zu gehen, geh zwei«! Da man bis heute immer wieder den Pazifismus für politisch unverantwortlich erklärt hat, sollte man allein aufgrund dieses Satzes einmal zeigen, wie das Problem der Gewalt im Sinne Jesu tatsächlich zu lösen wäre. Denken wir uns einmal, dieses Wort »Wer dich nötigt, eine Meile Weges mit ihm zu gehen, mit dem geh zwei!«, sei vor folgendem Hintergrund gesprochen worden: Man hätte Jesus gesagt: »Du redest am Sabbat wunderschön, und auch dein Gott ist wunderschön, – er hat einen Himmel, von dem es herabregnet auf die Guten und auf die Bösen, und er lässt die Sonne aufgehen über die Gerechten und die Ungerechten; wir verstehen schon, sein Himmel ist so weit wie für die Wolken und die Schwalben; alle Menschen könnten unter diesem Himmel Brüder und Schwestern sein, und gewiss: Das willst du auch. Nur leider stehen die Römer mit ihren Legionen in ihren Eisenstiefeln hier im Land. Die Römer schänden unseren Boden, sie schänden unsere Würde, sie respektieren nicht einmal unsere Religion und heiligen nicht die Überlieferungen unserer Väter. Sie haben ihre Standarten sogar im Tempel aufgepflanzt. Und nun gibt es, Gott sei Dank, Leute in den Bergen von Galiläa, die tun etwas dagegen, – Guerillakämpfer, Zeloten. Sie quälen die Römer so lange, bis sie es eines Tages nicht mehr aushalten, unser Land zu okkupieren. Diese Leute handeln, sagen wir es modern, wie MAO-TSE-TUNG es gelehrt hat: Zwerge können Riesen stürzen, indem sie ihnen die Zehen einzeln abhacken. Genau das tun diese mutigen Männer. Ist das so falsch? Der Messias wird kommen, wenn wir seiner würdig sind, das heißt, wenn wir imstande sind, die Römer aus dem Lande zu verjagen. Dann ist Israels Erde frei, – und erst dann ist sie bereit, den Messias zu empfangen. Was du da aber rätst, darauf hört kein Römer. – Und nun konkret, was machst du? Da kommt ein Römer und sagt: Trage hier meine Bagage bis zur nächsten Station, bis zum Lager, – als ob ich sein Esel wäre! Soll ich das wirklich machen? Er kennt sich nicht aus, er weiß nicht den Weg, er läuft in einem Land herum, das ihm fremd ist, eben weil er nicht hierher gehört. Bin ich seine Landkarte? Soll ich ihm wirklich zeigen, wie er zu seiner Garnison findet? Er ist ein Römer, ich bin ein

Jude! Soll ich nicht die Chance nutzen und ihn in die Leere schicken, den Mistkerl?«

Die Antwort Jesu darauf, wenn man die Fragestellung in dieser Weise rekonstruiert, lautet etwa so: »Natürlich, du kannst dir am gleichen Tag noch beweisen, welch ein großartiger Jude du bist. Du hast deinen Nationalstolz, du hast die wahre Religion, alle anderen sind ja nur Heiden und Gottesleugner. Und du hast die Pflicht, einen römischen Besatzer zu hassen und zu bekämpfen, eben weil du ein guter und frommer Jude bist und weil du Gott im Herzen trägst. Nun wäre es aber denkbar, dass Gott auch die Römer geschaffen hat. Und siehe: Sie müssen schwitzen in diesem heißen Land, sie haben Angst, weil sie im Feindesland stationiert sind, sie wissen nicht wohin, sie brauchen wirklich deine Hilfe. Natürlich glauben sie nicht, diese deine Hilfe freiwillig zu bekommen. Ein römischer Legionär wird wirklich Grund haben, sich zu fürchten. Also kommt er gleich mit dem Spieß und mit dem Schwert und will dich zwingen, ihm zu Diensten zu sein. Und genau das wäre jetzt deine Chance. Du könntest ja mal denken: Da irrt er sich! Mich muss man gar nicht zwingen, ich helfe ihm freiwillig! Denn ich sehe in ihm nicht so sehr den Römer, sondern einen Menschen und benehme mich dementsprechend. Ich zeige ihm den Weg. Er hat von einer Meile Weg gesprochen, aber das weiß ich besser: Es sind zwei Meilen. Ich werde nicht sein Esel, ich werde sein Freund, wenn ich ihm das Gepäck trage. – Ich verspreche dir«, könnte Jesus sagen, »noch am gleichen Abend wird dieser Römer darüber nachdenken, was er eigentlich in Palästina tut. Hierher hat der Kaiser ihn geschickt, um die römische Kultur zu verbreiten; aber dessen wird er sich künftig gar nicht mehr so sicher sein. Er hat als Römer gelernt, dass vor dem römischen Recht Menschen nur dann Menschen sind, wenn sie sich der Macht und der Gewalt Roms fügen. Jetzt aber lernt er: Sie sind in einem viel tieferen Sinne Menschen, wenn und weil sie sich ihrem Gott fügen. Das kannst du ihm auf diese Weise beibringen, – eigentlich nur auf diese Weise. Die Frage ist allerdings, was du möchtest, in welchem Sinne du dich als Jude verstehst: nationalegoistisch, chauvinistisch, militant oder so, wie ich glaube, dass man Gott verstehen sollte. Auch die Römer hat er bestimmt nicht umsonst geschaffen. Im übrigen sind sie gar nicht nur schlecht. Sie legen Wasserleitungen, sie verbessern die Hygiene, sie zeigen uns eine Menge Dinge, von denen wir keine Ahnung haben. Wenn man da mitarbeiten würde? Vielleicht wäre das auch für uns selbst gar nicht so schlecht?«

Dieselbe Auseinandersetzung können wir auch ins Private verlegen. – Ein Mann zum Beispiel hat bemerkt, dass seine Frau etwas von ihm will. Sie nötigt ihn aggressiv, dieses oder jenes für sie zu tun. Da kann er sagen: »Wie kommst du dazu! In diesem Tone redet man mit mir nicht! Unerhört!« Und er kann es durch drei geschlossene Türen schreien. Dann eskaliert der Krach selbstverständlich. Er hat seinen Stolz, sie hat ihren Stolz, und so kann das weiter gehen. – Der Mann kann aber auch denken: Warum fragt sie mich in dieser Weise? Offensichtlich fällt es ihr schwer, um etwas zu bitten und schon gar nicht um das, was sie jetzt möchte. Sie hat viele Hindernisse zu überwinden, ehe sie so laut spricht. Oder: Sie redet derart mit mir, weil sie gar nicht glaubt, dass ich auf sie hören würde. In jedem Falle müsste man nach MARSHALL ROSENBERG jetzt eine »Giraffensprache« pflegen statt einer »Wolfssprache«; nicht mit Gekläff und Geheul dürfte man antworten, sondern man müsste ein Stückchen sich in den anderen hineinversetzen; man könnte fragen: »Was möchtest du? Warum sprichst du so? Was willst du eigentlich sagen? Du sagst, ich muss dies und das machen. Natürlich muss ich das überhaupt nicht. Aber ich würde es gerne machen, wenn ich begreifen könnte, was für dich davon abhängt.«

Mit anderen Worten: Man könnte die Aggression, die in der Resignation steckt, wieder auflockern. »Giraffensprache«, – das hieße, der Kopf ist so hoch am Himmel, dass er von unten nicht bedroht werden kann. Dann hätte man's! Oder anders gesagt: Gewaltlosigkeit ist nicht in der Position der inneren Schwäche, sondern nur in der inneren Freiheit zu finden.

Und das nun ist die wirkliche Kunst. Die Welt ist voller Angst. Aber wenn man sie so überwindet, wie Jesus es vorschlägt, ist die Fähigkeit zur Gewaltlosigkeit die einzige Form überzeugender Konfliktlösung. Dass es anders nicht geht, weiß im Grunde jeder. Wenn man insbesondere die Blutmühle von Krieg und Gewalt erst einmal zu drehen anfängt, verselbständigt sie sich, und der Friede kommt nie. Die Lösung Jesu hingegen ist und bleibt keinesfalls utopisch, weil alles, was wir machen, die Konsequenzen zeitigen wird, die in unserem Handeln angelegt sind.

Versuchen wir deshalb, das jesuanische Verfahren der Deeskalation auf die heutige Politik anzuwenden. Vor vielen Jahren diskutierte EGON BAHR einmal über Abrüstung. Damals ging es um den ersten Golfkrieg, 1991, unter BUSH, dem Älteren. Das war ein völlig überflüssiger Krieg. Aber alle Welt sagte: Er muss sein! Natürlich, wir befreiten damals Kuweit, indem wir das Sabbahregime wieder einsetzten, – so demokratisch gesonnen sind und waren wir. Das Ergebnis waren rund 200 000 tote Iraker. EGON BAHR, der viel getan hat für die Versöhnung zwischen Ost und West, ein Liebhaber von BACH und ein sensibler, friedfertiger Mensch, sagte damals: »Die Abrüstung kommt ganz bestimmt, weil die Aufrüstung nicht länger bezahlbar sein wird.« Das bestätigt sich gerade, aber warum jetzt erst? Wieso nicht schon damals und jetzt wenigstens aus Überzeugung? BAHR argumentierte seinerzeit mit der Bündnispolitik: Wir sind doch vertragsgebundene Mitglieder der NATO! Aber kann man nicht aus Verträgen aussteigen, wenn man sieht, wie die NATO sich gerade neu definiert, wie sie eine weltweilt operierende kriminelle Vereinigung wird, die zu einer reinen Interventionsarmee zum Zwecke westlicher Wirtschafts- und Hegemonialziele verkommt? Aus so etwas kann man doch rausgehen! Wenn die Vertragsbasis sich ändert, dann doch auch die Verbindlichkeit des Vertrages! – Dazu war BAHR damals nicht bereit. Aber die Frage bleibt, wann wir es endlich begreifen!

Das, was wir machen, ist schon rein wirtschaftlich zu teuer. Es ist zu teuer für die Natur, die wir verwüsten, und ebenso für die Menschen, die wir leiden lassen. Unsere derzeitige Praktik kann überhaupt keine Zukunft haben. Die wahre Zukunft ist die Bergpredigt. Also: Was wir als Realpolitik betreiben, ist die Illusion; die Wirklichkeit – das sind die Worte Jesu! Wie viele Opfer müssen wir noch bringen, um zu dieser Einsicht zu gelangen? Müssen wir die Welt wirklich erst von allen Urwäldern abgeholzt haben, um zu begreifen, wie kostbar die Natur ist? Müssen wir die Dritte Welt wirklich erst gründlich zerstört haben, bis es nur noch uns selber gibt? Gerade jetzt merken wir, dass die Welt rund und begrenzt ist und dass alles, was wir machen, rückgekoppelt wird auf uns selber. In der Wirtschaft merken wir gerade, dass die Zerstörung der Natur durch den Klimawandel allmählich unbezahlbar wird, und längst könnten wir wissen, dass sich das in vielen anderen Formen genauso verhält. Wir verbilligen nicht die Preise von Gütern, deren Rohstoffe wir mit Gewalt eintreiben; durch Kriegsführung treiben wir in Wahrheit die Realkosten astronomisch hoch.

Dies alles sehend, müssen wir eigentlich nur warten, bis dieses System, das wir Wirtschaft nennen, Finanzwirtschaft vor allem, rückgekoppelt auf sich selbst, dazu bestimmt ist, sich am eigenen Erfolg zugrunde zu richten. Der Gesellschaftstheoretiker NIKLAS LUHMANN

(1927–1998) hat einmal gesagt: Man kann Systeme nur entlang den ihnen immanenten Messfühlern reformieren. Dem Kapitalismus ist kein Messfühler wie Barmherzigkeit, Menschlichkeit, Angstfreiheit, Selbstidentität, Kommunikation oder irgendetwas von dem, wovon wir reden, immanent. Der einzige Messfühler, der dem Kapitalismus immanent ist, ist die Kapitalrendite, die Profitmaximierung. Wenn sich nun aber zeigt, dass durch unsere Art von Wirtschaften das Gegenteil erreicht wird, werden wir sofort auch die gewünschten Systemänderungen vom Baume fallen sehen wie Herbstblätter im Sturm. Nur: Müssen wir erst den Herbst und den Winter abwarten, um dahinter zu kommen? Kann man nicht schon in Freiheit vorweg, sozusagen mitten im Sommer, sehen, dass das ein Crash-Kurs ist, den wir da ansteuern? Im Grunde stehen wir vor einer Grundsatzentscheidung. Wenn wir dem »*alten* Menschen« folgen, kann alles nur so weitergehen, – wie bei einer Heuschreckenplage. Die Heuschrecken werden so lange fressen, bis nichts mehr da ist und die Population kollabiert; denn sie kontrolliert sich allein über den Hunger oder über den Tod entsprechend dem Nahrungsangebot. Heuschrecken können nicht nachdenken über die Folgen dessen, was sie tun. Wir Menschen könnten das. Dann aber müssten wir dem *neuen* Menschen eine Chance geben, jenseits der Steinzeitprogramme. Und können wir wirklich hier noch wählen wie zwischen zwei gleichberechtigten Möglichkeiten? Wenn wir wie die Heuschrecken einfach den gleichen biologischen Mechanismen folgen, indem wir uns als Spezies maximal bis zum Rand der Welt und bis zum Geht-nicht-mehr ausdehnen, dann sind die Katastrophen unsere Lehrmeister. Wir sollten das vermeiden, um die Zukunft zu retten.

Wir sollten Katastrophen-Szenarien vor allem vermeiden, um eine menschenwürdige Zukunft zu bewahren. In allen Krisen liegt die Gefahr, dass wir die eingetretenen Katastrophen in neuen Formen von Gewalt verinnerlichen, statt daraus Weisheit zu lernen. Die Griechen, wie gesagt, meinten, dass man nach dem Erleben einer Tragödie als befreiter und geläuterter Mensch gereinigt aus dem Theater von dannen ginge; zu fürchten steht jedoch, dass die realen Katastrophen auf dem Welttheater der Geschichte gerade nicht in diese Richtung lenken, schon weil es hier keine Spieler und Zuschauer mehr gibt, sondern wir alle in den gleichen Prozess verwickelt sind.

Das sind Gedanken, die vor dreißig, fünfzig Jahren schon durchgespielt wurden. Damals schrieb CARL FRIEDRICH VON WEIZSÄCKER

(1912–2007), er sehe kommen, dass die Gefahr eines Atomkrieges nicht nur darin liege, dass er unzählige Opfer an Menschen kosten werde, er fürchte sich noch viel mehr vor den Folgen, die danach zu gewärtigen seien. Man würde, um eine derartige Katastrophe in alle Zeiten zu vermeiden, vermutlich einen totalen Kontrollapparat über die ganze Menschheit legen müssen, um der eigenen Handlungsmöglichkeiten sicher zu sein. Auf diese Weise entstünde wahrscheinlich eine totale Diktatur zur Vermeidung einer Katastrophengefahr, die man durch eigenes Handeln selber kennen gelernt hat. Die Freiheit ginge dann durch eine neue Form eskalierter Angst unter der Zwangsdiktatur organisierter Gewalt zugrunde, nach drinnen wie nach draußen. So dachte sich WEIZSÄCKER eine der Möglichkeiten der Zukunft im Schatten der Angst und der Gewalt. Vielleicht kommt es ja wirklich so. Vielleicht lernen wir aber auch, aus der Angst herauszutreten, indem wir merken, dass all die Kontrollmechanismen letztlich nicht viel nützen.

Was uns dabei auf dem Wege zu einer menschlicheren Zukunft in die Quere kommt, ist die Angewohnheit der Mächtigen, mit Angstverbreitung und Gewaltandrohung bzw. –ausübung ihre politische Stellung zu stabilisieren. In der Hysterie der allgegenwärtigen Angstverbreitung wird heute irgendwie jeder zu Misstrauen und Kontrollzwang präpariert. Man steht auf einem Bahnsteig und wartet auf den Zug, der sich wieder einmal verspätet; es vergehen keine zehn Minuten, in denen der Lautsprecher nicht auf Deutsch und Englisch alle Reisenden darüber belehren wird, auf ihr Gepäck aufzupassen; man wird aufgefordert, besonders vorsichtig zu sein, wenn jemand kommt und das Gepäck tragen will. Hilfsbereitschaft ist gefährlich. Soweit sind wir! Es gibt keinen Hunderteuroschein, um den wir nicht unsichtbar inzwischen einen elektronischen Sicherheitszaun legen würden. Für wen eigentlich und für was? Mittlerweile sind wir schon so weit, dass man sich von der Aktentasche auf dem Bahnsteig nicht mehr als hundert Meter weit entfernen darf, sonst wird gewiss jemand die Polizei rufen, – es könnte ja eine Bombenattrappe sein! Wollen wir wirklich in diesem Irrsinn weitermachen, dass wir durch permanente Überwachung, durch den Ausverkauf unserer Freiheit, Sicherheit gewinnen? Dann wird die Paranoia sich weiter ausbreiten, zum Machtgewinn für ein paar wenige, die ihre Unfreiheit selbst kaum bemerken und zur Abhängigkeit der großen Masse der Bevölkerung. Dagegen müssen wir etwas tun.

Zuzugeben ist allerdings, dass die Frage des Erfolges beziehungsweise der Übertragbarkeit von im privaten Raum für richtig erkannten Modellen auf gesellschaftliche Zusammenhänge nicht wirklich
geklärt ist. Es ist ungefähr so, wie aus dem BOYLE-MARIOTTE'schen
Gesetz über die Unveränderlichkeit des Produkts von Druck und
Rauminhalt eines Gases bei konstanter Temperatur eine Wärmekraft-
maschine zu konstruieren; es ist schwer, die richtige Mechanik zu
installieren, welche richtige Einsichten in den Apparat des politischen
Handelns überträgt. Aber muss uns das entmutigen? Dinge sind richtig, wenn sie richtig sind, nicht erst wenn man Erfolg hat. So zu denken
bedeutet freilich das Ende des politischen Prinzips, es ist der Anfang
des religiösen Prinzips. Es war ein großer Fehler, den Einzelnen in der
68er-Generation beizubringen, dass sie gewissermaßen erst dann
berechtigt seien, wenn sie in der richtigen Bewegung, in der richtigen
Partei mitmachten, – wenn sie sich den »richtigen« Aktionszielen ver-
schrieben. Auch eine solche Identifizierung von Politik und Religion
ist Gewalt und trägt zu einer Deformation des Humanen bei. Man
kann nicht erst richtig sein, wenn man Erfolg hat. Alle totalitären Systeme haben im übrigen genau so gedacht: Die Menschen als Personen
zählen nicht! Aber in der Gruppe, gewissermaßen als Nullen hinter
der richtigen Zahl aufgestellt, in Serie, seien sie nützlich und überhaupt dann erst berechtigt – als Parteigenossen! Ein solches Denken
ist schlimm. Davon frei zu werden die Aufgabe.

Schuld

Was den Menschen böse macht

oder: »Der Übel größtes aber ist die Schuld« (Schiller)

MICHAEL ALBUS: Dieser Satz fällt in FRIEDRICH SCHILLERs »Braut von Messina«. In der Tat: Schuld in allen ihren Facetten begleitet uns vom Anfang bis zum Ende unserer irdischen Existenz. Mit Schuld beladen kriechen wir durchs Leben.

Du bist schuld! Jeden Tag kann man diesen Satz hören oder spricht ihn zu einem Anderen. Wir handeln im Unschuldswahn, weil wir meinen, keine Schuld zu haben, so sehr belastet sie uns. Wir wollen sie abschütteln, uns entschuldigen. Aber es geht nicht. Wir verwickeln und verstricken uns dabei immer tiefer in den Teufelskreis der Schuld. Und dann fragen wir: Wer oder was ist schuld an der Schuld? Wer kann uns befreien, erlösen von unserer Schuld?

Im Wort »Schuld« steckt die Wortwurzel »scal«, sollen. Schuld ist etwas Zwanghaftes, das uns permanent das Gefühl verleiht, nicht genug getan zu haben, immer noch etwas mir selbst oder den anderen schuldig geblieben zu sein. Ein verdammt schlechtes Gefühl, das Schuldgefühl!

Schuld erfasst alle Lebensbereiche, durchdringt sie wie ein Gift. Schuld besetzt die Liebe, die Freundschaft, das öffentliche Handeln der gesellschaftlichen Gruppen und der Politik; die Rechtsprechung ist geradezu auf Schuld angewiesen. Ohne sie gäbe es keine Gerichte, keine Richterinnen und Richter, ohne sie bräuchten wir keine Justizvollzugsanstalten. Immer ist jemand schuld, wenn etwas nicht so läuft, wie es geplant war. Dann kollektivieren und pauschalisieren wir die Schuld: Die Politiker, die Lehrer, die Schüler, die Jugendlichen, die Alten, die Ausländer ... sind an allem schuld. ICH habe keine Schuld. Wir waschen uns, wie weiland Pilatus, die Hände in Unschuld.

Schuld und Sühne sind ein unauflösbares Begriffspaar, ein großes Thema der Menschheitsgeschichte, ein ewiges Drama. Und wir sind die Schauspielerinnen und Schauspieler darin. Das Problem ist dabei nur, dass wir nicht mitspielen wollen, sondern mitspielen müssen. Von Freiwilligkeit keine Spur.

Viel konnten und können uns die Naturwissenschaftler und Psychologen über unser bestürzendes und beängstigendes Schuldverhalten erklären. In der Politik kann man ziemlich gut erklären, warum es zu dieser oder jener nationalen oder internationalen Schuldverwicklung kommt, die Rechtsprechung hat klare, gesetzlich vorgeschriebene Kriterien für die Beurteilung von Schuld. Ja sie geht sogar so weit, in noch immer zu vielen Ländern, die Schuld eines Menschen so hoch zu bewerten, dass sie ihn zum Tode verurteilt. Woher nehmen sich Richter das

Recht ein solches Urteil zu sprechen? Die, die solche Urteile fällen, sind doch selber schuldige Menschen.

Man wird bei genauerer Befassung mit dem Thema den Verdacht nicht los, dass, ausgehend von der Bibel etwa, eine Urschuld konstruiert wurde, aus der sich alles Weitere ableiten ließ. Ob die Schriftgelehrten falsch gelesen oder das, was sie gelesen, falsch interpretiert haben? Die Schuld mit der Gottesfrage zu verbinden ist und bleibt brandgefährlich. Warum soll ein Gott Menschen in Schuld laufen gelassen haben wie in einen Hinterhalt, wie in eine Falle? Und ihn dann darin zappeln gelassen haben, ein Leben lang? Auf diese Fragen gibt es schwerlich eine vernünftige Antwort. Und wie können Priester, die selber schuldig sind, im Auftrag einer Institution, die sich wiederum direkt auf Gott beruft, Menschen von Schuld befreien? Da ist etwas schief gelaufen, darf man mit aller Vorsicht vermuten. Die Beichtstühle in den Kirchen sind heute leer, die Couches der Psychotherapeutinnen und Psychotherapeuten voll besetzt. Das hat Gründe.

Was bleibt uns angesichts des Hochgebirges von Schuld, das wir in unserer Lebenszeit nicht zu überqueren vermögen? Wie entrinnen wir dem Schuldschicksal? Im Grunde bleibt uns nicht viel anderes übrig, als dass wir verzeihen. Indem wir verzeihen, sprechen wir andere Menschen von der Last ihrer Schuld frei, entlasten sie, zumindest zeitweilig, von einer unerträglichen Last. Verzeihen heißt lieben.

EUGEN DREWERMANN: Was eigentlich erzählt die Bibel in der Geschichte vom »Sündenfall«, von der »Urschuld« des Menschen, in Genesis 3,1–7? Ein Hauptproblem der Theologie besteht bis heute in der unzureichenden Art, Liebe zu interpretieren. Nach zweitausend Jahren Christentum und dreitausend Jahren Judentum ist das geradezu grotesk, aber es ist der Fall: Die Hauptschuld, die Menschen in der kirchlichen Moraltheologie ereilen kann, hat mit Verstößen im Sexualbereich zu tun. Dabei beruft man sich sogar auf eben die Erzählung von Adam und Eva, die man in vielerlei Richtung falsch interpretiert; die Geschichte erzählt nicht vom Erwachen der Sexualität, und sie erzählt auch nicht von der Entstehung der Menschheit.

Bis heute musste man nach Verlegenheitsauskünften infolge der Fehlinterpretationen einer der schönsten und wichtigsten Stellen der ganzen Bibel suchen. So hat man erklärt, dass am Anfang der Menschheit, in der Paradies- und Sündenfallgeschichte der Bibel, ein Menschheitspaar existierte, das ein Gebot Gottes übertreten habe und das Gott deswegen mitsamt seiner ganzen Nachkommenschaft dafür habe bestrafen müssen. Jedes Kind weiß, dass eine solche Kollektivstrafe nicht gerecht sein kann. Also erklärten die Theologen, dass es gerade in der Schuld kollektive Zusammenhänge gebe. Das stimmt, doch kollektiv gibt es keine Schuld, sondern allenfalls die Haftung für die Schuld einer Gruppe. Schuldig werden können nur Einzelne, jeder für sich, mit anderen und an anderen. Man wies ferner darauf hin, dass es psychische Verflochtenheiten, wechselseitige Beeinflussungen beim Zustandekommen von Schuld gebe. Auch das ist richtig, theologisch aber kein Beitrag, um zu erklären, wieso Gott für das Vergehen zweier Menschen alle Menschen zu allen Zeiten schuldig spricht und straft. Das Problem ist dies: Die akademische Theologie ist bis heute außerstande zu verstehen, was ein Mythos ist und wie man Mythen auslegt. Die Erzählung vom »Sündenfall« von Adam und Eva *ist* ein Mythos, – und sie kommt im übrigen nicht nur in der Bibel vor, sondern ist, wie viele Urzeiterzählungen in den sogenannten Primitivkulturen der Menschheit zeigen, ein klassischer Topos der Geschichten vom »Anfang«. Die Gemeinsamkeit der biblischen Erzählung mit den Stammeskulturen ist an dieser Stelle viel dichter als die Beziehung zu den Überlieferungen der Hochkulturen, – im Gilgamesch-Epos etwa.

Der Fehler im Verständnis der sogenannten Sündenfallerzählung beginnt bereits damit, dass man die Geschichte von Adam und Eva historisch liest: als die Geschichte eines individuellen Menschenpaares. Adam aber ist DER Mensch, nicht ein Mensch am Anfang; in ihm verdichtet sich symbolisch das Wesen des Menschen. Ebenso Eva. Chavva (Eva) heißt auf Hebräisch das Leben. Beide zusammen, der »Mensch« und das »Leben«, stehen in der Sündenerzählung da als eine Wesensbeschreibung der menschlichen Existenz unter bestimmten Bedingungen, die idealtypisch formuliert sind: Im Bild des *Paradieses* malt sich die Berufung, zu der uns Gott geschaffen hat. Verstünden wir uns recht und begriffen wir Gott wirklich, so lebten wir inmitten dieser Welt wie in einem Garten der Geborgenheit. Wir stünden unter dem Auftrag, diesen »Garten« nicht zu »bearbeiten«, wie zumeist fälschlich übersetzt wird, sondern ihn zu bedienen und zu bewahren (Gen 2,15), und dies am meisten vor uns selber. Denn wohl steht uns jeder Zeit vor Augen, dass wir nichts weiter sind als eine Staubgeburt, doch diese trägt Gottes Atem in sich (Gen 2,7). Solange sie über diesen unsichtbaren Verbindungsbogen zu Gott sich getragen fühlt, kann sie in Einheit mit sich selbst und vor allem befähigt zur Liebe leben. Die Liebe lässt sich entdecken als eine Zusammengehörigkeit, die keinen Grund hat, sich voreinander zu schämen; denn Liebe und Vertrauen sind vom Ursprung her ein und dasselbe. Es gibt da nicht die stechenden, verfolgenden, gierigen oder erniedrigenden Augen des Andern. Es gibt nur eine Sphäre von Schönheit, die auf natürliche und kreatürliche Weise faszinierend ist, – eine Entdeckung des Göttlichen in Geist und Körper, ein wechselseitiger Austausch, der in sich selber zweckfrei ist. In der Paradieserzählung der Bibel ist noch nicht einmal von einer Familie oder von einer sozialen Einordnung der Liebenden in ein bestimmtes Gesellschaftssystem die Rede; die Rede geht allein von einem Miteinander der Zugewandtheit in Liebe inmitten einer Welt, die zur Verfügung steht ohne Gefährdung durch den Menschen.

Ein einziges ist in dieser Paradieseswelt allerdings unvermeidbar, das notwendig das Thema Schuld heraufführt und von den Theologen durch die Bank bis heute nicht begriffen wird, – ja, offensichtlich nicht begriffen werden *soll*, muss man beinahe sagen: das Erkennen von Gut und Böse. Unter all dem, was Gott gemacht hat, gibt es einen Baum, von dem zu essen er untersagt: den Baum der Erkenntnis von Gut und Böse. Hören wir im christlichen Abendland von »Gut und Böse«, scheint von vornherein klar, dass diese Worte moralisch gemeint sein müssen. Im Deutschen Idealismus vor 200 Jahren hat insbesondere HEGEL diesen Gedanken auf die Spitze getrieben, indem er die These vertrat, der Mensch könne überhaupt nur durch die Schuld, die er auf sich lade, zur Erkenntnis von Gut und Böse gelangen. Um zu wissen, was gut ist, müsse er das Böse kennenlernen, denn nur so wachse er zu der Freiheit auf, zwischen beidem entscheiden zu können. Mithin sei die »Erbsünde« die Bedingung dafür, die Freiheit des Menschen hervorzubringen. – Dass es Theologen gibt, die diesem Gedanken bis heute folgen, ist deshalb erstaunlich, weil in HEGELs Betrachtung Gott genauso dialektisch wird wie die menschliche Psyche: Wir haben da einen Gott vor uns, der dem Menschen das Wichtigste untersagen will: seine Freiheit, seine moralische Autonomie, seine Erkenntniskraft! Ein solches Konzept ist theologisch absurd. Es passt gewiss wohl zu der Welt mesopotamischer Mythen, aber nicht zur Bibel. Eine genauere Lektüre der biblischen Erzählung kann vielmehr zeigen, was mit »Gut« und »Böse« gemeint ist. Da heißt es in der Paradieserzählung, bei der Erschaffung des Menschen habe Gott feststellen müssen, dass es »nicht gut« sei für einen Menschen, allein zu sein (Gen 2,18). »Nicht gut« hat an dieser Stelle mit Moral absolut nichts zu tun. Man muss das Wort auflösen in »es ist trostlos, einsam, langweilig, beschwerlich, schwer erträglich, sinnlos, ermüdend«, allein leben zu wollen. Wenn das »nicht gut« heißt, kann man sich auch überlegen, was böse heißt. Es müsste widergegeben werden mit »voller Pein und Qual«, mit »sinnlosen Anstrengungen«. Es geht mithin um Qualifikationen des menschlichen Lebens im ganzen, es geht überhaupt nicht um Bestimmungen der Moral.

Dann muss man sich natürlich fragen, welches Interesse Gott daran hat, dem Menschen eben eine solche Erkenntnis von Gut und Böse vorzuenthalten. Immer wieder meldet sich ja die Frage zu Wort, warum Gott den Baum der Erkenntnis – und dann auch die Schlange – überhaupt geschaffen hat; hätte er den Menschen nicht die Tragödie des »Sündenfalls« ersparen können, ja, ersparen müssen? Wenn es nicht um die Erringung von Freiheit und damit von moralischer Schuldfähigkeit geht, worum dann? Was es mit dem Verbot der Erkenntnis von Gut und Böse auf sich hat, lässt sich am einfachsten durch den Vergleich der Paradieserzählung beziehungsweise der Sündenfallgeschichte mit den folgenden Strafreden Gottes (in Gen 3,13–19) über den Menschen verdeutlichen, – doch zuvor sollten wir schauen, wie es denn zum Abfall von Gott kommt und worin er eigentlich besteht.

In der »Sündenfallerzählung« (Gen 3,1–7) ist es immer wieder erschütternd, zu sehen, wie die Frau – »ischa« heißt sie da noch, die »Männin«, noch nicht Eva, Chavva, das Leben – Gott in Schutz nimmt gegenüber dem Sprechen der Schlange. – Nebenbei, dass Schlangen sprechen können, war für die Päpstliche Bibelkommission noch im Jahre 1910 ein Anlass, festzustellen, da es in der Bibel stehe, sei es historisch wörtlich so zu glauben, – selbst im Weltkatechismus von 1992 beharrt der Vatikan darauf, die »Erbsünde« als ein historisches Ereignis zu interpretieren. Praktisch bedeutet das, nachforschen zu müssen, ob auf der Stufe des homo erectus vor über einer Million Jahren oder des homo habilis vor 2,7 Millionen Jahren oder schon beim Neandertaler irgendwann vor zweihunderttausend Jahren ein geschichtliches Ereignis, lokalisierbar in Afrika, Nordeuropa oder sonst wo, die Ursache dafür gebildet haben könnte, dass die Geschichte der Spezies Homo einen derart desaströsen Verlauf genommen hat. In diesem ganzen Konzept steckt inhaltlich wie methodisch so viel an Missverstand, dass allein diese Lehre bereits – immerhin über die wichtigsten Fragen im Leben von Menschen: Was ist Schuld, was ist Erlösung, was ist verderblich, was ist glücklich? – in den Atheismus führen muss. Alle anthropologisch relevanten Wissenschaften müssen dieser Art der Bibelauslegung widersprechen, und ein Lehramt diskreditiert sich ein für alle Mal, das im Status vermeintlicher Unfehlbarkeit immer noch an seinen selbst geschaffenen Missdeutungen festhält. – Dabei sollte für jeden Denkenden die Sache klar sein: Wenn eine Schlange redet, so ist das kein Vorkommnis im Zoo, und eine Schlange, die damit bestraft wird, auf dem Bauch im Staube kriechen zu müssen (Gen 3,14), wird auch nicht der »Teufel« sein. Wir haben es hier mit einer Geschichte zu tun, die in einem mythischen Bild auf eine Unheimlichkeit hinweist, die in der Schöpfung selber liegt: Kein Gott kann eine andere Welt machen als eine solche, die in sich selbst nicht notwendig ist, die keinen inneren Grund hat, sein zu müssen, die mithin eine Lücke der Kontingenz der Zufälligkeit, der Beliebigkeit, der Nicht-Notwendigkeit in der Struktur ihres Seins aufweist; so muss es sein, – sonst wäre nicht von Schöpfung die Rede. Genau dieses Lochs in allem Dasein aber, dieser Legitimationslücke der Existenz, wird sich der Mensch irgendwann bewusst werden: Es gibt ihn, aber es muss ihn nicht geben. Er existiert, aber jeder Nagel in der Wand hat die Fähigkeit, ihn durch die Konsistenz des Metalls zu überdauern. Er schaut sich um und findet: Die Bäume muss es nicht geben, die Sonne muss es nicht geben. Die Bibel drückt diese Tatsache, wie Mythen gerne, mit der Redewendung aus: »als noch nicht war«, und so spricht sie von eben diesem »Noch nicht«, ehe Gott beginnt, den Menschen zu schaffen (Gen 2,5). Man kann sich von allem vorstellen, dass es einmal nicht war. Und noch viel leichter kann man sich vorstellen, dass alles, was ist, einmal nicht mehr sein wird. Also, warum ist überhaupt etwas?

Die Entdeckung aller Metaphysik und aller Nachdenklichkeit der Philosophie erzeugt an dieser Stelle eine bebende Angst. In der ägyptischen Mythologie ist die Schlange Atum genau das Bild dafür: Sie symbolisiert das Nichtsein, den offenen Rachen unterhalb von allem, – die Griechen sprachen von dem Chaos, von dem aufgesperrten Maul, das alles verschlingt. Die Entdeckung, über diesem Abgrund des Nichts gelagert zu sein, redet mithin in Gestalt der Schlange zu dem menschlichen Bewusstsein und erschafft darinnen eine unendliche Angst. Also wird man versuchen, sich reflexartig an das zu klammern, was man hat. Man ist Staub, aber man will es nicht bleiben. Man möchte etwas aus sich machen, das die Notwendigkeit des Daseins aus eigenem Tun in sich begründet. – Vor allem die Existenzphilosophie JEAN PAUL SARTREs (1905–1980) hat diesen Selbstentwurf des Daseins in ihr Zentrum gestellt. Es ist, wie wenn man Kohlenstoff mit Überdruck zusammenpressen wollte, um künstlich einen Diamanten daraus hervorzubringen, etwas, das fester und kostbarer ist als alles, etwas Unzerstörbares. Die Frage SARTREs war: Wie erschaffe ich aus dem Ekel meiner Konsistenz etwas Notwendiges?

Man kann diese Frage beleuchten mit einer autobiographischen Bemerkung SARTREs selbst. In »Die Wörter« – die ihm den Nobelpreis eingebracht haben, den er aber ablehnte mit der Bemerkung, er brauche ihn so wenig wie einen Sack Kartoffeln – beschreibt er einmal, wie er sich an einem Abend inmitten einer illustren Gesellschaft im Hause seiner Mutter vorfindet. Die Eingeladenen werden vorgestellt, Champagnergläser in den Händen, Kristallüster leuchten im Raume, aber den kleinen Jean Paul vermisst niemand. Da, beim Aufzählen der Leute, die begrüßt werden, wird einer erwähnt, der nicht da ist; und SARTRE stellt fest: Dieser abwesende Monsieur Simonnot war anwesender als alle andern. Er wurde als fehlend entdeckt. »An diesem Abend beschloss ich«, schreibt er, »der Menschheit zu fehlen wie Wasser und Brot«. Diesen Entschluss kann man als ein Lebenskonzept im ganzen verstehen. Er ist, biblisch ausgedrückt, identisch mit dem Entwurf, »wie Gott sein zu wollen«.

Die Theologen haben gerade an dieser Stelle einen schwerwiegenden Fehler begangen: Sie haben das »Sein-Wollen-wie-Gott« als Motiv genommen, statt als Symptom; sie haben es gelesen als Ausdruck prometheischen Strebens von Hochmut und Stolz. Wenn das freilich die Diagnose ist, muss man im Kampf gegen das Böse, gegen die Ursünde, ein Interesse gewinnen, Menschen in den Staub zurückzudrücken – dann sollen sie Staub fressen, dann muss man sie erniedrigen und ihnen den Stolz auspeitschen. Gegen den Hochmut von Untertanen muss man die Herrschaft der Mächtigen stabilisieren – für das kirchliche Lehramt ist das natürlich eine wunderbare Interpretation, die sie in ihrem Absolutheitsanspruch bestärken kann. Was aber die Bibel in Wahrheit schildert – und wie subtil die Erzählung wirklich verläuft –, wird sichtbar daran, dass die Frau Gott in Schutz nimmt gegen die Schlange! »Gott hat uns gar nicht alles verboten. Nur an einen einzigen Punkt«, sagt sie, »an den Baum der Erkenntnis, dürfen wir nicht rühren!« (Gen 3,3) – Das wiederum hat Gott so nicht gesagt, das hat sich die Frau selber in ihrer Angst eingeredet. Da scheint es ihr, als wenn eine kleine Handbewegung inmitten des Angstgefälles, das plötzlich aufgebaut ist und die ganze Welt verunsichert, genügen könnte, in den Tod zu fallen. Und vor allem: Gott ist mit einem Mal nicht mehr der gütige Umraum, der alles gewährt, er ist vielmehr der potentielle Verfolger, der alles aufs tödliche bedroht. Und jetzt: Ein Teil der Welt ist von diesem Gott unter ein Tabu gestellt, dessen Sinn man nicht begreift. Warum hat Gott den Baum der Erkenntnis von Gut und Böse den Menschen verboten?

Auch die Theologen wissen auf diese Frage bis heute eigentlich keine vernünftige Antwort. Sie folgen der Logik der Schlange, nur aus Willkür und um den Menschen klein zu halten, habe Gott sein Gebot erlassen, er habe eine Grenze zwischen sich und dem Geschöpf ziehen wollen. Aber: Wenn es so steht, hätte der Mensch geradezu die Pflicht, Gott zu beweisen, wer jetzt Grund hat, Angst vor wem zu haben! Herrscher, die mit dem Tode strafen, nur um ihre Macht zu sichern, haben selber Angst, weil ihre Throne wackeln. Und da kann man zulegen! Wenn man merkt, dass es oben wackelt, muss man unten nur weiter rütteln. Und genau das erklärt jetzt auch die Schlange: Ihr müsst gar keine Angst vor Gott haben, denn der hat Angst vor euch, wenn ihr eurer Möglichkeiten inne werdet, sagt sie (Gen 3,5). Mit »Stolz« und »Hochmut« und »Ungehorsam« hat das nichts zu tun. Ein wenig Psychologie reicht an dieser Stelle bereits aus, um zu zeigen, was Menschen ins Abseits drängt.

Die Lehre ALFRED ADLERs (1870–1937) etwa hat gezeigt, dass alles Streben nach Gottähnlichkeit sich der Maßlosigkeit von Minderwertigkeitsgefühlen verdankt. Wenn wir nichts sind, müssen wir alles werden. Wenn wir ohnmächtig sind, müssen wir allmächtig werden. Wenn wir bloßer Staub der Erde sind, müssen wir den Himmel stürmen. Es ist eine Gegenbewegung, die Kompensation einer Erniedrigung, mit der man nicht leben kann, solange sie nicht aufgehoben wird durch Güte, durch Verstehen, durch Partnerschaft. Das also ist das berühmte »Sein-wollen-wie-Gott« – keine originäre Hybris, sondern eine Reaktion der Angst auf das Erleben der eigenen Nichtigkeit.

Doch das Problem besteht, dass diese Nichtigkeit, dass diese mangelnde Rechtfertigung der eigenen Existenz sich nur ergibt, wenn und weil wir unser Leben betrachten, als wenn es Gott nicht gäbe. In der Angst verlieren wir den tröstenden Urgrund unseres Daseins aus den Augen und starren nur noch in den Abgrund des Nichts, über dem wir als Geschöpfe gelagert sind. Und dann geht alles wie zwangsläufig seinen unheilvollen Gang. Am Ende genügt wirklich nur eine Handbewegung, und die Frau gibt ihrem Manne das weiter, was sie meint als Schönstes erworben zu haben. Es ist begehrenswert, von diesem Baum zu essen, weil er weise macht! (Gen 3,6) Das ist die psychologisch meisterhafte Geschlossenheit der ganzen Geschichte: Die Angst überrollt das Bewusstsein der Frau! Und das Miteinander der Menschen wird zum Ausbreitungsmedium der Schuld. Doch entscheidend jetzt:

Im Moment des Tuns wird diese als solche noch gar nicht begriffen. Im Gegenteil, die Menschen bekommen, was sie sich erhoffen: Sie werden erkennen, was Gut und Böse ist, nur jetzt, wo es zu spät ist, werden sie begreifen, dass sie niemals hätten kennenlernen sollen, wie furchtbar, wie verheerend, wie verhängnisvoll, wie übel, wie *böse* es ist, ohne Gott leben zu müssen.

Was es bedeutet, »gut und böse« zu erkennen, wird im folgenden in den »Strafen«, die Gott ausspricht (Gen 3,14–19), dargelegt: Das Leben könnte so schön sein, so *gut* sein in der Einheit mit Gott. Es ist demgegenüber eine entsetzliche Hypothek an Elend und Qual, in einer Welt leben zu müssen, die prinzipiell als gnadenlos definiert ist, – es ist ein einziger Fluch! Und das nun ist die Erkenntnis, vor welcher Gott die Menschen bewahren wollte; es ist die einzige Erkenntnis, die man nur im Zerbruch gewinnen kann. Genau dahin aber kommt es.

Da haben wir also eine Geschichte von ganzen sieben Versen im dritten Kapitel der Genesis, die erklären möchte, wie Menschen ins Unheil, ins »Böse« geraten, – eine unheimliche Geschichte, die jeden

Leser und Hörer auffordert, in den Spiegel zu schauen und sich selber darinnen zu begreifen. Wie gehst du mit der basalen Angst deiner Existenz um?, fragt sie. Was machst du daraus? Formst du sie ebenfalls im Zwinggriff der Angst weiter zur Gnadenlosigkeit des Kampfes der Selbstbewahrung gegen dich selbst und gegen alle anderen oder überwindest du sie hin zu Vertrauen?

Alles, was die Bibel in der Folge schildert, zeigt, dass die Menschen ihre Angst nur ständig anhäufen und in Spiralen immer höher drehen – bis hin zur Turmbaugeschichte von Babel (Gen 11,1–9). Und im Konterfei dann versteht man das Projekt des Neuen Testamentes, – die ganze Botschaft Jesu von der »Umkehr« der Angst in Vertrauen. Gehen wir's durch.

Die Paradieserzählung endet damit, dass die Menschen die Grundstrukturen ihres Daseins als qualvoll belastend entdecken. Aus Staub zu sein, bedeutet jetzt nicht mehr, glücklicherweise, geschenkhaft aus den Händen Gottes leben zu dürfen, es bedeutet, in Nichtigkeit, Überflüssigkeit und Sinnlosigkeit zermalmt zu werden, und dagegen muss man mit allen Kräften anarbeiten.

Alles, was Menschen fortan tun, ist ein solcher Kampf gegen den Tod und in den Tod hinein. Es ist eine furchtbare Beschreibung von Entfremdung, Ausgesetztheit und Zerstörung, die sich in der Urgeschichte der Bibel, in dieser Wesensbeschreibung menschlichen Daseins und Handelns, findet. Fortan beginnt neben dem Kampf gegen sich selbst zugleich auch der Kampf gegen die Natur. Man hat jetzt Angst vor der Welt, die den Menschen umgibt, – die Feindschaft zu den Mitgeschöpfen setzt ein. Zugleich deformiert sich die Beziehung der Liebe zwischen Mann und Frau zu einem reinen Herrschaftsverhältnis. Aus der Partnerschaft entsteht der Patriarchalismus. Die erste Wirkung der Angst äußert sich jetzt in dem Spruch Gottes über den Menschen, den Mann: Er soll herrschen über seine Frau; er muss sie, die ihm versucherisch ward, von sich weisen und niederdrücken (Gen 3,16). Die Frau wiederum trägt Begehren nach ihrem Mann. Was ihr Glück sein könnte und eine Erfüllung ihres Lebens, Leben weiterzugeben, ist bis in die Physis hinein durch Qual und Erniedrigung geprägt (Gen 3,16) – bis hin zur Sorge um ihre ersten Kinder, Kain und Abel, deren eines bald schon zum Mörder seines Bruders werden wird. So setzt sich die Geschichte fort, – als ein endloses Leid, das aus dieser einen Urabweichung von Vertrauen und Geborgenheit in Angst und Ausgesetztheit entsteht. Am schlimmsten aber: Gott gibt sich am Ende sogar noch Mühe, das Desaster zu mildern: Zumindest voreinander sollten sich die Menschen nicht auf ewig auf der Flucht befinden. Gott gibt ihnen Fellröcke mit (Gen 3,21). Man kann in dieser Szene kulturhistorisch alle möglichen Assoziationen aus der eiszeitlichen Stufe der Jäger und Sammler eintragen; wichtig aber ist, dass Gott mit seiner Maßnahme das Schamgefühl der Menschen kupieren will; doch es wird vergeblich sein!

Im weiteren kommt es symbolisch dann so, wie es in der Psycho-Logik der Erzählung kaum anders sein kann: Gott postiert Wächterengel mit dem Flammenschwert vor den Eingang des Paradieses. Wenn fortan die Menschen rückwärts schauen auf das, was sie verloren haben, so sehen sie mithin ihren Gott nur als Verfolger. Immer weiter treibt er sie in eine Welt hinein, die von ihm selbst als dem Ursprung von allem nur immer weiter wegführt. Fortan müssen die Menschen kämpfen und kämpfen, um das verlorene Paradies künstlich zu rekonstruieren. Sie werden Städte gründen (Gen 4,17), sie werden wie in der Geschichte von Babel (Gen 11,1–9) Türme bis zum Himmel aufführen, sie werden die Achse, die die Welt einmal in Gott besaß, durch Kunstgebilde zu ersetzen suchen, sie werden Gemeinschaften organisieren, um sich nicht zu verlieren. Doch in allem herrscht eine permanente Gegenfinalität, weil die innere Bedingung nicht mehr stimmt: Es vergrößert nur die Angst und den Zwang zum Selbstbeweis durch Leistung; Geborgenheit und Vertrauen lernt man so nicht. – Nennt man das jetzt Schuld? Nennt man das Tragik? Nennt man das Sünde? Am besten nennt man es so, wie es SÖREN KIERKEGAARD bezeichnet hat: Verzweiflung! Die »Krankheit zum Tode«!

Kein anderes Wort ist so hilfreich, das Neue Testament auszulegen und zu verstehen, mit welcher Intensität Jesus die Getriebenheit, das Unglück, die Unglückseligkeit der Menschen zutiefst begreift und an dem zerbrochenen Verhältnis zu Gott festmacht. Sein Ausgangspunkt ist eine Religion, die tut, was alle Religionen tun: Sie lehren, dass man zu Gott doch finden könne, wenn man auf seinen Willen hört und ihn befolgt; man ist kein »Sünder«, man wird nicht »schuldig«, wenn man seine Gebote hält. Und siehe: Gott hat am Sinai eine ganze Reihe von Geboten erlassen, 613, um genau zu sein, und inzwischen hat man über zweitausend Kommentargebote aus der mündlichen Tradition der letzten vierhundert Jahre drauf gestapelt; wenn man die alle kennen würde, das heißt, wenn man sich an die Rabbinen, an die Theologen hielte, die all die Gebote auslegen und erklären, was man zu tun hat – wie man den Sabbat hält, wie man sich die Hände wäscht, welche Nahrungsmittel man einnehmen darf, welche Tiere man essen darf und welche man nicht essen darf –, so wäre alles in Ordnung. Tatsächlich aber wird dabei nur alles immer komplizierter, und man rückt Gott damit nicht näher, im Gegenteil, man rückt Gott immer ferner. Er erscheint bei aller Gesetzesbefolgung und Korrektheit nur immer willkürlicher, er wird immer unverständlicher. Dabei hat doch Gott selber am Sinai mit Moses geredet, er hat sich ihm geoffenbart. Wenn irgendetwas von Gott ist, dann steht es in der Bibel, dann ist es enthalten im Gesetz des Moses. Es ist das Heiligste, was man besitzt. Es unterscheidet Israel von allen anderen Völkern. Es ist das Wort Gottes. Besser also kann es nicht sein, als dass man sich daran gefälligst hält. Doch kann man das? Da Menschen nie so rein zu sein vermögen, wie sie sollen, bedarf es ständiger Opfer. Man braucht Priester, welche die Opfer vermitteln. Immer sind Menschen schuldig, oft sogar todesschuldig. Aber wenn sie nun Tiere schlachten und deren Blut vergießen und obendrein die Tiere noch verbrennen wie in der Geschichte von Kain und Abel (Gen 4,1–12), und der Fettdampf in die Nase Gottes steigt, dann wird er sich, wie am Ende der Sintflut (Gen 8,21), vermutlich doch mit den Menschen versöhnen.

Also: Man muss das Richtige, das sittlich Gebotene, die Gesetze Gottes halten und tun – das ist die Basis jeder Religion. Dafür aber braucht man die Schuld entsühnenden Vermittlungsinstanzen, wie die Priester, wie den Tempelkult; man braucht heilige Formen, Formeln und Riten; man braucht traditionsbedingte Weisungen. Man braucht, mit einem Wort, von früh bis spät Abhängigkeit und Außenlenkung. Und das alles vermehrt im Grunde nur die Angst und beschwichtigt sie im besten Falle durch magische Machtanmaßung. Das aber ist es nun, was Jesus vor sich sieht. Was er dagegen setzen möchte, ist etwas ganz Einfaches: Einen Gott, dem man wieder so vertrauen könnte wie ein Kind seinem Vater.

Noch einmal im Kontrast: Die Theologie erklärt bis heute, Adam und Eva hätten gesündigt durch Ungehorsam. Der Grund für diese Annahme ist ganz einfach: Gott hat ein Gebot gegeben –, das haben die Menschen übertreten; also haben sie nicht gehorcht. – Wenn das die Auslegung ist, bietet sie rechtverstanden eine glänzende Legitimation von Diktatur, von Priesterherrschaft und von der absolutistischen Machtwillkür der Regierenden. Denn wenn Ungehorsam das Grundübel des menschlichen Daseins darstellt, muss man die Menschen anhalten, das Richtige, das sie kennen könnten, auch wirklich zu tun, und ihnen mit allen Mitteln von Zucht und Ordnung, von Zwang und Strafe, den Ungehorsam austreiben. Man muss den Menschen das Richtige beibringen. Das setzt voraus, dass man im Gesetz nachforscht, was richtig ist, denn im Inneren des menschlichen Herzens kann es ja nicht stehen, – was Menschen sich selber – eigensinnig und eigenmächtig! – sagen, ist immer irrig! Erst, wenn es schwarz auf weiß geschrieben steht, wenn es durch Tradition geheiligt ist, wenn es durch die Kompetenz und Autorität der Gelehrsamkeit von Theologen abgesichert ist, dann darf man vermuten, dass es stimmen wird. Auf diese Weise wird der Weg zu Gott immer länger und die gottvermittelnden Instanzen werden immer kafkaesker: Der Abstand zwischen dem königlichen Palast und dem Suchendem ist – wie in der »*Kaiserlichen Botschaft*« von FRANZ KAFKA (1883–1924) – irgendwann nicht mehr zu überbrücken. Dagegen setzt Jesus sein Empfinden, seine Grunderfahrung, dass Gott mit dem Menschen redet wie ein Vater mit seinem Kind. So etwas steht auch in der Bibel, aber so hat man sie nie zentral gelesen. Man hat gerade diesen Punkt nie für so wesentlich genommen, dass er alles andere hätte richtig zentrieren können. In der Botschaft Jesu geschieht das. Alle Menschen möchte der Mann aus Nazareth an die Hand nehmen und an den Wächterengeln mit dem Flammenschwert vorbei zurückführen an den Ort, da im Schatten des Baumes, in der Mitte des Gartens, das Vertrauen wieder wächst. Doch mit dieser Intention musste er alles ändern, was in der menschlichen Geschichte scheinbar so selbstverständlich ist.

Denn so geht es in der Urgeschichte der Bibel, in dieser Grunddarstellung des menschlichen Wesens, weiter, – sie erzählt von dem Schrecklichsten, das Menschen einander antun können, Genesis 4,1–12: die Erzählung von Kain und Abel. Auch diese Geschichte zeigt, dass es nicht stimmen kann, wenn man die Bibel so auslegt, dass es die Menschen schuldig spricht, nach der Devise: Adam und Eva haben gesündigt, – also Fluch über sie, denn sie haben Fluch auch über uns gebracht! Kain war ein Mörder, – wie furchtbar! Schaut man genau hin, so stellt man fest, dass Gott Kain nicht einmal »richtig« bestraft. Er hat eben nicht die Todesstrafe über ihn verhängt, er hat ihn nicht lebenslänglich auf eine Gefängnisinsel geschleppt. Es ist, als täte Kain Gott irgendwie leid. Was also ist mit Kain, dem Mörder seines Bruders?

Erstaunlich ist schon, wie die Geschichte beginnt: Kain geht hin und opfert (Gen 4,3). Er meint es also ganz sicher nicht böse. Er ist nicht von Ursprung an schlecht. Er sieht mithin nicht aus wie in einem Wildwestfilm, stoppelbärtig und unrasiert, erkennbar von vornherein, schon als der Finstere, der den Colt im entscheidenden Augenblick einsetzten wird. Entscheidend ist in der biblischen Geschichte, dass hier zwei Menschen, zwei Brüder, sind, welche die Schuld ihrer Väter vor Gott revidieren möchten. Adam und Eva haben ein Nahrungsverbot übertreten; sie, ihre Kinder, opfern freiwillig von ihrer Nahrung, um den Gebotsübertritt auszugleichen, um den Gott, der ihnen zweideutig geworden ist, durch Vorleistungen wieder zu versöhnen. Deshalb bringen sie Gott Opfer dar. – Die Darbringung von Opfern ist eine Praxis, die, wiederum bis ins Blutrünstige hinein, in fast allen Religionen Platz greift und die auch im Christentum noch lange nicht überwunden wurde, ja, die sich sogar mit dem Kreuzestod Jesu bis in die Gegenwart verbunden hat. Das Paradox indessen besteht darin, dass Opfer nur nötig sind, solange Gott selber den Menschen als nicht wirklich vertrauenswürdig erscheint. Im Paradies wäre es unmöglich gewesen, auch nur auf die Idee zu kommen, man müsste Gott versöhnen, durch Opferrituale. Der Taoismus sagt einmal: Solange das Holz heil ist, schnitzt man daraus keine Opferlöffel. Das soll heißen: Man muss erst einmal die Bäume töten, damit man so etwas herstellen kann wie Gebrauchsgeräte für den Tempel. Was Kain und Abel gemeinsam beherrscht, ist die Angst um Gott, die Angst vor Gott.

Bezeichnenderweise wundern sich die Theologen an dieser Stelle, warum nun Gott das Opfer Abels annimmt und das des Kain nicht, und sie finden erneut, es müsse da etwas von vornherein falsch sein in Kain, denn sonst hätte Gott ja sein Opfer angenommen. Worauf die Theologen nicht kommen, ist die Rätselhaftigkeit der Welt jenseits von Eden, in welcher die Menschen sich nach ihrer Vertreibung aus dem Paradies vorfinden. Für Abel ist Gott so zweideutig wie für Kain, doch das liegt nicht an Gott. Die beiden Brüder meinen es gleichermaßen gut, – sie suchen beide nach der gleichen Versöhnung. Ihr Problem aber liegt darin, dass sie die göttliche Versöhnung durch Opfer, durch dargebrachte Leistungen suchen müssen und dass sie als Brüder, eben weil sie einander so nahe stehen, in Konkurrenz zueinander befindlich sind. Das Schlimme ist: Wenn ich nur akzeptiert werden kann durch Vorleistungen, dann muss ich das Beste liefern, was ich liefern kann;

und derjenige, der mir ganz nahe steht, führt eine hohe Wahrscheinlichkeit mit sich, dass er im gleichen Sektor die gleiche Perfektion zu bieten vermag und willens dazu ist wie ich selber. Wenn es so steht, ist gerade er mir am meisten gefährlich, eben weil er mein Bruder ist. Wäre er durch die halbe Welt von mir getrennt, würde er für mich keine Bedrohung darstellen. Jetzt aber, als mein »Bruder«, rückt er mir ganz nah, und daraus ergibt sich ein Entweder-Oder der wechselseitigen Bedrohung, ein Duell lateraler und frontaler Konkurrenz auf Sein oder Nichtsein.

Wie realitätsnah dieses Bild ausfällt, kann jeder sehen. Man muss sich nur umschauen und man wird immer wieder Menschen finden, denen die Welt ungerecht vorkommt. Man ist als jüngerer Bruder geboren worden, – schon deshalb ist man nicht erbberechtigt. Man ist als älterer Bruder geboren worden, schon deshalb hat man alle Pflichten und der Jüngere alle Freiheiten. Es ist immer ungerecht. Die ältere Schwester bekommt als erste einen Freund, weil sie schönere Haare hat und sich rascher entwickelt, die jüngere bleibt das Mauerblümchen. Oder es kann auch umgekehrt sein: Die ältere musste der Mutter auf dem Hof helfen und die jüngere durfte herumscharwenzeln am Hoftor. Immer geschieht etwas, worin sich zeigt, dass in der Natur keine Gerechtigkeit herrscht. Die einen sind schon bevorzugt durch die Startbedingungen, die anderen im Hintertreffen, – es ist einfach nicht gerecht. Also muss man erneut darum ringen, die fehlenden Stellen, die Defizite, auszugleichen durch Kompensation. Das geht bis zum Tödlichen. Die meisten Morde werden an Menschen begangen, die der Sonne im Wege standen. Irgendjemand hinderte das Leben so sehr, dass er beseitigt werden musste, um zum Leben zu kommen.

Nehmen wir als Beispiel dafür noch einmal KAFKAs Parabel vom Türhüter aus dem »Prozess«. Sie ist deshalb so grotesk, weil da am Eingang zum Gesetz ein Mann steht, der nur in dem Umkreis seiner Verordnungen und Anordnungen lebt. Der Mann vom Lande hat keinen Zugang zum Gesetz, also zur Berechtigung seines Lebens überhaupt, weil der Türhüter ihn nicht durch die Tür lässt. Was KAFKA schildert, ist der Albtraum einer Angst, die das Gesetz erfüllen möchte, aber es niemals zu tun vermag, weil immer Ordnungsbeamte davor stehen und den Einlass verwehren. Das Einzige, was dem Ausgeschlossenen möglich wäre, ihn aber absolut ins Unrecht setzen müsste, bestünde darin, den Türhüter zu beseitigen – eine Art Vatermord –, das wäre eigentlich die Lösung. Man müsste sich sagen, dass so ein Türhüter gar nicht das Recht hat, das Beste in mir zu versperren. Dann aber, durch die gewaltsame Beseitigung dieses Rechtshüters, wäre ich selbst natürlich endgültig schuldig wie alle, die wegen Mordes hinter Schloss und Riegel gebracht werden, – eine unmögliche Lösung, die aber hinweist auf das Ausmaß an hilfloser Auflehnung und Wut, das sich in jedem Abgelehnten sammeln wird gegenüber dem, der ihn ablehnt; und letztlich ist es der latente Zorn auf Gott, den Kain gegen Abel richtet, um ihn als Konkurrenten auszuschalten. Es ist ein Mord, der begangen wird, um die vermisste Liebe Gottes wiederzugewinnen. Wenn es Abel nicht gäbe, würde Gott doch das Opfer Kains anerkennen. Es ist diese Angst, nicht gut genug zu sein, die in jedem Opfer, das einer stets ambivalenten Gottheit dargebracht wird, einen zwangsneurotisch-sadistischen Zug provoziert; und wie dem begegnen?

Das Entscheidende ist, dass Jesus an den sadistischen Implikationen der Angst und ihrer wechselseitigen Konkurrenzvernichtung vorbei jenes Vertrauen zurückgewinnt, dessen Fehlen im Hintergrund aller Formen der Verzweiflung unseres Daseins steckt, und Jesus tut das in der allereinfachsten Weise. Wenn Menschen Gott vertrauen würden wie Kinder ihrem Vater, dann brauchten sie keinen Vermittlungsdienst mehr. Sie müssten gewissermaßen nicht auf jenen Arzt hören, der da sagt: Schlachte mir dein Lieblingstier, wie in dem oben erwähnten Bühnenstück der »Wildente« bei IBSEN. Wir bräuchten keine heiligen Rituale, um Gott zu beschwichtigen. Wir wüssten, dass Gott auf unserer Seite steht, und davon allein könnten wir wieder zu leben beginnen.

Die Entdeckung, die im Neuen Testament zu solch einem Vertrauen hin führt, wird im ersten Kapitel des Markusevangeliums in Form einer Legende geschildert. Bis zum äußersten muss Jesus geglaubt haben, dass das mosaische Gesetz in seinem sittlichen Inhalt erfüllbar ist und erfüllt werden muss, und ein Mann, der diese Überzeugung radikal ernst genommen hat, war Johannes der Täufer, und zwar in einer Art, die Jesus wesenhaft geprägt hat: am Tempel vorbei! Gott, das stand dem Täufer bereits fest, begegnet man nicht in der Herrschaft der Sadduzäer und des Tempelpersonals, auch nicht durch die Kompetenz der Schriftrollen wälzenden pharisäischen Schriftgelehrten, sondern in dem Täufer redete Gott endlich wieder aus dem Herzen der Menschen, prophetisch, von innen her, durch die eigene Existenz! So etwas muss Jesus überzeugt haben. Also machte er sich auf zum Jordan, auf der Suche nach einem Neuanfang! Ein solcher schien unvermeidlich und unaufschiebbar. Wer ihn jetzt nicht wahrnimmt, ist verloren, so predigte Johannes. Jesus muss das geglaubt haben. Es kommt darauf an, JETZT die Entscheidung zu treffen, die im letzten Augenblick noch retten kann; danach kann nur noch das Gericht hereinbrechen. Alles Überkommene ist derart falsch, dass es zu Bruch gehen muss, – das kann jeder sehen. So redete Johannes der Täufer. Die entscheidende Entdeckung Jesu aber bestand, laut Legende, darin, dass im Moment seiner Taufe, seiner völligen Einwilligung also in die verdiente Vernichtung durch die »gerechte« Strafe Gottes, sich vor seinen Augen der Himmel öffnete und er eine Stimme hörte, die zu ihm sagt: »Du bist doch mein Sohn!« (Mk 1,11)

Kaum lesen die Theologen von »Gottessohnschaft«, so hebt die Metaphysik ihrer dogmatischen Erklärungen an: Wenn Jesus Gottes Sohn ist, in welchem Sinne dann? Besaß er eine göttliche Natur? Besaß er eine menschliche Natur, weil er ein Mensch ist? Welcher Art ist seine Person? Ist sie menschlich, ist sie göttlich? Das geht so durch die Jahrhunderte hin und hat zu Dogmen geführt, die bis heute das Christentum unvermittelbar machen, – von den Älteren zu den Jugendlichen, von den Christen zu den Muslimen, von den Christen zu den Juden. Jesus selber kann sich so nicht korrekt ausgelegt fühlen. Der Unterschied zwischen dem Denken der Dogmatiker und dem Denken Jesu wird gerade in diesem Punkte deutlich, wenn im 10. Kapitel des Markusevangeliums ein junger Mann zu ihm kommt und ihn fragt: »Was muss ich tun, um ewiges Leben zu erlangen? – Guter Meister!« redet er ihn an, und Jesus fährt ihm gleich über den Mund und sagt: »Keiner ist gut, denn einer: Gott.« – Wie will man einen Mann, der so spricht und nichts weiter sein möchte als ein Hinweis vertrauensbildender Güte auf Gott, damit verfeierlichen, dass man ihn in diesem Sinne zum »Sohn Gottes« denominiert?

Offensichtlich müssen wir die Stelle der Taufe Jesus, in der Jesu vom Himmel her als »Sohn« angeredet wird, anders übersetzen, und dann bekommt sie eine wunderbare Bedeutung; man müsste übersetzen: (nicht: Du bist mein Sohn, sondern:) »Aber du bist doch mein Sohn!« Das hieße: »Wovor hast du denn Angst? Und was lernst du bei Johannes dem Täufer? Er hat ja recht: Alle Ethik, alle Moral, alle Gesetze haben etwas für sich, sie sind nicht völlig falsch. Ihre Inhalte mag man diskutieren und sie sogar für nötig finden. Aber in Angst wird alles falsch. Die Freiheit des Lebens gewinnt man nicht durch Festschreibungen, durch die man sich von außen gezwungen sieht, etwas tun zu müssen. Die Freiheit gerade des sittlichen Handelns gewinnt man nur durch Vertrauen in die Berechtigung der eigenen Existenz.«

Mit anderen Worten: Jesus entdeckt im Augenblick seiner verdienten Hinrichtung in dem göttlichen Gericht über des Menschen Schuld seinen und aller Menschen unverdienten Freispruch durch die Gnade Gottes.

Das ist ein Erlebnis, ungefähr so, wie DOSTOJEWSKI es in der Peter- und Paul-Festung von St. Petersburg im Jahre 1849 erlebte: Da steht er bereits vor dem Erschießungs-Peloton, die Augen verbunden – und der Zar spricht ihn frei an diesem Morgen! Natürlich war das damals von seiten des Zaren ein zynisches Spiel der Macht, für DOSTOJEWSKI aber war es ein religiöses Erlebnis, das ihm zeigte, wer wir sind, – ein jesuanisches Erlebnis wie am Jordan. – Man kann, als Kommentar dazu, bemerken, dass es eine Stelle beim Propheten Jesaia – literarkritisch gesprochen beim zweiten Jesaia – Kapitel 49, gibt, die wie kaum etwas anderes die Rede von der Gotteskindschaft zu verdeutlichen vermag. Im Durcheinander des verwüsteten Jerusalem redet dieser uns unbekannte Prophet zu Israel: »Kann denn eine Mutter ihrer Kinder vergessen? Und könnte eine Mutter ihrer Kinder vergessen, – ich, Gott, vergesse dich nicht!« Das heißt: Du bist doch mein Sohn. Es heißt: »Ich werde nie zulassen, dass du dich selber betrachten solltest oder von anderen betrachtet würdest als jemand, der verloren ist, der preisgegeben wird, der rettungslos und aussichtslos in die Schuld entlassen wird und dem man dann zumutet, mit eigener Kraft, wie eine Spinne am Boden, zurück zu kriechen gegen alle Hindernisse. So bin ich nicht, so missversteht man alles! Du bist doch mein Sohn und du bleibst es!«

Besonders DOSTOJEWSKI wird übrigens später auf dem Sterbelager, im Jahre 1881, seinen Kindern, entsprechend der Legende seiner Tochter Ljubowa jedenfalls, die Bibel zu lesen geben, die er ins Gefängnis nach Sibirien mitgenommen hat. Sie sollen ihm die Erzählung vom verlorenen Sohn aufschlagen, Lukas 15. Dieses Gleichnis im Lukasevangelium ist zweifellos die dichteste Wiedergabe, das Kompendium der ganzen Botschaft Jesu, und DOSTOJEWSKI will damit seinen Kindern sagen: »Wann immer ihr in Schuld geratet, so dass ihr kaum wisst, wie ihr damit leben sollt, denkt daran: Ich, euer Vater, würde versuchen, euch zu verstehen. Wie da erst euer himmlischer Vater, der euch geschaffen hat und der möchte, dass es euch gibt! Zu ihm könnt ihr euch immer wenden. Ihm könnt ihr immer vertrauen, dass er euch vergibt. Er wird euch nie verloren geben. Er wird immer auf euch warten und euch entgegengehen, wenn ihr euch zu ihm wendet.«

Mit diesem Gedanken und Empfinden ändert sich eine ganze Welt. Alle Sühne und Opferleistung wird fortan vor Gott überflüssig. Es ist künftig falsch, mit ausgestrecktem Zeigefinger oder mit geballter Faust, mit dem anklagenden Begriff »Schuld« auf Menschen loszugehen. Es ist absurd, von den Unglücklichen zu verlangen, dass sie durch mutwillige Quälereien, die wir Strafen nennen, gebessert würden. – Schauen wir uns wie zum Beispiel dafür nur unsere sogenannte Jurisprudenz an: Sie verschlimmert die Ursachen aller Fehler eben durch den Strafvollzug. Menschen, die ohnehin schon bis zum äußersten kontaktgestört sind, werden unter Kontaktisolation gesetzt, damit sie als sozial lebende Wesen fühlbar zu spüren bekommen, wie sehr ihnen Menschen fehlen. So lernt man nicht personale Begegnung und Kommunikation, so vernichtet man den letzten Rest dessen, was einmal an Kontaktfähigkeit vorhanden war. Das Gegenargument, das man oft vorgebracht hört, man könne doch nicht Mörder frei herum laufen lassen, trifft natürlich zu, aber es trifft nicht den Kern. Wegsperren zur Sicherungsverwahrung ist eines, doch Helfen zur Besserung ein ganz anderes. Man muss nur einmal wie die Kain-und-Abel-Geschichte zu sehen versuchen, was Menschen zu Mördern macht. Würde man das nacharbeiten, erhielte man eine genau umgekehrte Logik im Umgang mit den sogenannten Verbrechern: Man müsste die Menschen, die sich durch schwere Vergehen aus dem Sozialverband gelöst haben, dahin zurückbringen, dass sie sich mit den anderen noch dichter verbunden fühlen könnten, als sie es jemals zu glauben vermochten; und die anderen müssten verstehen, dass das, was wir ein Verbrechen nennen, in Wahrheit so etwas ist wie der Schrei nach einer Liebe, die so, wie sie notwendig wäre, nie erfahren wurde. – Das jedenfalls ist die Botschaft Jesu: Man muss das, was man für Schuld, theologisch gesprochen, für *Sünde* hält, übersetzen mit Worten wie Hilflosigkeit, wie Unglück, wie Leiden an sich selber und an den anderen, und den Gründen dafür muss man nachgehen, so wie – im 15. Kapitel des Lukas-Evangeliums – der Hirte in dem Gleichnis Jesus dem verlorenen Schaf nachgeht.

Damit dieser nicht ganz offensichtliche, aber durchaus wichtige Zusammenhang wirklich klar wird, erneut ein Beispiel. Als Tierfreund wird man zu Recht gegen das folgende Experiment protestieren, doch dass es lehrreich ist, lässt sich nicht bestreiten. Vor Jahren unternahmen Verhaltenspsychologen den Versuch, herauszufinden, wie Menschen zu Alkoholikern werden. Man untersuchte das an einer völlig gesunden Katze. Als erstes dressierten die Verhaltensforscher das Tier darauf, an schmackhafte Fischhappen heranzukommen, indem es auf eine Taste drückte, um ein Laufband in Gang zu setzten, das in ein Holzkästchen führte, dessen Deckel es anheben konnte, – am Ende dieser Prozedur fand sich dann der ersehnte Fischhappen. Da die Katze nicht dumm war, hatte sie ziemlich rasch begriffen, wie das alles gemacht wurde. Von da an aber begann die Arglist der Psychologen. Sie lenkten in das Holzkästchen mit dem Fischhappen eine Kanüle, die manchmal, statt des Fischhappens, kalte Luft hineinblies. Von Beginn des Versuchs an standen da drei Schälchen: reine Milch, Milch mit Alkohol, reiner Alkohol. Solange die Katze gesund war und sich ihren Fischhappen holen konnte, bevorzugte sie ohne Zögern die Milch, – sie hatte überhaupt kein Interesse an Alkohol. Jetzt aber war sie völlig irritiert. Sie wusste nicht, ob sie mit dem Fischhappen jeweils prämiert wurde oder mit dem Kaltstrahl bestraft wurde. Kalte Luft ist für eine Katze nicht gefährlich, aber für ihre empfindliche Nase recht schmerzhaft; und damit änderte sich für dieses Tier so ziemlich alles. Auf ihre Weise hatte die Katze alles richtig gemacht, ganz so, wie man es ihr beigebracht hatte. Jetzt aber war nicht mehr klar, was daraus folgen würde. In einer Welt, in der keine Klarheit mehr besteht, was richtig oder falsch ist, was belohnt oder bestraft wird, welche Werte überhaupt existieren, welche Umgangsformen in Geltung sind, lohnt es sich offensichtlich nicht mehr, irgendetwas zu tun oder zu denken. Es ist nicht mehr möglich, Ordnung in dieses Chaos zu bringen. Genau das ist nun aber der geistig-seelische Zustand im Hintergrund des Alkoholismus. In dem Experiment sah man das Tier, wie es sich, den Hinterleib nachschleppend, zu der Schale mit dem Alkohol hinbewegte und so lange trank, bis es daneben liegen blieb.

Der Versuch wollte zeigen, dass, wenn wir einem Alkoholiker zuhören würden, er uns wohl genauso wie diese Katze sagen würde: Ich habe alles versucht, richtig zu machen, aber es ist nicht möglich. Ich kann es nicht, weil die Welt nicht so ist, dass ich da hineinpassen würde. – Man muss sich diesen Sachverhalt psychogenetisch ergänzt denken: Da sind Eltern, die sich dauernd widersprechen. Die Mutter will etwas anderes als der Vater; die Mutter will in sich etwas prämieren, das sie insgeheim unterdrückt, – sie fördert genau das, was sie bekämpft, oder umgekehrt: Sie bestraft das, was sie im Grunde will. Doppelbödigkeiten also, Widersprüchlichkeiten in der Persönlichkeitsstruktur der Eltern, Widersprüche im ehelichen Verhältnis der Eltern zueinander – wenn es so schon anfängt, hat ein Kind keine faire Chance, eine in sich kohärente und stabile Weltauffassung auszuprägen oder eine Persönlichkeit zu bilden, die gewissen Belastungen Stand halten könnte. – Wenn man Alkoholikern zuhört, wird man immer wieder erschrocken sein über das ungeheure Maß an gutem Willen, das sie aufbringen. Wohl wahr, sie lügen, – kein zweites Wort passt zum ersten; aber man muss nur einmal denken, dass mit ihnen seit Kindertagen auf diese Weise geredet worden ist. Was da Lüge oder Wahrheit war, blieb ihnen zumeist unerfindlich. Wie man irgendwie durchkam, – das galt es herauszufinden. Man brauchte Hilfe, die man nicht bekam, und am Ende suchte man sie auf eine Weise, die auch nicht weiterhalf: Die erbettelten zwei Euro des Alkoholikers am Bahnhof stehen schließlich für den untersten Level der Hilflosigkeit.

Aber nun: Jene Verhaltensforscher wussten, dass sie der Katze schweres Unrecht angetan hatten, und sie wussten auch, dass die Katze von allein nicht mehr vom Alkohol herunterkommen würde. Man konnte nicht warten, bis sie sich »gebessert« hatte, man konnte ihr auch keine Entziehungskur verordnen. Aber man fing an, ihr beizubringen, dass Menschen auch anders sein können, als sie sich ihr bislang gezeigt hatten. Man gab ihr wieder Fischhappen, und diesmal ohne Vorleistung; man streichelte sie, man trug sie auf dem Arm, man war wochenlang nur lieb zu ihr, und die Katze gewann das Vertrauen zurück, dass sie leben durfte und sich das Leben für sie wieder lohnen konnte. Der Alkohol erledigte sich in dem gleichen Maße, wie das Leben wieder freundlicher wurde. Das verdammte Laufband mit dem Kästchen und der Drucktaste konnte man ein für alle Mal drangeben. – Dieses Experiment ist ein gutes Gleichnis für das, was Paulus im Römerbrief sinngemäß schreibt: »Das Gesetz ist der Tod, aber die Gnade ist die Erlösung.« (Röm 6,23)

Noch einmal kann an dieser Stelle DOSTOJEWSKI das Gemeinte verdeutlichen. In seinem Roman »*Schuld und Sühne*« wird das Thema absichtlich nicht auf der Grundlage des Rechtssystems behandelt, weil sich dahinter zutiefst eine religiöse Thematik verbirgt. Es geht um eine Schuld, die das ganze Dasein umfasst, um einen Mann, der schon Raskolnikow heißt, was so viel bedeutet, wie »der mit sich Zerfallene«. Raskolnikow ist ein Mann am Abgrund, der sich wie eine Laus fühlt und sich in seiner Verzweiflung das Recht nimmt, die alte Pfandleiherin Aljona mit der Axt zu erschlagen, um sich das Gegenteil seiner vollkommenen Nichtigkeit zu beweisen. Wie rettet man einen solchen hochintelligenten jungen Mann? Der Untersuchungsrichter Porfiri Petrowitsch sagt: »Hier handelt es sich um ein ganz modernes Verbrechen. Da stand jemand auf einem hohen Turm und ihm ist schwindlig geworden bei seinen eigenen Gedanken.« Doch eben: Für einen Raskolnikow gab es nie einen Halt, es gab nie eine Hand, die ihn aufgefangen hätte. Diesen Mangel ergänzt in DOSTOJEWSKIs Roman die Dirne Sonja, welche sich in ihrer eigenen Verzweiflung an die Bibel klammert. Raskolnikow sucht ihr an einer entscheidenden Stelle zu beweisen, dass sie eigentlich nur drei Möglichkeiten hat: Sie kann sich das Leben nehmen, – im Grunde das Vernünftigste; sie kann in die Irrenanstalt kommen, – wohl das Wahrscheinlichste; aber das Allerwahrscheinlichste ist die Schwerkraft: Sie wird am Ende selber nur noch eine Dirne sein wollen und den Gedanken, dass sie mit ihrer Schande ursprünglich ihren Stiefgeschwistern hat helfen wollen, vergessen. Sonja aber tut nichts von alledem. Das ist ihr Geheimnis: Sie glaubt an Gott, und sie liest gemeinsam mit dem Mörder Raskolnikow die Geschichte von der Auferweckung des Lazarus im 11. Kapitel des Johannes-Evangeliums. Als sie hört, was Raskolnikow getan hat, umarmt sie ihn und sagt: »Wie hast du gelitten!«

In Sibirien muss Raskolnikow lernen, sich in seinen Albträumen wiederzufinden. Wie Ungeziefer kriechen sie über ihn hinweg. Aber unter dem Kopfkissen liegt Sonjas Bibel. Die Begleitung dieser Frau gibt ihm nach und nach ein Gefühl für das Ungeheuerliche, das er begangen hat, doch es ist zugleich der Weg seiner Rettung, diese Erfahrung machen zu dürfen.

DOSTOJEWSKI, nebenbei bemerkt, war tatsächlich in dieser Zeit in einen berühmt gewordenen Gerichtsprozess involviert. Es ging um den versuchten Mord einer Frau an ihrem eigenen Kind. DOSTOJEWSKI hatte die Geschichte in der Zeitung gelesen; die Kornilowa saß als Kindsmörderin auf der Anlagebank, als DOSTOJEWSKI sich einfallen ließ, ein Plädoyer für sie zu schreiben. Er hatte diese Frau überhaupt noch nicht gesehen, er hatte aber gelesen, was sie vor Gericht gesagt hatte: Sie hatte im vierten Stockwerk ihres Hauses gestanden und ihre Tochter aus dem Fenster gestoßen. Das Mädchen hatte den Vorfall zwar überlebt, aber hier lag offensichtlich ein Mordversuch vor, keine Frage. Nun sagte indes die Kornilowa, dass sie das Geschehene nicht gewollt habe. Dass eine Frau ihr Kind aus dem Fenster stürzt, ohne es zu wollen, ist natürlich eine glatte Lüge, fand der Staatsanwalt, – kein

Jurist der Welt würde so etwas bis heute akzeptieren, – eine unsinnige Schutzbehauptung! Es handelte sich ja noch nicht einmal um eine Affekthandlung, – die Kornilowa war weder erregt noch wütend gewesen; was sie getan hatte, war ein ganz kalt geplanter Mord. So fanden es alle. DOSTOJEWSKI aber las, dass die Frau mit einem neuen Kinde schwanger war und dass sie in zweiter Ehe lebte. Das Kind, das sie aus dem Fenster gestürzt hatte, stammte aus der ersten Ehe. Und diese wenigen Angaben genügten DOSTOJEWSKI, diesem Genie der Empathie, sich die folgende Geschichte vorzustellen: Eine Frau möchte in der zweiten Ehe glücklich sein, und sie möchte ihrem noch ungeborenen Kind eine ganz besonders gute Mutter werden. Sie hat möglicherweise schon Schwierigkeiten mit der Tatsache, dass ihr neuer Mann mit dem Kind aus erster Ehe nicht ganz einfach zurechtkommt. Nun bereitet sie sich vor auf die Ankunft eines weiteren Kindes. Für dieses möchte sie besonders intensiv und fürsorglich da sein, weil es ja auch ein gemeinsames Leben mit ihrem neuen Gatten verspricht. Kurz, DOSTOJEWSKI behauptete in seinem Plädoyer, dass es manchmal vorkomme, dass Mütter, die es ganz besonders gut mit ihren Kindern meinten, nicht mit ihren Kindern leben könnten; es handle sich um einen Mord aus Hilflosigkeit und Überforderung auf Grund eines Übermaßes von gutem Willen. – So etwas verstehen unsere normalen guten Bürger selbstredend überhaupt nicht. Der Autor der »Dämonen« aber versteht so etwas natürlich, der kennt sich aus in Wahnhaftem …, so lästerten damals schon die Zeitgenossen. DOSTOJEWSKI aber ging in das Gefängnis, um die Kornilowa zu besuchen, und er erreichte, dass ihre Geschichte mit Freispruch endete, schon weil es dem ersten Kind nichts genützt hätte, wenn es in der Verbannung in Sibirien hätte aufwachsen müssen, und dem zweiten Kinde auch nicht, wenn es dort geboren worden wäre, und dem Mann nicht, wenn die gerade geschlossene Ehe auseinander gerissen worden wäre, und der Kornilowa nicht, wenn mit der Bestrafung nach Sibirien alles sabotiert worden wäre, wofür sie lebte. Was soll eine Strafe, die nur vernichtet?

Dann aber stellt sich die Frage, wie wir den Schuldiggewordenen zu helfen vermögen, wenn wir nur erst anfangen zu begreifen, dass Schuld lediglich ein anderes Wort für Unglück ist und schwere Schuld ein anderer Ausdruck für Verzweiflung? – Die Religion (das Christentum) jedenfalls ist schon deshalb nötig, weil die Moral zum Gutsein nicht genügt und weil das Strafrecht irrt, wenn es glaubt, mit Paragraphen der Not von Menschen gerecht werden zu können.

Gott

Gott ist jenseits aller Dogmen, Bilder und Begriffe

**oder: »Der Name, der genannt werden kann,
ist nicht der ewige Name« (Laotse)**

MICHAEL ALBUS: Der Satz in der Überschrift stammt aus dem Tao-te-king, dem bekanntesten chinesischen Weisheitsbuch. Viele Mythen und Religionen nehmen ein höchstes Wesen, eine höchste Kraft an, an die sie glauben und die sie verehren, der sie Opfer bringen. In den polytheistischen Religionen gibt es zahlreiche männliche und weibliche Gottheiten, in den monotheistischen Religionen ist es ein männlicher Gott, an den man glaubt. Die jeweiligen Gottesbilder sind stark geprägt von den Vorstellungen der jeweiligen Epoche und den kulturellen und geschichtlichen Umständen, in denen sie entstanden sind.

Wer aber oder was aber ist ein Gott? Wissen wir etwas Genaues, wenn wir den Namen aussprechen oder Gott gar zu denken versuchen, wie es die Theologinnen und Theologen tun? Die Frage ist mit einem klaren Nein zu beantworten.

Wie mag der Glaube an einen Gott überhaupt entstanden sein? Faktum ist, dass zu allen Zeiten, in allen Völkern und Kulturen der Glaube an höhere oder ein höchstes Wesen entstanden ist.

Aus Afrika stammt der Satz: Wenn ich am Ufer des großen Mara-Flusses stehe, brauche ich keine Beweise Deiner Gottheit. Dieser Satz, der einem Gebet gleichkommt, weil er ja offensichtlich jemanden Unsichtbaren anspricht, gibt einen Hinweis darauf, wie so etwas wie ein Gottesglaube überhaupt entstanden sein könnte. Auch wenn in Urzeiten völlig andere Verhältnisse herrschten, so begann auch dort schon der Glaube mit dem Wundern über die Dinge und Abläufe bei Mensch und Natur, die wir vom Kopf her nicht verstehen, die uns aber nachhaltig prägen und beeinflussen. Es sind im Grunde Kinderfragen. Warum geht die Sonne auf? Warum geht sie unter? Warum muss ich sterben? Wohin gehe ich nach dem Tode? Wo war ich vor meiner Zeugung und meiner Geburt? Wieso gibt es die Tiere, die Bäume, Pflanzen und Blumen? Warum gibt es überhaupt etwas und nicht nichts? Das Paradoxe ist: Je mehr wir über die Fakten, die wir in der Welt und in uns selber vorfinden, wissen, desto geheimnisvoller werden die Fakten. Welt und Mensch sind keine Rätsel, sie sind ein Geheimnis. Rätsel kann man lösen, Geheimnisse nicht. Das Faktum des Daseins verschließt sich dem denkenden Verstand. Das ist der Augenblick, in dem die Vorstellung von etwas in uns aufzukeimen beginnt, das höher, weiter, tiefer ist als alles, was gedacht werden kann und zu dem wir uns in irgendeiner Weise verhalten müssen – und sei es durch Ablehnung, die ja auch ein Verhalten ist. Es sind die Augenblicke, in denen der Mensch aus sich herauszutreten versucht, weil er ahnt, dass seine Mitte außerhalb von ihm selber sein könnte. Am Beginn des Glaubens an etwas Höheres übernimmt das Gefühl die Führung. Der Verstand versucht später zu folgen, ist aber immer gegenüber dem ersten, meist erschreckenden oder überwältigenden Gefühl im Nachteil.

Der gnadenlose Ablauf der Natur, der keinen Plan hat und kein Ziel kennt, das wir erkennen könnten, verlangt verschärfend noch nach einem Trost inmitten der kreatürlichen Gnadenlosigkeit. Und da kein Mensch uns helfen kann, rufen wir Gott um Hilfe an. Wer den Lauf der Welt nüchtern betrachtend auf sich wirken lässt, stellt sich früher oder später sogar die Frage, ob Gott diese Welt erschaffen hat, ob ein Gott, von dem die Religionen sagen, dass er die Menschen liebt, solch eine Welt, wie wir sie vorfinden, überhaupt erschaffen haben kann? Eine Welt, in der sinnloser Tod, namenloses Leid, vernichtende Angst, tiefe Schuld herrschen, soll Gott geschaffen haben? Was wollte er damit bezwecken? Wie schlau war dieser Gott? War diese »Schöpfung«, in der Not herrschen und Unglück und selten wirkliches Glück, wirklich notwendig? Hätte ein Gott sich und uns das nicht einfach ersparen können? Diese Fragen gehen sicher vielen Gläubigen gegen den Strich. Aber sie sind berechtigt, drängen sich auf. Es sei denn, man verschließt die Augen vor der weltlichen und menschlichen Wirklichkeit und hüllt alles via Glauben in einen schönen Schein. KARL MARX hat ihn den »Heiligenschein des Jammertals« genannt und damit eine Religion kritisiert, die wirklichkeitsfern war und ist, die die Welt schön redet und gesund betet.

Die Frage nach Gott, wenn sie wirklich ernst gemeint und nicht nur aus dem Bedürfnis nach Wellness gestellt ist, führt einen vor den Abgrund von Welt und Mensch. Dieser Abgrund kann auch Gott selbst sein. Er kann alle unsere Vorstellungen von ihm verschlingen. Aber in jedem Fall lässt er uns in einem unheimlichen Schweigen zurück.

EUGEN DREWERMANN: Die Religionskritik von LUDWIG FEUER-
BACH (1804–1872) über KARL MARX (1813–1883) im 19. Jahrhundert
hat in vielen Varianten auf die Frage, warum wir Menschen einen Gott
brauchen, geantwortet: infolge eines falschen Verhältnisses des Menschen zur Natur. Die Religion, dachte man, ist so lange nötig, wie
Unwissenheit, Hilflosigkeit und Angst herrschen. In einer solchen
Situation werden Menschen, da sie objektiv nicht durch sachgestützte
Kenntnisse in die Natur eingreifen können, zu magischen Ausdeh-
nungen ihrer eigenen Bedürfnisse und Wünsche greifen. Sie werden
die Kräfte der Natur, damit sie ihnen nicht zu fremd vorkommen,
personalisieren und nach ihren eigenen Gefühlen auslegen. Wenn es
blitzt, hat Zeus wieder einmal aus lauter Wut und mit voller Wucht
dreingeschlagen, und wenn es donnert, hört man seinen Groll. Das
alles zeigt den Ursprung der Religion in Angst und Unwissenheit
aufgrund eines falschen Verhältnisses zur Natur. Umgekehrt werden
die Naturwissenschaften die Magie und die Erwartung auf Gebets-
erhörung durch einen allmächtigen Gott mit sehr menschlichen
Zügen erübrigen. Solcherlei Unwissenheit ist in einer fortschrittliche-
ren Gesellschaft nicht mehr nötig, und wenn sie noch besteht, wird sie
ein bloßes Herrschaftsmittel der Mächtigen und der Reichen sein, –
Religion als Krankheitsform einer ungerechten sozialen Güterver-
teilung!

Hinzu kam noch SIGMUND FREUD, der das Desaster der marxisti-
schen Gesellschaftsanalyse in die Psychoanalyse übertrug. Es ist die
innere, von außen introjizierte Gewalt, die schon in Kindertagen
dahin führt, dass Menschen nicht mehr wirklich denken dürfen, sondern nur noch denken müssen, was ihnen geboten wird, dass sie nicht
mehr fühlen dürfen, was sie wirklich fühlen, sondern dass sie sich so
einordnen müssen, wie man erwartet, dass sie fühlen sollen. Die beiden wichtigsten Kräfte: des Herzens und des Gehirns, des Fühlens
und des Denkens, werden unter Zwang gegen den Menschen gerichtet.
Das ist die einfachste Beschreibung für jede seelische Erkrankung, für
das, was man gemeinhin Neurose nennt. Auf dem Territorium des
Ichs sind jetzt ganze Zonen, ganze Areale, entfremdet. Das ist in etwa
so, wie es die Palästinenser auf der Westbank erleben müssen, wenn
wieder einmal eine israelische Siedlung gebaut wird: Es ist zwar ihr
Land, aber durch höhere Gewalt gehört es ihnen nicht mehr. Man
kann davorsitzen und beobachten, was gemacht wird, aber man kann
es nicht hindern, man kann nur noch darunter leiden. Und man muss

sogar schwören, dass man den Staat, der das macht, als gottgegeben anerkennt. Damit ist die Entfremdung absolut gesetzt.

Zweifellos: Wenn *das* Religion bedeutet, ist sie aberwitzig, und FREUD ist zuzustimmen, wenn er der Menschheit von morgen etwas Besseres wünschte. Was er als Religion kennengelernt hatte, war nicht die Ermutigung zum persönlichen Leben, nicht die Befreiung der Fähigkeit zu lieben, nicht das Glück, das Herz über alle Zäune in die Zukunft zu werfen – was man Hoffnung nennt –, nicht das ehrliche Bearbeiten von Fehlbarkeit und Schuld in einem menschlichen Umgang verstehenden Gesprächs, nicht eine heilende Weise, auf menschliche Not zu reagieren, sondern in allen Punkten exakt das Gegenteil. Und wenn dieses Gegenteil Gott sein soll, dann muss man diese Art von Gottesvorstellung wegtherapieren.

Bis heute weigern die Kirchen sich, anzuerkennen, wie recht SIGMUND FREUD mit diesen seinen Analysen hatte, oder gar zuzugeben, in welchem Umfang KARL MARX recht hat. Aber es lässt sich weder verschweigen noch unterdrücken. Denn in der Tat: Wenn Leute kommen und anfangen, von Gott zu reden, ist oft nicht zu übersehen, dass sie die Ängste ihrer eigenen Kindheit aussprechen, ihre Denktabus heiligen, ihre Selbstunterdrückung fortsetzen. Wenn es dann im Verlauf von vielen Monaten gelingt, das Wort »Gott« langsam zu ersetzen durch die Erinnerungen an den Vater und an die Mutter – bzw. an die Qualen der Kindheit –, nimmt das religiöse Thema ab und öffnet sich für eine wirkliche Bearbeitung des Leidens. Manche bekommen in dieser Phase analytischer Behandlung Angst davor, dass sie Gott verlieren könnten, – dass, je gesünder sie werden, ihnen die Religion überflüssig werden könnte. Doch dem muss nicht so sein.

Manchmal hilft ein Bild: Menschen nach einem Schiffbruch werden glücklich sein, wenn sie irgendeine Planke, die auf dem Meer umhertreibt, zwischen die Arme bekommen. Sie werden sich an das Stück Holz klammern, solange es möglich ist. Nehmen wir an, die Sache gehe gut aus und die Flut spüle sie an den Strand, – dann brauchen sie die Planke nicht mehr. Sie brauchen überhaupt nichts mehr, an das sie sich klammern müssten, – die warme, sandige Erde trägt sie bis zum nächsten Wald, der ihnen Schatten spendet, und hernach zu den Häusern der Menschen. Dann werden sie den ganzen Sturm auf dem Meere vergessen. Sie vergessen die spannungsgeladene Selbstrettungsaktion, sich zu klammern und zu klammern. – Erleben sie jetzt weniger Wahrheit, weniger Vertrauen? Nein! Eigentlich doch mehr!

Die Erde ist kein Abgrund, sondern eine offene Hand, die sie trägt, – das ist es, was sie entdecken.

Wenn *das* Gott ist, lernt man ihn überhaupt erst kennen, indem man die ängstliche, kindliche Klammerhaltung aufgibt und sich öffnet. Was wir Gebet nennen, wäre ein solcher Versuch, sich frei zu machen, indem man den Himmel nicht länger bestürmt mit »du musst aber, ich brauche dich aber, ich will doch aber, ich kann gar nicht anders, hilf mir, hilf mir, hilf mir!« Von solchen Notrufen sind die Psalmen voll. Aber es gibt im Gebetbuch Israels auch Anderes, Hörbares im Hintergrund, das Gott sein könnte. Er kann ein Fels sein, eine Burg, ein Schutzraum. Da will man nicht mehr, dass dies und das passieren werde, man stellt beruhigt fest, dass Gott ist, wie er ist. Wenn das Religion heißt, ist sie eine wunderbare Sache.

Manche mögen fragen, ob man erst jenen Schiffbruch erleiden müsse, um Gottes wahres Wesen zu erfahren. In gewissem Sinne muss man sagen: ja! Man muss offenbar erst merken, dass man auf dem falschen Dampfer sitzt, jedenfalls dann, wenn das, was da (kirchlicherseits, dogmengebunden) für Religion gilt, als eine Art Tourismusausflug zum lieben Gott veranstaltet wird. Derlei *muss* scheitern, Doch wie dann? Oft wird gesagt, Gott sei eine reine Projektion des Menschen, weil zweifelsohne das Bild von Gott in jeder Religion sehr vermenschlicht wird – auch in der Bibel, auch in den Mythen, allerorten. Doch anders kann es gar nicht sein.

Ein Hauptproblem des menschlichen Bewusstseins besteht darin, dass wir uns das Kostbarste im Leben nur in menschlichen Bildern vorstellen können, die sich dem Gefühl vermitteln. Es ist gewiss nicht richtig, das Bilderverbot des Alten Testamentes oder des Islam so zu verstehen, dass man sich gar keine Vorstellungen von Gott machen könnte oder dürfte. Eine solche bilderfreie Religion wäre sehr abstrakt und sehr kalt. Sogar für die Mathematik brauchen wir Vorstellungen, und sie ist immerhin das Abstrakteste, was unser Hirn bis heute erfunden hat; gleichwohl steckt Mathematik in unserer Phantasie, in der Musik, sogar in der Malerei, sogar in der Liebe, wenn wir bedenken, wie stark das Erleben von Schönheit Gesetzen folgt, die sich mathematisch darstellen lassen. Vor allem sobald wir Gefühle engagieren, haben wir Vorstellungen, und um Gott zu lieben, brauchen wir alle möglichen Vorstellungen. Von daher kann man es den Griechen nicht verdenken, dass für sie Aphrodite eine Göttin voller Schönheit und Liebreiz war und Apoll ein Gott voller Helligkeit und jugendlicher

Kraft. Allerdings darf man die Bilder nicht wörtlich nehmen. Das in der Tat wäre ein arger Fehler. Die Lächerlichkeit eines alten weißbärtigen Mannes im Himmel als Figur Gottes ist jedenfalls ein allzu billiger Spott von Leuten, die sich nie wirklich klar gemacht haben, dass wir in der Religion gar nicht anders können, als unsere Erfahrungen mit Vater und Mutter ins Absolute zu setzen.

Die Dialektik der Auseinandersetzung beginnt eigentlich erst mit folgendem: Wenn Angst, Gehorsamsforderungen, Erniedrigungen und Demütigungen die Hauptinhalte der Beziehung eines Kindes zu seinem Vater darstellen, wird ihm auch Religion im Bannkreis entsprechender Vorstellungen beigebracht werden. Dann ist das Göttliche psychologisch wirklich nichts weiter als die patriarchale Verewigung und absolutistische Überhöhung des Vaterbildes. Die Unterdrückung, die man als Kind erfahren hat, die Erniedrigung, die man gesellschaftlich zugefügt bekommen hat, wird dann durch die Religion, womöglich unter Anleitung einer patriarchal-zentralistischen Kircheninstitution wie des römischen Katholizismus, geheiligt, verewigt und für unabänderlich erklärt. – Diese Logik ist ganz allgemein verbreitet. Jeder, der einmal den Kirchenparcours von der ersten Beichtstunde an bis hin zur Hochzeit oder bis zur letzten Ölung miterlebt hat, wird sagen, dass es sich genauso verhält: Da werden die »Gläubigen« in ewige Spiralen alter Ängste eingewoben wie eine Raupe in einen Kokon, aus dem niemals ein Schmetterling geboren werden kann noch soll.

Das Umgekehrte ist nun freilich auch möglich, und es geschieht im Neuen Testament, indem Jesus von seinem Vater spricht wie ein Kind, voller Vertrauen. Man hat immer wieder darauf hingewiesen, vor allem der Göttinger Exeget JOACHIM JEREMIAS (1900–1979), dass, wenn Jesus von Gott redet, er ein Wort gebraucht, das jüdisch wohl verwendbar ist, aber in dieser Form nicht in die liturgische Gebetssprache aufzunehmen war. Gott als »Vater« ginge noch durch; aber Jesus redet von Gott zärtlich wie ein kleines Kind: Abba nennt er ihn, – Papa kann man lautmalerisch völlig richtig auch wiedergeben, wie Jesus mit Gott redet. Eine solche Ausdrucksweise klingt fast schon lächerlich. Aber Jesus ist diese Einstellung so wesentlich, dass er im 9. und 10. Kapitel bei Markus auf die Frage, was in unserem Leben entscheidend ist, antwortet: zu werden wie ein Kind! Wer das nicht vermag, kann Gott nicht wirklich kennen lernen, – der kommt nicht in das »Himmelreich«, sagt er (Mk 10,15). Er wird die Seligkeit, die es bedeutet, im Vertrauen auf Gott die Angst hinter sich zu lassen, er wird die innere Befreiung, endlich erwachsen werden zu dürfen, indem sich, psychoanalytisch geredet, die Schattenbilder des Ödipuskomplexes erübrigen, nie erfahren.

Eine große Chance liegt darin, dass sich das Bild von Gott im Verlaufe des Lebens entwickelt. Wir lernen Gott, wenn es gut geht und die Entwicklung eine günstige Richtung nimmt, immer klarer kennen. Eine Menge von Sichtblenden, Verstellungen, Verzerrungen in der Optik der religiösen Einstellung werden langsam überflüssig. Dass Gott sich selbst dabei verändert, wie es manche Theologen wollen, wäre zweifellos sehr subjektiv gesprochen und würde Gott erneut zu einer bloßen Funktion unserer eigenen Reifungsvorgänge machen, während es sich gerade umgekehrt verhält: dass Gott ist, wie er ist – eindeutig, nicht-ambivalent, zuverlässig –, ermöglicht uns ein Vertrauen, das uns über die Angst der Kindertage, über die Angst unserer Existenz hinweg zu tragen vermag. – Tatsächlich redet die Bibel gerne so. Gott ist der Fels, heißt es dort, – er ist unveränderlich, will sie mit diesem Bild sagen. Das Hebräische kennt keine Ewigkeit im griechischen Sinne, die als ein Jenseits der Zeit begriffen wird; aber eine unendliche Dauer in der Zeit wird mit dem Bild vom Felsen ausgesprochen. Da sieht man ein Felsmassiv vor sich wie den Hermon, wie den Karmel, wie den Sinai. Die Berge stehen steil, aufragend da. Wenn das Gott ist, sind die Menschen wie Ameisen; doch eben dieses Verhältnis zu etwas, das hochragend und felsenfest da steht, kann haltgebend, schützend und vertrauensbildend sein, es kann Unerschütterlichkeit bedeuten. Genau das ist es, was wir Menschen in all unserer Hinfälligkeit und Zerbrechlichkeit brauchen.

Die Klärung der inneren Entwicklung sollte religiös vor allem dahin führen, dass wir die Ambivalenzen aus dem Gottesbild herausfiltern, die wir auf Grund der zwiespältigen Erfahrungen mit unseren Eltern voller Angst in Gott hineinprojizieren. Nichtambivalenz bedeutet, was die Bibel denn auch sagt: Dass Gott ein Ja ist ohne Nein, ein Amen ohne Negation (2 Kor 1,20; Apk 3,14), eine bejahende Zusage und Bestärkung, die nicht mehr korrigiert und nicht mehr zurückgenommen wird, die auch durch Schuld nicht mehr verwirbelt wird und, die absolut gilt. Wenn wir das mit Gott verbinden, können wir diese sonderbare Mischung der Gefühle, in die wir hineingeboren werden, läutern. Als Kinder werden wir in eine Welt hineingeworfen, die uns als Abhängige zeigt, als Hilfsbedürftige, als Liebesangewiesene;

gleichzeitig sind die Eltern, die uns umgeben, nie nur lieb und hilfreich. Sie können auch ganz anders erlebt werden. Und nun ist man geneigt, beides, die Zuwendung wie die Abwendung, die Anlehnung wie die Ablehnung, in die Vorstellung von Gott einzubinden. Man projiziert beide Seiten aus diesen Erfahrungen ins Unendliche. Entscheidend aber kommt es jetzt darauf an, dass man die eine, die negative Seite nach und nach ausblendet und nur noch ins Licht zu schauen lernt. Das ist sehr wichtig. Andernfalls bliebe die Religion in der Tat das, was FREUD als Ödipuskomplex beschrieben hat: ein Ensemble von Triebunterdrückung, Abhängigkeit, Infantilismus, Schuldgefühl, Wiedergutmachung, – die Unfähigkeit zu leben, zu lieben und erwachsen zu werden.

Ein Bild im Neuen Testament ist von einer merkwürdigen Überzeugungskraft – fast immer sind solche Bilder Legenden, welche die Historiker nicht mögen, die aber wunderbar sind, weil ihre Wahrheit sich ungefähr so irritierend und nachdrücklich ausspricht wie beim Lesen einer Zeitung: Die Wahrheit steht ganz sicher nicht in den Nachrichten, noch weniger im Kommentar, aber vielleicht im Feuilletonroman in Fortsetzungen oder im Krimi. Ähnlich ist es in der Bibel. In ihren historischen Informationen findet sich von ihrer Wahrheit am wenigstens, wohingegen sich in ihren mythischen Visionen und legendären Schilderungen das meiste ihrer Wahrheit findet. Das 2. Kapitel des Lukasevangeliums etwa erzählt nach Art einer Legende davon, wie Jesus erwachsen wird. Er ist soeben zwölf Jahre alt, er ist beinahe schon ein »Sohn des Gesetzes«, ein »bar mizwa«, beinahe ist er schon heiratsfähig, und da findet sich, dass er nicht mehr länger nur das Kind von Joseph und Maria bleiben kann. Die suchen ihn zwei Tage lang, und Maria beschwert sich, als sie ihn endlich findet, darüber, was er ihr angetan hat; er aber sagt zu ihr: »Ja, wusstet ihr denn nicht, dass ich in dem sein muss, was meines Vaters ist?« Das soll heißen: »Ihr habt jetzt aufgehört, meine Eltern zu sein. Was mich jetzt, wo ich erwachsen werde, trägt, ist nicht mehr das, was ihr in mich hineingelegt habt. Das bleibt kostbar, zweifellos! Dass ich jetzt im Tempel bin, das habt ihr mir ja beigebracht, das verdient auf immer Dankbarkeit; aber dass etwas richtig ist, entscheidet sich fortan nicht mehr dadurch, dass ihr es mir sagt. Ich selber definiere mich nicht mehr nur als euren Sohn, ich bin etwas Eigenständiges im absoluten Gegenüberstand Gottes.«

Das ist das Ende des Ödipuskomplexes. Wenn das Religion ist, muss man gerade den Religionskritiker FREUD dazu benützen, um über ihn hinauszusteigen und die Vision einer menschlichen Zukunft von der Religion her zu erwarten. – Es scheint ziemlich sicher: Würde man mit SIGMUND FREUD diskutieren, würde er selber so etwas durchaus für möglich halten. Er hat ja nie beschrieben, an was die Menschen glauben, die er als geheilt entlassen hat. Dafür hat er oft beschrieben, dass man manchmal gar nicht heilen kann, mitunter sogar nicht einmal heilen *darf*, – dass man zum Beispiel die soziale Karriere einer Künstlerin unter Umständen zerstörte, wenn man ihre Hysterie heilen würde, – sie verlöre alles, statt etwas zu gewinnen. Menschen zu helfen bedeutet demnach nicht immer, sie gesund zu machen. Oft macht man Menschen dadurch glücklich, dass man ihnen einen Sinngehalt schenkt, der nicht mehr leistungsabhängig ist, der sich nicht mehr aus dem Applaus der Menge speist, sondern der in sich selber gründet. Das sind Überlegungen, die auch FREUD natürlich hätte anstellen können, – aber darüber hat er nichts geschrieben angesichts von über zwanzig Krebsoperationen, die er selbst erdulden musste, angesichts des hereinbrechenden Faschismus, zu dem er nur sagen konnte: »Was wundert ihr euch denn, das habe ich doch beschrieben!« Sein letzter Kommentar auf dem Flughafen von London war, auf die Frage, was er in England vorhabe: To die in freedom, – zumindest außerhalb des Gefängnisses sterben, das jetzt Deutschland heißt! – Gesetzt, wir würden uns die Menschheit als befreit vorstellen, dann müssten wir alle Einsichten der Psychoanalyse positiv formulieren, so, dass es sich lohnt, zu leben. Eine solche Darstellung von Sinnfindung, Glück und Freiheit konnte FREUD selbst nicht mehr leisten, aber diese Feststellung enthält keinen Vorwurf. Man muss bei ihm, wie bei allen Großen, freilich nicht nur im Boden wühlen, wo die Wurzeln stecken, sondern man muss auf die Früchte schauen, die wir gerade reifen und ernten dürfen. Sein Schüler JUNG zum Beispiel verwies darauf, dass die Bilder von Vater und Mutter archetypisch sind und uns ein Leben lang begleiten; wir übertragen sie auf jeden Menschen, den wir lieben, aber es gilt, sie von den Menschen an unserer Seite abzuziehen und jenseits der Menschenwelt ins Absolute zu setzen. Einfach gesagt: Man wird am besten unabhängig von Menschen und man entlässt sie am einfachsten von ihren Vergöttlichungen im Glauben an Gott.

Nun beweist all das nur, dass Religion weder illusionär noch schädlich sein muss, dass sie im Gegenteil menschlich äußerst hilfreich und in vielerlei Hinsicht unentbehrlich sein kann; es beweist nicht schon, dass Gott tatsächlich existiert. Ein riesiges Problem des Gottesglaubens ergibt sich indessen nicht nur aus dem ängstigenden Verhältnis von Mensch und Welt bzw. psychologisch aus dem Verhältnis des Menschen zu sich selbst, sondern vor allem aus dem Verhältnis des gerade gezeichneten Bildes von Gott als einem grundgütigen, vertrauensbildenden, vergebenden Gegenüber im Hintergrund der Welt zu der Grausamkeit der erfahrbaren Wirklichkeit der Welt. Gesehen hat diesen Konflikt unter den Gläubigen zum Beispiel der Dichter REINHOLD SCHNEIDER (1903–1958). Seine Sicht im »*Winter in Wien*« scheint vollkommen richtig zu sein. Die Theologen machen sich etwas vor, die sagen, es handle sich hier lediglich um die Extremwahrnehmungen eines psychisch schon dem Tod entgegengehenden Kranken, der todessüchtig genug gewesen sei, trotz seines Krebsleidens den Arzt von sich zu weisen. Gewiss, die Ehrlichkeit SCHNEIDERs schlägt all dem dogmatisch verordneten Schöpfungsoptimismus ins Gesicht, sie ist unvereinbar mit dem Satz des ersten Schöpfungsberichtes: »Und Gott sah, dass es gut war.« (Gen 1) Man muss, um den eklatanten Widerspruch zur Wirklichkeit mit dem Blick auf den Schöpfergott des Alten Testamentes richtig zu verstehen, nur einmal den Philosophen ARTHUR SCHOPENHAUER hören. SCHOPENHAUER hat eben dieser Satz, »Es war alles sehr gut«, förmlich zur Raserei getrieben. »Ich möchte nicht Gott sein«, sagte er, »das Leid der Welt griffe mir ans Herz.« Und er wies immer wieder auf die immanente Quälerei hin, die darin besteht, dass alle Lebewesen nur existieren können, indem sie andere Lebewesen töten.

Ein wirklich frommer, Gott suchender Christ war zweifellos ALBERT SCHWEITZER (1875–1965), ein Mann, der gerade deshalb zutiefst unter dem permanenten Widerspruch zwischen den Forderungen der Moral des menschlichen Empfindens und der grausigen Gesetzlichkeit dessen, was wir Natur nennen, gelitten hat. Man kann die Problemverleugnung durch das christliche Dogma an dieser Stelle gar nicht scharf genug zeichnen. Da soll es schlechtweg nicht erlaubt sein, dem eigenen Gefühl und dem, was man sieht, zu trauen, nur weil kirchlich eine Ideologie verordnet wird, die eine Bejahung der Welt als »Schöpfung« Gottes vorschreibt. Da wird nicht nur ein »Glauben« an der Wirklichkeit vorbei dekretiert, da wird auch mittelbar die pure

Barbarei gelehrt. Beides gehört ja zusammen. Ist die Welt, wie sie ist, als gut zu betrachten, so haben wir Menschen geradezu die Pflicht, uns in ihre Grausamkeit einzupassen.

Denn so steht es ja nun desgleichen in der Bibel zu lesen, dass Gott uns die Tiere zum Gebrauch gegeben hat. Wer es nicht glauben will, kann es, statt in Genesis 1,28, auch aus Genesis 9,2 lernen. Nach der Sintflut sagt Gott da zu Noah: »Und Schrecken soll sein den Tieren vor den Menschen!« Ob der erste Schöpfungsbericht schon Blutgenuss genehmigt, kann man diskutieren, – wahrscheinlich nicht, denn es ist eine Art Idealzustand, der da beschrieben werden soll; doch nach der Sintflut gilt die Freigabe des Tötens von Tieren absolut. Jetzt haben die Menschen geradezu den Auftrag, die Tiere für sich zu gebrauchen, und das tun sie denn auch. Die kirchliche Ethik im Umgang mit den Tieren ist bis heute konsequenterweise auf diese Skrupellosigkeit ausgerichtet. Die Tiere stehen uns zu Gebote. Das geht bis hin zur Massentierhaltung, bis hin zum Stierkampf, bis hin zum Abschießen der Singvögel im katholischen Italien. Wir können alles mit den Tieren machen, was wir wollen, – Bischöfe und Theologen erklären, dass die Tiere schon deshalb keine Rechte besäßen, weil sie keine Pflichten hätten. Man muss diese blinden Gotteserklärer nur einmal auffordern, sich anzuschauen, mit welch einer Hingabe und Mühe etwa ein Schwälbchen Sorge trägt für die Aufzucht seiner Jungen. Das sind zweifellos die Pflichten eines Schwälbchens, und auch eine Menschenmutter hat durchaus keine anderen Pflichten zu erfüllen. Es sind die Tiere, die uns in der Evolution allererst die Pflichten beigebracht haben, die wir zum Beispiel als Vater und als Mutter haben. Alle Verhaltensforschung, alle Evolutionstheorie, alle Neurobiologie kann nur die außerordentliche Verwandtschaft der Gefühle, der Affekte in der menschlichen Psyche mit den Erlebnisformen der Tiere aufzeigen. Was für ein Recht also haben wir, die besten Erkenntnisse der Naturwissenschaften mit einem erneut missverstandenen Diktum der Schöpfungsgeschichte niederzuhalten? Wenn die Welt voller Leid ist und Mitleid die Grundlage unserer Menschlichkeit, brauchen wir einen anderen Zugangsweg zur Wirklichkeit, als die immanente Grausamkeit der Welt mit göttlicher Chuzpe »sehr gut« finden zu sollen.

Eben darum hat REINHOLD SCHNEIDER gerungen. Er hat entsetzlich darunter gelitten, wenn er beschrieb, was wird, wenn ein Vogel einen Wurm frisst, der infiziert ist von einem Krankheitserreger, der sich im Darm eines Vogels so ausbreitet, dass er über die Ausscheidung wieder in den Produktionskreislauf der Natur kommt... Und das ist nur ein kleines Beispiel aus dem Katalog des Grauens, der mit den Gesetzen der Natur identisch ist. SCHNEIDER hat die Biologiebücher, die ihm zugänglich waren, gelesen und Monstrositäten aller Art darin gefunden, keinesfalls aber das Motiv zu einem dankbaren Lobpreis Gottes.

Immer wieder stellt sich die Frage, ob es sich die Theologen, wie im Umgang mit Schuld und Erlösung, so auch in der Schöpfungsthematik nicht viel zu leicht gemacht haben. Bis heute setzen sie einfach voraus, dass wir die Welt bei rechtem Vernunftgebrauch wie von selbst als Schöpfung betrachten müssen. Das ist aber keineswegs der Fall. Die griechische Naturphilosophie, die ionische Nachdenklichkeit über die Natur schon im 6. vorchristlichen Jahrhundert bereits, brauchte keinen Gott, um zu verstehen, warum die Welt existiert. Man hatte in dieser Zeit rein empirisch relativ wenig Kenntnis davon, was die uns umgebende Realität wirklich ausmacht, aber man machte sich sehr feinsinnige Gedanken darüber, man benützte zum ersten Mal die Mathematik, um die Zusammenhänge physikalischer Vorgänge zu begreifen, man wusste, dass eine möglichst genaue Beobachtung den einzig sinnvollen Zugang etwa zum Verständnis von Krankheiten im Darm oder im Kopf ermöglichen kann. Man lernte, die Kräfte der Natur nicht mehr als göttlich zu interpretieren, sondern dynamisch, kausal zu analysieren. Man fragte etwa, wie die vier Elemente: Erde, Feuer, Wasser, Luft, je nach ihrer Gewichtung, ihrer Mischung oder ihrer Isolation zur Interpretation des Ganzen beitragen könnten. Man bemühte sich, die Welt als Kosmos zu verstehen, als einen Ordnungszustand, in welchem die Teilelemente des Chaos gebändigt seien, und man fragte sich, wie es dazu gekommen sein könnte. Dazu brauchten sie keinen Gott und keine Götter mehr. Sie erkannten vielmehr eine Dynamik, die in den Dingen selber liegt, etwa das Feuer, das in ungemessener Zeit entsteht und verlöscht. Das ist eine der Denkformen des dunklen HERAKLIT VON EPHESUS (520–ca. 460 v. Chr.), und er kam zu seinem Konzept Jahrhunderte vor dem Christentum, noch früher als der Schöpfungsbericht der Priesterschrift im Alten Testament, den man ebenfalls etwa im 6. Jh., jedenfalls nach dem babylonischen Exil, ansetzen muss; selbst im Kulturvergleich sind die Griechen in ihrer naturphilosophischen Spekulation, im Realitätsgehalt ihrer Überlegungen, auf einem Pfad vorangegangen, der einlinig in die heutige

Naturwissenschaft führt und mehr Zukunft verheißt als die falsche Wörtlichnahme biblischer Schöpfungsideen.

Die Frage stellt sich dann allerdings nur um so mehr: Wie kommt man überhaupt darauf, dieses ungeheure Szenarium, das wir Welt nennen, als Schöpfung eines Gottes zu begreifen? Was für ein Moloch ist das Ganze denn, welch eine ungeheure Zumutung! Ein Werk des Chaos, von Titanen und Giganten, – das sind die ersten Eindrücke der Welt, und sie sind absolut zutreffend. Dann aber muss man sagen: In der christlichen Theologie hat man durch Verleugnung von vielem, was man wissen könnte, falsche Erklärungen gesucht und darauf Glaubensevidenzen gegründet. – RICHARD DAWKINS, ein britischer Biologe, hat die Sache, ein wenig zynisch, einmal so auf den Begriff gebracht: Es war, schreibt er, bis zu DARWIN, bis 1859, bis zum Erscheinen seines Buches über die »*Entstehung der Arten durch natürliche Zuchtwahl*«, unmöglich, nicht an Gott zu glauben. DAWKINS wollte sagen: Wer eine Rose in ihrer Schönheit und in ihrem Wohlduft betrachtet, kann nicht glauben, dass eine solche Pracht durch reinen Zufall hätte entstehen können. Kein Künstler würde aus sich heraus etwas so Schönes malen können. PLATON meinte, dass alle Kunst nur eine Nachgestaltung dessen sei, was wir als Idee von Ewigkeit her in uns tragen und was, angeregt durch die sinnliche Wahrnehmung, uns wieder erahnbar wird. Dieses Wunderbare in allem, dieses geistig Geordnete muss doch einer überragenden Weisheit zuzuschreiben sein. – Das alles scheint evident. Man sieht seinem Kätzchen zu oder seinem Hund, wie lieb sie uns anschauen, wie geschmeidig sie sind, mit welcher Eleganz sie sich bewegen: Wie soll das alles denn durch bloßen Zufall entstanden sein? – Oft argumentieren die »Fundamentaltheologen« gerade in diesem Sinne immer noch »ad usum delphini« – für den Gebrauch von Unbelehrten. Es kann doch nicht sein, erklären sie, dass da eine Müllhalde ist, und ein Düsenjet donnert darüber, verwirbelt das ganze Material, und am Ende steht ein Mensch vor uns! So etwas ist doch verrückt, und ist es nicht das, was diese Naturwissenschaftler, diese Darwinisten, diese Materialisten, diese Atheisten uns beibringen wollen? Der Zufall macht überhaupt nichts!

Tatsächlich ist daran etwas richtig. Der bloße Zufall allein bewirkt nur Zufälliges. Aber nun setzte DAWKINS seinen Satz fort: »Nach CHARLES DARWIN ist es unmöglich, noch an Gott zu glauben.« Denn das Genie DARWINs lag gerade darin: Er hat den Zufall, das, was wir das »Böse« nennen, das Katastrophische, das Unheimliche, das Zerstörerische in der Natur als kreativ begriffen. Zufall bedeutete für ihn zum einen die Ungerichtetheit der Mutationen im Erbgut. So wie GREGOR MENDEL (1822–1884) seine Erbsen durch künstliche Auslese gezüchtet hatte, so handelt nach DARWIN im Grunde auch die Natur. MENDEL hatte nicht dafür gesorgt, dass es Varietäten gibt unter den Erbsen, er hatte sie einfach vorgefunden und aussortiert. Das Erbgut ändert sich durch Gründe, die man im 19. Jahrhundert beim besten Willen nicht erahnen konnte, aber eben hier greift ein blindes Zufallsgeschehen ein. Freilich, nicht der Mensch, sondern die Natur selbst wählt in der Evolution in Riesenzeiträumen aus, was überleben kann, weil es zu den Umweltbedingungen, zum Klima, zum Boden, zu den Lebensverhältnissen jeweils besser passt und vor allem auch im Zusammenspiel bzw. im Kampf ums Dasein mit anderen konkurrierenden Arten durch die Ernährungsweise, die Zahl der Nachkommen usw. eine bessere Überlebenschance besitzt. Der Zufall der Erbänderungen und die Notwendigkeit des umgebenden Milieus stellen die kausal unerbittliche Mechanik des Lebens dar. Diese Maschinerie von Zufall und Notwendigkeit ist der innere Motor, den DARWIN der Natur und der Evolution unterlegte.

Mit Recht konnte man damals um 1870 noch sagen, diese Sicht der Dinge sei zu wenig empirisch belegbar, – noch nie hat schließlich jemand gesehen, wie sich eine Art aus einer anderen entwickelt. Allenfalls hat man gesehen, dass es Schmetterlinge gibt, die andere Farben annehmen, dass Vögel andere Schnäbel bekommen, aber es sind doch noch immer Schmetterlinge und Vögel der gleichen Spezies. Dass hingegen aus einem Affen ein Mensch wird, das hat man noch nie gesehen; dass aus einem Dinosaurier ein Vogel wird, auch das hat man noch nie gesehen. Man kann das definitiv auch nicht sehen, weil Menschen nicht die Eigenschaft haben, hundert Millionen Jahre alt und älter zu werden. Sie stehen auch nicht an der Seite des lieben Gottes, um das Ganze zu beobachten.

Entscheidend in all dem sind jetzt zwei Punkte, die den Theologen bis heute offenbar nicht wirklich klar sind oder gar nicht erst klar werden dürfen. Das eine ist die Ausrede, dass das Böse, das wir sehen, das Grausame, Sinnlose und Katastrophische in der Natur durch den Teufel entstanden sei. Diese Ausrede hätte nie in die Theologie einfließen dürfen, denn sie vermehrt noch das Dilemma, das sie lösen soll. Das Dilemma ist dieses: Die *eine* theologische These, die unter allen Umständen aufrecht erhalten werden soll, besagt: Gott hat die Natur gut gewollt und gut gemacht, und die Schöpfungserzählung der Genesis hat recht: Sie *ist* wunderschön. Nun aber sehen wir, ja, nun müssen wir zugeben, dass die Natur in vielem überhaupt nicht schön ist. Die eigene Mutter kann an Brustkrebs sterben, der Ehemann kann AIDS bekommen, – es ist vieles »Unschöne« in der Natur möglich. Und das, erklären die Kirchentheologen, kann natürlich nicht von Gott sein. Darum muss es eine uns überragende andere, entgegengesetzte Vernunft geben, die nicht Gott ist und die letztlich nur das Böse will. In der persischen Mythologie nannte man diese negative »Vernunft« Ahriman, den bösen Geist, und hielt ihn für den Gegenspieler des guten Gottes Ahura Mazda. Es ist ein Gedanke, der Ende des 6. vorchristlichen Jahrhunderts von Persien aus nach Jerusalem gekommen ist und dann zunehmend die Bibel mit geprägt hat. In gewissem Sinne ist diese Vorstellung auch noch ein Teil des Weltbildes Jesu im Neuen Testament: der Glaube an den Teufel, den die katholische Kirche bis heute als Dogma festschreibt.

Wieder aber stellt sich hier die Frage: Wie interpretiert man mythische Weltbilder? Indem man sie Wort für Wort nachspricht und zur göttlichen Selbstoffenbarung erklärt oder indem man die Bildhaftigkeit der mythischen Ausdrucksformen würdigt und sie symbolistisch auslegt? Der persische (biblische) Mythos vom Teufel besagt als Symbol etwas sehr Bedenkenswertes: Die Menschen tun das Schlimmste nicht, weil sie es wollen, sondern weil sie von einer dunklen Macht hypnotisiert sind. Diese Macht ist nicht der »Teufel«, sie ist nicht irgendetwas außerhalb von uns, aber sie stellt eine ungeheure Energie in uns selber dar und wirkt wie etwas Fremdes in uns. Nennen wir diese Energie nach allem Gesagten ruhig Angst; sie erübrigt die Erklärung dessen, was Menschen Böses tun, durch den Teufel. Aber auch zur Erklärung der Natur können wir einen Teufel nicht gebrauchen. Selbst für die Schöpfungstheologen gerät dieses Konzept zu einem Possenstück: Da hat Gott, der Allmächtige, die ganze Welt gemacht, und nun lässt er sich von irgendeinem Narren bis zum Jüngsten Tage auf der Nase herum tanzen! In diesem Stil kann man erklären, warum der Bundeskanzlerin das Regierungsprogramm immer mal wieder durch die Machenschaften der Opposition (in den eigenen Reihen!) aus dem Ruder läuft. Aber ein Gott im Himmel kann nicht allmächtig sein, wenn er dauernd erst einmal um seine Macht kämpfen muss und bis heute offenbar nicht willens ist, energisch durchzugreifen. Ein allmächtiger Gott stünde eigentlich in der Pflicht, die Ordnung, die er gewollt hat, endlich herzustellen und sich nicht mit dem Ring durch die Nase von irgendeinem Deiwel vorführen zu lassen. Mit einem Wort: Die Idee eines Teufels ist eine hilflose Ausflucht der Schöpfungstheologie.

Was aber ist es dann mit dem real existierenden Bösen? Man hat nur noch die Möglichkeit, es in Gottes Willen selber unterzubringen. Auch das macht die Bibel an manchen Stellen. »Gibt es denn ein Unheil in der Stadt, das Gott nicht tut?« sagt der Prophet Amos, Kapitel 3,6. Die Gefahr der Dämonisierung des Gottesbildes ist im Monotheismus allemal gegeben. Wenn alles von Gott kommt als der Ursache von allem, muss auch das Böse in ihm liegen. JUNG hat darüber nachgedacht, ob diese Projektionen von Gut und Böse aus der menschlichen Seele und aus der Naturerfahrung nicht 1:1 ins Gottesbild hinein gehoben werden müssten. – Demgegenüber ist zu betonen: Das darf auf keinen Fall geschehen! Gott darf und kann nicht so ambivalent sein wie unsere Psyche und so widersprüchlich wie unsere Weltimmanenzerfahrung. Gott kann nicht identisch sein mit dem »Taifun«; er sollte eher die Funktion des Polarsterns haben: Jenseits des Horizonts gibt es eine Bezugsgröße, nach der wir unzweideutig navigieren können.

Wir müssen deshalb in der Schöpfungstheologie die Perspektive um 180 Grad drehen. Mit der Schöpfungsidee, mit dem Offenbarungsgedanken haben wir stets die Vorstellung verbunden, dass uns durch die Bibel, durch die Geschichte Israels von Abraham bis in die Gegenwart, etwas anvertraut sei, das ein wirkliches Wissen ermögliche, – denn Gott hat es ja gesagt! Da wurde uns also etwas mitgeteilt, das wir von allein nicht hätten wissen können; nun aber sind wir in dem glücklichen Besitz solcher göttlichen Weisheit! Sie darf infolgedessen niemals hinterfragt werden, sonst wäre sie ja nicht von Gott, sonst wäre sie nicht unumstößlich und unfehlbar. Wie aber kommt man eigentlich zu der Aussage, die Bibel sei ein göttliches Buch, und was in ihr stehe, sei von Gott gegeben? Eine derartige Frage durfte man nie stellen, sie galt für glaubenslos, für eine Sünde, sie verriet Glaubenszweifel, die als solche bereits zu beichten waren. Natürlich kann und muss man aber in genau dem gleichen Sinne fragen, woher denn die Veden, die Uphanishaden, die Sutras der Buddhisten oder die Gesänge der Indianer kommen – sind sie zumindest für ihre Gläubigen nicht auch von Gott gegeben?

Mit anderen Worten: Man wird zugeben müssen, dass von Offenbarung in einem objektiv feststellbaren Sinne keine Rede sein kann. Man hat es beim Sprechen von Offenbarung mit dem Bewusstseinszustand von Menschen zu tun, denen etwas klar wird, und zwar so wunderbar, dass sie selber überrascht sind von dem, was sie gefunden haben. Die Entdeckung zum Beispiel, die Jesus am Jordan gemacht hat, ist eine derartige göttliche Offenbarung: Die gesamte Angstdecke zwischen Himmel und Erde hebt sich hinweg! Der ganze bisherige Vermittlungsdienst von Priestern und Gelehrten, der sich auf göttliche »Offenbarung« gründete, entlarvt sich als überflüssig, irreführend, wo nicht betrügerisch. Plötzlich bricht ein Licht durch die Wolken, das sichtbar macht, woraus wir wirklich leben. Eine solche Erfahrung ist der Einbruch einer Offenbarung. Aber sie geschieht im Herzen eines Menschen, und davon müsste jetzt die Rede sein.

Was in der Bibel berichtet wird, sind wunderbare Erfahrungen von Menschen mit etwas, das sie GOTT nennen. Aber um es richtig zu interpretieren, muss man tun, was die historisch-kritische Methode versucht: Man muss es aus den Voraussetzungen der Zeit verstehen, in der es sich zutrug; dann aber muss man die am Relativen gewonnenen Einsichten ins Absolute stellen, damit von Gott etwas zum Vorschein kommt; man muss sie ins Existentielle vortreiben, man muss sie verwesentlichen als gültig für jeden Menschen. Alles in der Bibel sollten wir daher aus der Sicht des Menschen auf Gott hin lesen, und nicht, wie es die Kirchentheologie vorschreibt, vom Himmel herunter auf die Menschen reden. – Übrigens sagt das mal ein biblisches Gebet selber, der Psalm 73: »Wie ein Narr war ich vor dir, als ich das Glück der Bösewichter sah. Hoch an den Himmel setzen sie ihr Maul. Doch die Menschennot berührt sie nicht. Über ihr Fettgesicht malt sich das Maskenspiel. So war's. Bis ich begriff: Nur auf Schlüpfriges hast du's ihnen gestellt«. – Die ganze Theologie von der »Schöpfung« ist, gemessen an einem ebenso ernsten wie ehrlichen Charakter wie REINHOLD SCHNEIDER, ein solches Gerede vom Himmel herunter, von Leuten, die jegliche Erfahrung wirklichen Leides verweigern, ja, die sich sogar weigern zuzugeben, dass Menschen an der Welt, wie sie ist, leiden dürfen, und die es für gottlos erklären, wenn sie es tun. Sie operieren dogmatisch einfach hinweg, dass es Leute wie REINHOLD SCHNEIDER, ARTHUR SCHOPENHAUER, ALBERT SCHWEITZER, wen auch immer, legitimerweise geben dürfte, dass es sie in Anbetracht der Wirklichkeit ehrlicherweise geben muss!

Wenn wir uns also fragen, was in den Offenbarungen vor sich geht, die Menschen in ihrem Herzen erleben, wenn nach langer Nacht die Sonne durchbricht, wenn endlich die Angstbarrieren wegfallen, wenn gewissermaßen die Blendläden zur Verdunklung bei Bombenangriffen sich wieder öffnen, so kann man ohne Mühe begreifen, dass allein schon der Gedanke einer Schöpfung, dass die Idee, ein Gott habe diese Welt geschaffen, einer Offenbarung gleichkommt. Wie muss man Menschen beschreiben, welche die Welt als Schöpfung entdecken? Sie empfinden nicht mehr, dass sie zum Dasein verflucht oder vom Schicksal in dieses Leben geworfen sind, dass sie, ohne gefragt zu werden, in etwas hineingetaucht sind, das zwischen Himmel und Hölle, zwischen Gott und Teufel, zwischen Engel und Satan keine Differenzierung mehr zulässt – eine BREUGHEL'sche, BOSCH'sche Malerei als Daseinsbeschreibung –, sie finden vielmehr, dass sie ihre Existenz mit Dankbarkeit quittieren können, dass es, trotz allem, Gründe dafür gibt, das Dasein als Geschenk zu erleben. Wenn das so ist, kann man langsam, zögernd, gegen alles Leid die Hoffnung hegen, es wäre nicht ganz verkehrt zu existieren, es wäre ganz im Hintergrund so etwas wie eine »Schöpfung« anzunehmen.

Worauf eine solche Überlegung hinausläuft, ist die These, dass sich der Schöpfungsgedanke ganz und gar aus der Existenz eines Menschen ergibt, der langsam mit sich, trotz allem, in Einklang kommt und einen Hintergrund ahnt, der ihn nicht aus Grausamkeit und Willkür ans Dasein kettet, sondern dass er im Gegenüberstand einer Zuwendung existiert, die möchte, dass er ist.

Die kirchliche Schöpfungstheologie hat, bis in die Gegenwart hinein, eine sonderbare, vor 1800 Jahren noch plausible, heute aber als falsch erkennbare Melange geistig einander widersprechender Zugangswege zur Wirklichkeit kreiert. Sie hat den Satz aus Genesis 1, »im Anfang schuf Gott Himmel und Erde«, ausgerechnet mit Hilfe der ionischen Naturphilosophie aus dem 6. Jh. v. Chr. zu erklären versucht. Die Ionier – Griechen an der Westküste der heutigen Türkei, in Städten wie Milet und Ephesus – fragten nach den Ursprüngen, den *archai*, nach den kausalen Prinzipien der Weltordnung. Was ist der Ursprung von allem im Sinne des Kausalsatzes? Woher kommt es und wie verhält es sich?

Die christlichen Theologen gaben sich vom 2. Jahrhundert an sicher: Die Antwort auf diese Frage ist Gott. Die wichtigste Stelle zu dieser Behauptung fanden sie in der Apostelgeschichte, im 17. Kapitel, in der Rede des Paulus auf dem Areopag, dem Areshügel in Athen, an der Stelle, wo einmal zu Gericht gesessen wurde über den Mutter-Mörder Orest. Manchmal mag man sich vorstellen, was denn gewesen wäre, Paulus hätte dreihundert Meter weiter im Dionysostheater, am Fuße der Akropolis, geredet, in der Auseinandersetzung mit Leuten wie EURIPIDES, – eine völlig andere Theologie wäre da entstanden! Nun weiß man freilich, dass Paulus historisch die Areopagrede nicht gehalten hat. Aber was da zu lesen ist, aus der Feder des Lukas, nimmt wirklich um achtzig Jahre die theologische Richtung der frühchristlichen Apologeten vorweg, in der Überzeugung, die Paulus wirklich im Römerbrief vertritt (Röm 1,29), dass der unsichtbare Gott sich im Sichtbaren zu erkennen gebe. Diese Auffassung legt theologisch die Gedankenbahn bis heute fest: Mit dem Kausalsatz lasse sich die Welt als Schöpfung erkennen! Auf dem 1. Vatikanischen Konzil, 1871, wurde das noch einmal gegen die Naturwissenschaften als Dogma formuliert: Gott sei beweisbar über den Kausalsatz, – e causis demonstrari potest deus. Das ist geistesgeschichtlich natürlich ein tolles Stück, weil man ganz entsprechend der Religionskritik, die längst schon vorlag – FEUERBACH hatte sie ja schon ein halbes Jahrhundert vorher formuliert und musste die Verkündigung dieses Dogmas ein Jahr vor seinem Tod noch miterleben, MARX war Zeitgenosse –, mit einem solchen Lehrsatz, ohne es zu wollen, im Grunde bewahrheitete, was diese Kritiker gesagt hatten: Religion sei wesentlich eine Folge von Unwissenheit.

Dass es sich so verhält, lässt sich Stelle um Stelle erkennen. In den letzten 150 Jahren haben Fundamentaltheologen den Kausalsatz immer in die Stellen hineingeschoben, die wissenschaftlich gerade noch nicht erklärt waren; von denen behaupteten sie, dass sie auch niemals erklärbar sein würden, insbesondere das Rätsel des Lebens, des Bewusstseins und die Existenz des Weltalls galten als apologetische Kronjuwelen für den Kirchenglauben. Doch sehen wir zu. – Woher kommt zum Beispiel das Leben? Selbst, wenn man zugäbe, das Leben habe sich entwickelt, wie dieser DARWIN behauptete, ja, es habe sich bis hin zum Menschen entfaltet, so könnte man ja immer noch nicht erklären, wie sich das Leben selber hat entwickeln können. DARWIN hatte einfach geschrieben, das Leben müsse sich entwickelt haben, – das war in der Tat ein rein methodisches Postulat, ein neuer Glaube; und dagegen setzte man den alten Kirchenglauben: Leben kann nur von Leben kommen, das irdische Leben nur von dem ewigen

Leben, also – Gott hat es geschaffen, »und siehe, es war sehr gut!« (Gen 1,21)

Man muss demgegenüber nur sehen, wie gelebt wird, wie inmitten dieser Welt gelebt werden *muss* – und man hat all die Zweifel, die SCHOPENHAUER bereits kamen und ihn zum Atheisten machten, im Protest dagegen, dass die Christen sich die Welt durch blanke Problemverleugnung allzu schön erklärten. Tatsächlich konnte DARWIN zu einer Zeit, in der nicht einmal Begriffe wie Biochemie oder Molekularbiologie bekannt waren, sich über die Entstehung des Lebens noch keine näher begründeten Gedanken machen. Heute aber können wir das. Wir können biochemisch sehr gut die Übergänge aufzeigen, wie anorganische Materie in komplexere Strukturen übergeht und dann Systeme aufbaut, die sich selber mit der sie umgebenden Energie versorgen, Systeme, die reproduzierbar sich selber vermehren können, die Abgrenzungen schaffen zwischen innen und außen durch die Bildung einer Membran, kurz, wie sich erste Zellen, Grundformen von Leben, bilden. Dieser Prozess dürfte nicht nur Jahrhunderte von Millionen, sondern mehrere Milliarden Jahre in Anspruch genommen haben, – 2,5 bis 3,5 Milliarden Jahre muss man denken! Das allein schon sind Dimensionen von Zeit, die sogar DARWIN weit überfordert hätten und die für Theologen immer noch keinen Grund bilden, ihr Weltbild nachhaltig zu ändern. Die Bibel zum Vergleich legt an die Weltwirklichkeit ein Zeitmaß von ganzen 7500 Jahren an! Das ist, mal eben gerechnet, nach biblischen Angaben denn also die Zeit von Adam bis Adenauer! Oder man rechnet die eigentliche Zeit der »Heilsgeschichte« in den rund 1800 Jahren von Abraham bis Augustus. Viel mehr von den Zeitmaßen der Wirklichkeit muss man eigentlich als Theologe auch heute noch nicht wissen! 4000 Jahre, 7000 Jahre – da muss man nicht einmal die Kulturgeschichte vom Abschmelzen der Gletscher in der letzten Eiszeit, vom Beginn des Neolithikums, an kennen; überhaupt gar nichts muss man kennen, weil man doch die Bibel hat! Und drinnen eingelagert ist nun die Geschichte eines einzigen Volkes, auf das es als Offenbarungsträger wirklich ankommt: Israel!

Diese – man muss sagen – mutwillige ideologische Ignoranz ist die Hauptursache für eine insgesamt falsch ausgelegte Sicht auf die Welt, für jene von Grund auf verkehrte Stellung des Menschen zur Natur. Die Konsequenzen dieser Tatsachen sind atemberaubend: Mit dem Fortschritt der Wissenschaften verpflanzt man Gott von einer Stelle, die man vormals noch nicht kannte, zur nächsten, an der man sich bis jetzt noch nicht auskennt. Man macht auf diese Weise Gott zum Lückenbüßer für das punktuell gerade noch fehlende Wissen.

Ein Beispiel: Der Standardversuch von STANLEY MILLER aus dem Jahre 1953 zeigte, dass Aminosäuren sich spontan bei Funkenentladung in einem Gasgemisch bilden können, das nachahmen sollte, was man als Uratmosphäre vermutete. Die Biologie hat in den letzten 60 Jahren vieles getan, um in Einheit von Chemie und Physik sich Gedanken über die Entstehung des Lebens zu machen, und ist dabei zu recht ordentlichen nachprüfbaren Ergebnissen gekommen. Die Entstehung des Lebens ist zumindest von den Erklärungsansätzen her kein naturwissenschaftlich unlösbares Problem mehr. Doch was tat die katholische Apologetik? Sie erklärte: Schön, es gibt Leben! Aber das bewusste Leben, das Bewusstsein, muss Gott gemacht haben! Den Menschen zumindest muss Gott gemacht haben!

Schon 1950 hatte Papst PIUS XII. in der Enzyklika »*Humani generis*« genau dies geschrieben: Der Körper des Menschen mag Vorformen im Tierreich gehabt haben, – das kann man in der Tat nicht leugnen, wenn man ein paläontologisches Museum besucht und zur Kenntnis nimmt, dass der Neandertaler oder der Australopithecus zum Beispiel anders aussahen als der Jetztmensch; da muss sich also etwas entwickelt haben. Aber der Geist! Der Geist muss von Gott sein! – Diese ganze Argumentation ist von vornherein hoffnungslos, weil die dogmatische Trennung von Körper und Geist keinen Bestand haben kann. Man hat in der katholischen Theologie der Materie platonisch bzw. aristotelisch nur die Passivität der Gestaltung durch den Geist zugetraut, nicht aber dass sie sich selber bewegt, was die Naturwissenschaften heute an jeder Stelle sehen und nachzuformulieren versuchen.

Lassen wir also auch die Entstehung des Menschen in den Strukturen seines Bewusstseins und seines Selbstbewusstseins beiseite. Nehmen wir nur, dass die Neurologen die letzten dreißig, vierzig Jahre damit zugebracht haben, nicht nur zu zeigen, wie unser Gehirn aufgebaut ist, an welchen Stellen bestimmte Hirnläsionen uns verraten können, dass dort Orte sich befinden, welche die Bedingungen oder die Ursachen zu bestimmten geistigen Leistungen bilden, sondern dass wir vor allem durch die bildgebenden Verfahren zeigen können, wie das Gehirn arbeitet, und dass wir nach und nach zu Zeugen seiner gesamten, geistigen Aktivitäten werden, dann wird deutlich, dass den Theologen auch dieses Argument soeben verloren geht, – der Atheismus ist wieder ein Stück gewachsen durch eine von Anfang an miserable Interpretation der Wirklichkeit.

Das Letzte, was theologisch bis vor kurzem noch als unerschütterliches Argument für die Beweisbarkeit Gottes über den Kausalsatz zu bleiben schien, war die Existenz des Weltalls. Dass es überhaupt so etwas gibt, schien nur mit Gott erklärbar zu sein. Man bezog sich dabei mehr als ein halbes Jahrhundert lang auf EDWIN HUBBLE (1989–1953), auf seine Entdeckung aus dem Jahre 1929: dass auf Grund der Rotverschiebung in den Spektrallinien des Lichtes ferner Galaxien – deutet man diese als Dopplereffekt –, die Annahme eines in steter Ausdehnung befindlichen Universums unvermeidlich ist; rechnet man die Fluchtgeschwindigkeit der Galaxien bei der Expansion des Universums zurück, so kommt man notwendigerweise zu einem Anfang in der Zeit – etwa 12 Mrd. Jahre halten die Astrophysiker heute für wahrscheinlich. Ist ein solcher Uranfang des Universums nun nicht der gesuchte Gottesbeweis – eine Schöpfung am Anfang von allem durch den Anfanglosen, Ewigen, Gott? Es ist verständlich, dass manche Theologen jubelten. Doch auch dieses »Argument« scheint obsolet. Inzwischen gibt es eine ganze Reihe von Erklärungen für den sogenannten »Urknall« – ein Effekt der Quantenvakuumfluktuation könnte die Existenz unseres Universums oder beliebig vieler anderer Multiversen begründen, oder der »Urknall« wäre nur der Durchgangspunkt einer Schleife in der Struktur der Raumzeit, vorstellbar etwa als ein Möbius-Band ...

Wie auch immer: Wir stehen heute einer Naturwissenschaft gegenüber, die sich entsprechend der Erkenntnis IMMANUEL KANTs weigert, den Begriff GOTT zur Erklärung von Naturzusammenhängen zu gebrauchen. Selbst KARL RAHNER (1904–1984), immerhin doch ein unverdächtiger Zeuge der katholischen Theologie, konnte schreiben, dass die Naturwissenschaften methodisch atheistisch sind und sein müssen. Ein Naturwissenschaftler, der beginnt von Gott zu reden, hört auf, Physiker, Biochemiker, Neurologe oder Kosmologe zu sein, er wechselt einfach die Fakultät. Das aber darf er nicht, wenn er Naturwissenschaftler bleiben will. Mit einem Wort: Die Theologen sollten sich nicht vermessen, etwas als Wissen zu behaupten, das zwar die Naturwissenschaftler heute noch nicht wissen, das aber der *mater scientiarum*, der Mutter der Wissenschaften, welche nun einmal die Theologie sein soll, als wissbare Offenbarung anvertraut wäre. So kann es sich ein für allemal nicht verhalten.

Also: Wir sollten endgültig aufhören, Gott über den Kausalsatz denken zu wollen und ihn als Erklärungsursache für irgendetwas in der Welt oder für die Welt im ganzen zu missbrauchen. Das gesamte Konstrukt, das die Theologie 2000 Jahre lang beherrscht hat, so dass alle, die sich heute noch als gläubig begreifen, vollkommen oder doch zumindest mittelbar davon beeinflusst sind, führt in unseren Tagen erkennbar dahin, dass gerade diese Gläubigen ihren Glauben verlieren, indem sie merken müssen, dass dieses ganze kirchliche Lehrgebäude kollabiert. Man sollte diese Mischung aus griechischer Naturphilosophie und biblischem Schöpfungsglauben also ein für alle Mal der Vergangenheit übergeben und ersetzen durch den zögernden, vorsichtigen, mühsamen naturwissenschaftlichen Versuch des Verstehens der Natur und ihrer Abläufe. Die Frage nach Gott stellt sich dann prinzipiell nicht mehr naturwissenschaftlich, sondern existentiell: Wie kann das menschliche Dasein sich dahin bewegen, das Leben nicht länger mehr als Zumutung, als Ballast, als Qual empfinden zu müssen, sondern wie kann es sich läutern in einem Vertrauen reifender Dankbarkeit? Wie kann uns die Welt überhaupt als ein Geschenk begegnen, das wir zwar nicht verdient haben, das uns aber unverdienterweise gegeben und anvertraut wurde? Wie lassen sich, anders gesagt, die Tatsachen, die uns umgeben, als Schöpfung beschreiben? So viel ist klar: Wenn Menschen nach Gott fragen, so fragen sie nicht als erstes nach dem Mond und nach den Sternen, sondern nach sich selbst, nach ihrem Ort im Dasein, nach dem Sinn, nach dem Wert ihres eigenen Lebens. Religion ist eine Form der Selbstauslegung menschlicher Existenz; doch je nach dem, worauf sich diese Selbstauslegung gründet, verändert sich das gesamte Leben eines Menschen.

Es ist, im Bild gesprochen, wie wenn man sich in einem Raum vorfindet, den man nicht kennt und nicht versteht. Eine Frau erzählte vor Zeiten so etwas: Sie kam nach Hause, sie war enttäuscht, sie hatte Ärger im Betrieb erlebt. Nun endlich wollte sie wenigsten in den eigenen vier Wänden Ordnung schaffen, – alles stand scheinbar sinnlos herum, und sie war schon geneigt, aus der Haut zu fahren. Dann aber, als sie ins Schlafzimmer kam, entdeckte sie eine Schachtel mit Pralinen und einen Blumenstrauß, – nicht gerade sehr üppig, aber immerhin. Und plötzlich glaubte sie, dass alles, was sie umgab, einen Sinn machte. Da gibt es doch erkennbar einen Mann, der sie liebt, und dieser Mann hat sie nicht vergessen – und das also sollte sie auch nicht vergessen! – Diese Erfahrung ins Ganze übertragen, bedeutet: Es ist möglich, die Welt als Geschenk zu entdecken. Dazu allerdings braucht man einen Bezugspunkt, der nicht unbedingt sichtbar sein muss, der aber in all dem Gewirbel durch seine spürbare Anwesenheit all den disparaten Dingen ein Sinnzentrum verleiht. Mit dem Kausalsatz hat eine solche Erfahrung überhaupt nichts zu tun. Worum es sich handelt, ist das existentielle Erleben von Nähe und von Beziehung.

Eigentlich ergibt sich gerade aus solch einer Erfahrung von Liebe der jüdische Gottesbegriff. Es ist urjüdisch, es ist durch und durch biblisch, Gott im Gegenüber eines Dialogs zu denken und nicht über den Kausalsatz im Sinne eines naturwissenschaftlich interpretierten Schöpfungsgeschehens. Derlei kann von vornherein aus gezeigten Gründen nicht gelingen. MARTIN BUBER (1878–1965), ein jüdischer Religionsphilosoph, hat das in den *»Schriften der Chassidim«* geradewegs paradox ausgedrückt. Die Schüler fragen da einmal ihren Rabbi, wieso es denn heiße: »Im Anfang schuf Gott, die Gottheit, Himmel und Erde«? *Elohim*, steht da. Warum heißt es nicht Jahwe? Später, im zweiten Schöpfungsbericht (Gen 2,4b ff.), heißt es immer Jahwe oder *jahwe elohim*. Der Gott Israels aber ist doch Jahwe, – das ist sein Name, und nicht, wie die Heiden sagen, *elohim*, die Gottheit. Der Rabbi antwortet seinen Schülern auf eine merkwürdige Weise. Er sagt: »Indem Gott die Welt schuf, hat er, Jahwe, sich zu *elohim* besondert.« Er wollte damit offenbar andeuten, dass das, was wir in der Schöpfung zu sehen bekommen, gar nicht Jahwe ist, der persönliche Gott, mit dem wir reden; was wir über die Welt zu sehen bekommen, ist die Gottheit, an die auch die Heiden glauben, und diese über die Visierlinie der Welt wahrgenommene Gottheit ist nicht der Gott, an den wir wirklich glauben und dem zuliebe wir die Welt allererst als Schöpfung begreifen. Die Gottheit im Hintergrund der Welt ist nur *elohim*, aber womit wir wirklich reden, ist Jahwe, der persönliche Gott, der im Neuen Testament zum »Vater« Jesu wird. – Diese Deutung der Schöpfungserzählung (der »Priesterschrift«) ist wunderbar, weil die christliche Theologie gerade mit Berufung auf das Judentum, auf die Bibel, immer wieder betont: Gott hat die Welt geschaffen, um sich zu offenbaren. Dieser Rabbi indessen erklärt seinen Schülern, dass Gott sich mit der Schöpfung weniger offenbart, als vielmehr verdunkelt hat. Es ist wie bei einer Sonnenfinsternis: Wenn wir nicht hinter dem abgedunkelten Rand des Mondes, der das Sonnenlicht verstellt, noch die Corona der Sonne sehen würden, tauchten wir unweigerlich in eine Finsternis hinab, von der wir glauben müssten, sie sei unauflösbar.

Alles also kommt darauf an, eine Liebe zu glauben im Hintergrund von allem. Kurz gefasst: Man lernt nicht von der Welt her Gott, den Vater, als »Schöpfer« kennen, von dem her sich dann Jesus als sein Sohn erkennen ließe; umgekehrt: Wir lernen von der Versöhntheit der Person Jesu in seinem Vertrauen und in seiner Güte Gott im Hintergrund dieser buchstäblich gnadenlosen Welt allererst als eine väterliche Macht zu glauben: Der »erste« Traktat christlicher Theologie ist mithin die Christologie, nicht die Kosmologie, die Erlösungslehre, nicht die Schöpfungslehre, die Heimkehr des Menschen in seinen wahren Ursprung, der die Welt, wie sie ist, niemals sein kann.

Seele

»Seele – vergiss es ja nicht« (Kirchenlied)

oder: Ein Wesensbild aus Gottes Ewigkeit

MICHAEL ALBUS: Wo ist der »Sitz« dessen, was wir Seele nennen? Ist sie eine Substanz, die irgendwo in unserem Körper anwesend und wirksam ist? Es hat nicht an anatomischen Versuchen gefehlt, den Sitz der Seele ausfindig zu machen. Fehlanzeige!

Wer ist ein seelenvoller Mensch? Einer, der gewalttätig, gefühllos, aggressiv oder unverschämt ist? Das Gegenteil ist der Fall. Bei einem überempfindlichen, nicht belastbaren Menschen sprechen wir heute umgangssprachlich immer noch von einem »Seelchen«. Wenn jemand hilfreich, freundlich und aufmerksam ist, sagen wir: er oder sie ist »eine Seele von Mensch«.

Spannend wird es, wenn wir in die Wörterbücher schauen. Das Wort »Seele« hat seinen Ursprung im Germanischen und leitet sich vom althochdeutschen »séla«, »die zum See gehörende« ab. Bei den germanischen Völkern war die Vorstellung verbreitet, dass die Seelen der noch Ungeborenen und die Seelen der Toten sich im Wasser aufhalten. Häufig wird auch die Seele als eine nicht fassbare »Gestalt« beschrieben, als eine Lichtgestalt, als ein Leucht- oder Lichtzeichen. Der Begriff scintilla animae (lat. scintilla »Funke«, lat. anima »Seele«; eigentlich: »das Seelenfünklein«) bezeichnet in der mittelalterlichen Mystik bei MEISTER ECKHART (1260–1328) die Bildung, die Einbildung, die Einprägung des Bildes Gottes in die Seele des Menschen.

Seele wird als eine geistige, spirituelle Kraft im Menschen angesehen, als eine Art Brücke in jenes Reich, das wir – in unserer Vorstellung – nach unserem Tode betreten werden. Manche Religionen sprechen davon, dass die Seele nach dem Tode die sterbliche Hülle des Körpers verlässt und in eine Gegend jenseits unserer Welt wandert. So verschieden auch die Bilder und Begriffe der Seele in den verschiedenen Kulturen und Religionen sind, so ist das, was mit Seele gemeint ist, offenbar etwas, das allen Menschen eigen ist. Alle Menschen sind beseelte Wesen. Seele ist eine Kraft, die den Menschen erst zum Menschen macht. Der Mensch ist nicht nur ein Apparat von Knochen, Muskeln und Organen. Wäre er das allein, dann sähe es noch schlimmer aus auf unserem Planeten. Auf den Schlachtfeldern, in den psychiatrischen Kliniken, in den Folterkammern hat die Seele keinen Platz.

Hat die Seele Schaden genommen, braucht sie Hilfe und Unterstützung. Die Psychoanalyse und die Psychotherapie haben in den letzten Jahrzehnten große Fortschritte gemacht, gleichzeitig erkennen sie auch immer mehr die Grenzen ihrer Einflussmöglichkeiten. Die Psychotherapeuten der Vorzeit waren die Heiler und Schamanen. Sie verfügten über

Methoden, die Seele zurückzuholen, wenn sie verloren gegangen war. Priesterinnen und Priester waren von Anfang an auch Seelsorgerinnen und Seelsorger. Heute ist das nur noch selten der Fall. Heute sind sie eher Verwaltungsbeamte, die darauf achten und achten müssen, dass die Ordnung der Institution eingehalten wird.

Aber auch außerhalb der Kirchen sorgen sich heute viele Menschen um ihr Seelenheil. Die Auffassung hat sich selbst bei »Technikern« und Managern durchgesetzt, dass man irgendwann eine Auszeit braucht, um verlorengegangene Kräfte wiederzufinden, um ein neues Leben zu beginnen. Auch die nüchternsten Menschen, die von sich sagen, dass sie religiös »unmusikalisch« seien, erkennen durch ihr faktisches Verhalten an, dass die Nüchternheit ihre Grenzen hat. An dieser Grenze, hinter dem Horizont der Daten, Fakten und Tatsachen, erstreckt sich ein anderes Land, das »Land der Seele«. Wenn wir in bestimmte Landschaften kommen, meist sind es Urlaubslandschaften, spüren wir mit einem Mal, dass die Gestalten dieser gesuchten Landschaften, Berge, Wälder und Gestade der Meere etwas in uns entsprechen, das wir suchen. Dann sprechen wir von Seelenlandschaften.

Wir tun gut daran, unserer Seele Gutes zu tun in einer Welt, die immer mehr vom Hang und Drang beherrscht wird, alles in den ordnenden Blick zu nehmen und zu richten. Das heißt auch, dass wir uns bescheiden, nicht alles »haben müssen«. Der Satz aus der Bibel bleibt aktuell:

»Was nützt es einem Menschen, wenn er die ganze Welt gewinnt, dabei aber seine Seele verliert?« (Mt 16,26)

EUGEN DREWERMANN: Wenn wir von Seele sprechen, müssen wir uns von vornherein gegen die Objektivierung dieses Begriffs als einer geistigen Substanz im Sinne der Metaphysik wenden, denn diese Auffassung besitzt eine lange Tradition.

Es war ein schöner und nahe liegender Gedanke, der aus der ägyptischen Mythologie in die griechische Philosophie PLATONs gekommen ist, sich die Seele als einen Träger von Individualität und Unsterblichkeit vorzustellen. PLATONs Frage war, wie man denn verstehen kann, dass wir Menschen zur Nachdenklichkeit, zur Erinnerung, zur Kohärenz des Bewusstseins fähig sind, dass wir uns aus dem Schlaf erheben und immer noch die gleichen sind, obwohl wir in der Nacht noch eine ganz andere Welt erschaut haben. PLATON konzipierte eine ideale Wesenheit, die sich als Trägerin aller geistigen und belebenden Prozesse unverändert durchhält gegenüber allen Veränderungen in der Entwicklung eines Menschen von der Kindheit bis zum Alter, vom Wachen bis zum Schlafen und Wiedererwachen, und die selber, in ihrer Geistigkeit, zwar im Körper ist, aber im letzten vom Körper unabhängig bleibt. Daraus folgte für ihn etwas sehr Wichtiges, nämlich dass man dieser idealen Seele auch Unsterblichkeit zuschreiben kann. Sie bewohnt den Körper nur wie im Übergang, denn sie kommt aus einer Welt, die ganz und gar der Reinheit des Geistes, der Schönheit und der Wahrheit zugehörig ist. Das ganze Unglück unseres Daseins liegt nach PLATON darin, dass wir materielle Wesen sind: Weil wir einen Körper haben, müssen wir rauben, fressen und morden. Die Seele würde so etwas weder wollen noch nötig haben; sie könnte als geistige mit allem verschmelzen, sie müsste nicht kämpfen, es sei denn um die Wahrheit der Erkenntnis. Aber es gibt uns auf Erden nur als Körperwesen. Genau das ist unser Unglück, meinte PLATON, doch aus diesem Unglück befreit uns der Tod.

Auffassungen dieser Art haben im Christentum Schule gemacht, und sie haben im Neuplatonismus auch die sogenannten Kirchenväter stark beeinflusst. Diese übernahmen vor allem von ARISTOTELES (384–322) die Vorstellung einer Seelensubstanz als der Trägerin von Unsterblichkeit. Daher kommt es, dass die wenigen, die noch an ein unsterbliches Leben glauben, die Vorstellung von einer unsterblichen Seelensubstanz für den Kern des Christentums halten und sich dabei auf die platonisch-aristotelische Evidenz stützen, dass in uns selber etwas Unsterbliches existiere. Nimmt man ihnen diesen Glauben, droht der Boden unter ihren Füßen einzubrechen und sie in die schiere

Verzweiflung zu stürzen. Deshalb ist es unerlässlich, an dieser Stelle vorsichtig zu sprechen, um keine Hoffnungen zu zerstören, sondern um ganz im Gegenteil den Glauben in der Auseinandersetzung mit den Naturwissenschaften glaubwürdiger zu begründen.

Ein Hauptproblem bei der Frage nach der Seele besteht darin, dass die heutige Forschung über unsere Gehirntätigkeit, die Neurologie, zu zeigen vermag, dass die Gründe, aus denen heraus PLATON, ARISTOTELES und die Theologen bis heute eine unsterbliche Seele konzipiert haben, der Kritik nicht standhalten. Ein Satz von WILLIAM JAMES (1842–1910) macht die Runde: »Bewusstsein«, sagte er – Seele, könnte man auch sagen –, »ist keine Substanz, sondern ein Prozess«, wobei dieser Prozess natürlich nicht an einer bestimmten Stelle – etwa in der Zirbeldrüse, der Epiphyse, oder sonst wo – zu lokalisieren ist, sondern das Ergebnis der Zusammenführung einer Vielzahl parallelverarbeitender Module im Gehirn darstellt. Dieser Satz des amerikanischen Psychologen ist deswegen wichtig, weil er prägnant die Methodologie der Naturwissenschaften ausdrückt. Kein Naturwissenschaftler rechnet heute noch mit irgendeiner Substanz. Diese Vorstellung gehört in das mittelalterliche, aristotelische Denken und ist in der Neuzeit insgesamt obskur geworden. Bereits in den Tagen von GALILEO GALILEI (1564–1642) fing man endgültig damit an, das Substanzdenken zu erübrigen.

Alle Dinge unterliegen dynamischen Bewegungen. Da gibt es keine Substanzen, die uns erklären könnten, warum sich dies und das in der Welt der Erscheinungen durchhält. Lediglich die Konstanz bestimmter Strukturen, in denen gewisse Dynamismen sich bewegen und zur Bildung eben dieser Gestaltungen beitragen, erzeugt den Eindruck von etwas Bleibendem. Das scheinbar Unwandelbare kann man durch die Prozesse selber erklären, die jene formalen Konstanzen begründen, – man braucht dafür kein eigenes immaterielles fremdes Prinzip einzuführen.

Genauso verhält sich das auch mit unserer Seele. Manche Neurologen machen sich inzwischen offenbar einen Spaß daraus, die noch Gläubigen zu irritieren, indem sie, allerdings mit Recht, darauf hinweisen, dass, wenn unser Körper stirbt, auch unser Gehirn stirbt und dass das, was wir Bewusstsein, Selbstbewusstsein, Gefühl, Wahrnehmung oder Erinnerung nennen, an Gehirntätigkeiten gebunden ist, die mit dem Tode verlöschen. Die kirchliche Theologie kommt nicht daran vorbei, diese Bilanz sehr ernst zu nehmen; immerhin steht hier der Kern des ganzen Christentums: der Glaube an die Auferstehung, auf dem Spiel!

Schaut man genau hin, so entstammt die geistesgeschichtliche Krise erneut dem Bemühen der Theologen, den Glauben objektiv, wissenschaftlich, rational zu begründen. Man wollte Gott objektiv aus der Existenz und dem Lauf der Welt mit rationalen Gründen überzeugend dartun, und genau so versuchte man es mit der Hoffnung der Menschen auf ein ewiges Leben. Die Gedanken des PLATON oder des ARISTOTELES schienen so logisch, – jedem nachdenklichen Kind konnte man sie vortragen. Die »Wissenschaft« der Theologen war ihr philosophisches Rüstzeug, die Metaphysik; und diese galt bis in die Tage der Reformation hinein, auf den Kathedern Roms noch bis weit ins 20. Jh. hinein. Insofern kam es in der Neuzeit einem Erdrutsch gleich, dass die Metaphysik Zug um Zug durch Physik ersetzt worden ist. Die Spekulation wich empirischer Forschung, und dies sogar in den Grundfragen nach der Entstehung des Universums, des Lebens, des Bewusstseins. Allerdings taucht jetzt ein neues grundsätzliches Problem auf. Denn auch und gerade die Naturwissenschaften richten ihren Blick objektivierend auf das menschliche Bewusstsein, und sie tun das so erfolgreich, dass sie inzwischen glauben, auch zu wissen, was Subjektivität sei. Doch eben damit überdehnen sie ihre Möglichkeiten: Selbst wenn man bei einer Hirnoperation dem Operierten auf einem Monitor zeigt, was in seinem Gehirn passiert, gewinnt der Betreffende nach wie vor kein Bild von sich selber in seinem Inneren; was er sieht, ist die Visualisierung hirnorganischer Prozesse, nichts weiter. Anders formuliert: Keine Naturwissenschaft kann mit ihren objektivierenden Methoden beschreiben, was ein Subjekt ist. Hier liegt der Kern einer wirklich wesentlichen Lücke möglicher Erkennbarkeit, von der wir nicht sagen können, sie basiere auf Unwissenheit, sondern, ganz im Gegenteil, sie ergibt sich aus empirischer und begrifflicher Klarheit, und sie bildet auch das Zentrum des Seelenproblems. Noch einmal mit IMMANUEL KANT gesprochen: Es war und wäre ein erkenntnistheoretischer Fehler, die Subjektivität im Erkenntnisprozess zu substantialisieren, – die Bedingung der Möglichkeit von Erkenntnis ist nicht selber ein kategorialer Gegenstand der Erkenntnis; doch wie lebt es sich als Subjekt? – Das ist die Frage, die auf der existentiellen, mithin eigentlich religiös relevanten Ebene zu der Stelle hinführt, die einst mit dem Begriff Seele verbunden war.

Nehmen wir zur Verdeutlichung des Subjektivitätsproblems einen simplen Fall: einen Neurologen, der genau beschreiben könnte, was geschieht, wenn ein Mensch die Farbe Rot sieht; – wir sehen jetzt einmal davon ab, dass es die Farbe Rot streng objektiv überhaupt nicht gibt, es gibt nur ein Energiefeld von Sonnenlicht mit bestimmten Wellenlängen, deren eine von den Augen mancher Wirbeltiere und bei ihrer Weiterverarbeitung im Gehirn so ausgelegt wird, dass es zur Wahrnehmung der Farbe Rot führt. Unser Neurologe kann diesem physikalischen und bioneurologischen Befund nun psychologisch bei der Untersuchung eines bestimmten Probanden die Einsicht hinzufügen, dass durch gewisse Erfahrungen, gespeichert im limbischen System, der Anblick der roten Farbe des Blutes offenbar einmal zu einem Angsterleben geführt hat, das jetzt durch Assoziation bei der Farbwahrnehmung Rot seelisch einen Schock erzeugt. Oder noch anders: Es zeigt sich, dass die Farbe Rot aufgrund der Oxidation der Eisenanteile in den Erythrozyten eben als die Farbe des Blutes sehr vital wirkt, so dass zum Beispiel der rote Pullover oder die rote Bluse einer Frau Sehnsucht und Verlangen nach ihr zu wecken vermag. Nehmen wir nun aber an, unser Neurologe wüsste das alles und könnte es alles kohärent erklären – von der Sonne und ihrer Physik bis hin zum Herzrasen beim Anblick der Farbe Rot –, unglücklicherweise aber wäre er selber farbenblind; dann hätte er niemals die Chance zu begreifen, was die Signalfarbe oder die Reklamefarbe Rot bedeutet. Er könnte das alles beschreiben, hätte aber selber niemals Zugang zu der subjektiven Wirklichkeit dessen, was er objektiv gerade analysiert. Er beträte niemals die Innenansicht der Welt, die ihm nur objektiv, von außen, zugänglich ist. Mit einem Wort: Er könnte der beste Experte der Welt zur Beschreibung und Erklärung des Farbsehens sein, aber er wäre ausgeschlossen von dem, was Menschen erleben, wenn sie die Augen aufschlagen und nicht farbenblind sind.

Und eben das ist nun der Unterschied, ob wir von einem neurologischen Geschehen reden oder jetzt, fast poetisch, uns erlauben, von Seele zu sprechen. Eine Seele existiert nicht objektiv, da hat die Naturwissenschaft ebenso recht wie die Erkenntniskritik KANTs. Aber sie existiert subjektzentriert als Beschreibung der Innenansicht aller Erlebnisse. Seele ist deshalb ein wunderschönes Wort. Wenn wir von Psyche sprechen, bewegen wir uns fast schon an der Grenze der Wortvergewaltigung. Wenn man, mit FREUD, etwa von dem psychischen Apparat spricht, hat man keine Chance mehr, mit einer Frau über ihre

Liebe oder über das Unglück ihrer Beziehung zu reden. Sie wird sich als dazu verurteilt vorkommen, ein bloßes Objekt innerhalb eines mechanistischen Weltbildes zu sein. Reden wir aber von Seele, so versuchen wir uns hineinzuversetzen in ihre Seelenlage, in ihre Gefühlswelt und laden sie ein, sich verständlich zu machen, indem sie von sich als Subjekt spricht und ihr Leben aus ihrer subjektiven Sicht, wie sie es erlebt hat, zu erzählen beginnt.

Wir können den Unterschied von Objektivität und Subjektivität an dieser Stelle auch ein Stück weit durch eine wichtige sprachliche Differenzierung wiedergeben. Wenig bekannt, weil Philosophie in unserem heutigen (Aus)Bildungssystem kaum noch vermittelt wird, ist inzwischen das Denken WILHELM DILTHEYs (1833–1911), eines Mannes, der zu so wichtigen Themen wie Geschichtsphilosophie, Psychologie und Phänomenologie sehr lesenswerte Überlegungen angestellt hat. DILTHEY meinte, dass man die Frage, wie Psychologie zu einer Wissenschaft zu werden vermag, nur durch eine Unterscheidung beantworten könne. Als eine Naturwissenschaft sei die Psychologie dem Erklären verpflichtet; also muss sie experimentieren, muss sie quantifizieren, muss sie unter anderem mit neurologischen, chemischen und biologischen Verfahren arbeiten. Aber das alles geschieht nur von außen und bleibt demnach auch nur äußerlich. Man bleibt auf diese Weise innerhalb dessen stehen, was KARL JASPERS (1883–1969) die Subjekt-Objekt-Spaltung im Erkenntnisvorgang genannt hat: Hier befindet sich der Erkennende, und dort ist das, was er erkennen will. Das Subjekt indessen ist nie das Objekt; das Objekt ist eine Welt, die ihm als Subjekt fremd bleibt bzw. ihm nur als eine fremde Welt zugänglich wird. Noch stärker formuliert: Der Erkennende muss oft genug die Dynamik in den Dingen zur besseren Beobachtbarkeit anhalten, er muss das Lebende methodisch oder real töten, um es unter dem Okular seines Mikroskopes oder in den Fixierungen seiner Abstraktionen in Ruhe betrachten zu können. Der Zugang zum Lebendigen wurde über viele Jahrhunderte hinweg buchstäblich durch die »Feststellung« der Lebensvorgänge ermöglicht, – ein Umstand, der sich erst durch die dynamische Nachbildbarkeit der Naturvorgänge durch nichtlineare Gleichungssysteme in der Mathematik und deren Berechenbarkeit in der Computertechnik gewandelt hat sowie in der Suche nach der »Seele« durch die bildgebenden Verfahren der Neurologie der letzten Jahrzehnte.

Ein anderer Philosoph, LUDWIG KLAGES (1872–1956), konnte deshalb zu Recht sagen: »Der Geist ist der Widersacher der Seele«, einfach weil er nur fixieren kann, weil er ständig töten muss, um besser erkennen zu können. Was dieser »Geist«, der erkennende Verstand, dann beschreibt, ist nie das Leben selber, sondern nur das Kunstprodukt seiner selbst. Der Widersacher der Seele, der erkennenwollende Intellekt, muss, um diese Art von Wissenschaft zu erlernen und auszuüben, alle Gefühle in sich abtöten, er muss sich selber als Subjekt konsequent ausschalten, um möglichst störungsfrei objektiv forschen zu können.

Der Unterschied von Subjekt und Objekt im Erkenntnisvorgang ist auch praktisch von großer Bedeutung. Wir begegnen zum Beispiel Ärzten, die naturwissenschaftlich über Krankheiten und ihre Behandlungsmöglichkeiten alles Mögliche gelernt, jedoch den psychischen Faktor des Krankheitsgeschehens in ihrer Ausbildung nie berührt haben. Patienten als Menschen aber brauchen nicht als erstes computergestützte Dateien, die objektiv erklären, woran sie leiden, sie brauchen Mitmenschen, die ihnen helfen, sich in ihrer Krankheit selber zu verstehen. Welch ein Arzt aber hat so etwas schon im Studium gelernt – bei der herrschenden Art naturwissenschaftlicher Ausbildung? Wenn es hoch kommt, stehen in den Sprechstunden einem niedergelassenen Arzt etwa zehn Minuten für einen Patienten zur Verfügung. Länger darf es nicht dauern, sonst bestraft sich der Arzt unter den heutigen Krankenkassenbedingungen selber. Doch sollen wir das wirklich glauben: Ein Arzt arbeite umso besser, je mehr er an Gefühlen in sich abschneide? Er arbeite umso effizienter, je weniger Zeit er hat? Er agiere als Mediziner umso richtiger, je weniger Mensch er ist? So kann es kaum sein. Aber was folgt daraus?

Vor Jahren weigerte sich in Bayern eine Studentin, Tiere zu sezieren. Man schrieb ihr das vor, – sie könne Biologie nur studieren, wenn sie das tue; ihre sehr subjektiven Gefühle müsse sie halt kontrollieren, sagte man ihr. Oder ein anderes Beispiel: Was geschieht, wenn man eine Leiche seziert, – etwas, das im übrigen die Kirchen vor etlichen Jahrhunderten noch als gotteslästerlich verboten haben? Vorbehalte dieser Art waren gefühlmäßig überaus verständlich, denn es passiert emotional etwas mit uns, wenn wir so etwas tun, und diese subjektive Seite im Erleben beim Aufschneiden eines menschlichen Körpers müsste dementsprechend menschlich begleitet werden. Das aber wurde es schon im 16. Jh. nicht und wird es bis heute nicht. Mit anderen Worten: Wir müssten zu dem Erkenntnisvorgang im Rahmen der

Subjekt-Objekt-Spaltung dringlich einen ergänzenden Modus hinzuzufügen, und eben dafür schlug DILTHEY neben dem Begriff des Erklärens den Begriff des *Verstehens* vor.

An dieser Stelle scheint es heute dringend nötig, den Begriff des Verstehens in der deutschen Sprache zu retten, indem man sich weigert, ihn ersetzen zu lassen durch das Wort »nachvollziehen«. »Nachvollziehen« ist ein Mischbegriff zwischen erklären und verstehen, und er ist der Kontrollsprache der Bürokratie entlehnt. »Es ist nicht nachvollziehbar« heißt: Der Mann hinter dem Computerbildschirm kann die Steuererklärung, die im vorgelegt wird, nicht lückenlos in allen Einzelheiten in seinem Rechner überprüfen; dann ist der Mann vor dem Bildschirm der Steuerhinterziehung verdächtig. »Nachvollziehbar« ist die Spaltung der Welt zwischen dem Machthaber, der die Kontrollinstanz und die Deutekompetenz besitzt, und dem Ausgelieferten, der sich so mitzuteilen hat, dass er dem Nachvollziehenden sich nicht zum Strafvollzug ausliefert. Beim »Nachvollziehen« bleibt die logische Frage, woher etwas kommt und erkennbar wird, von vornherein ausgeklammert. Das »Nachvollziehen« bewegt sich von Anfang nur an der Oberfläche; es will allenfalls den Prozess der Wellenbewegung, nicht aber die Tiefenströmung begreifen.

In einer solchen Einstellung zeigt sich ein deutliches Symptom für die Deformation nicht nur der Sprache, sondern auch des Verlustes an Menschlichkeit. Naturwissenschaftler sind natürlich keine Bürokraten. Sie wollen nicht nur »nachvollziehen«, sie möchten Ursache, Wirkung, Rückwirkung, Komplexitätsstrukturen sauber erklären. Doch hier tritt nun die DILTHEY'sche Differenz in Kraft: Der Begriff des Verstehens ist deshalb so kostbar, weil das deutsche Wort *verstehen* unersetzbar ist, – fraglich scheint, ob man zum Beispiel mit »comprendre« im Französischen irgendetwas wiedergeben kann, das dem deutschen »verstehen« gleichkommt. Verstehen besagt, dass man einen Anderen erst dann als Subjekt begreift, wenn man sich ihm als Subjekt nähert und ihn nicht in ein Erkenntnisobjekt verwandelt: Ich muss mich von meinem Standpunkt aus als Erkennender hinüberbewegen zu dem Punkt der Welt, an dem der andere sich befindet. Verstehen bedeutet, den Standpunkt des Anderen einzunehmen; es ist identisch mit dem Versuch, mit seinen Augen zu schauen, mit seinen Gefühlen zu fühlen, aus seinem Erleben heraus die Welt zu entwerfen und auf die eigene Weltsicht dabei erst einmal zu verzichten. Verstehen bedeutet einen Vorgang der probeweisen Identität mit einem

Anderen. Man tauscht die Sichtweisen aus, man dreht die gesamte Perspektive.

Verstehen ist deshalb überaus kostbar, ja, unerlässlich weil es eine Begegnung von Ich und Du, von Subjekt zu Subjekt wiedergibt. Deutlich wird dabei, dass der objektive Zugangsweg von Anfang an ins Leere läuft; denn vom Subjekt des anderen wird man gerade so viel begreifen, wie dieser Andere sich vertraut macht, indem er sich mitteilt, indem er zum Beispiel seine Träume erzählt, seine Gefühle offenbart, seine abgründigen Empfindungen mitteilt, seine Gefährdungen darlegt, um sie in irgendeiner Weise besser einordnen zu können. All das setzt voraus, dass der Erkennenwollende gerade nicht dasteht als derjenige, der »es« weiß, der es beurteilt, der es verurteilt, der es zensiert, dirigiert, manipuliert, sondern dass er sich zum Standort des anderen hinüberbegibt und sich an dessen Stelle, in dessen Lage versetzt. »Verstehen« heißt: Ich möchte die Welt so sehen, wie du sie siehst, damit wir sie gemeinsam betrachten können. Verstehen ist deshalb eine unendliche Aufgabe, die nie erfüllbar ist, denn stets bleibt da ein Rest an Geheimnis im Anderen. Dieser Zustand macht die Begegnung des Verstehens so spannend. Was wir Liebe nennen, ist im Grunde nichts weiter als ein solcher unendlicher Versuch, einander näherzukommen. Dabei machen wir die Entdeckung, dass wir einander ein Stück weit stets auch fremd bleiben, ja, wir spüren die Andersheit der Anderen sogar immer deutlicher, je näher wir ihm kommen. Aber gerade das macht die Wunderbarkeit eines unendlichen Dialogs im Rahmen suchenden Verstehens aus. In summa: Der Versuch des Verstehens ist das genaue Gegenteil von Verobjektivierung.

Im Erleben der Liebe können wir das Gemeinte noch einmal näher betrachten: Jede Frau weiß, wie ein Mann sie anschaut. Objektiviert er sie, fixiert er sie, dann schämt sie sich. Es mag sein, sie posiert für den Moment kokett und stolz, aber im Grunde bleibt ein unangenehmes Gefühl zurück: Ein Stück ihrer Subjektivität, ihrer Seele, ist ihr gestohlen worden in dem Bild, das der andere sich von ihr gemacht hat. Deshalb haben die Muslime völlig recht, wenn sie das Abbilden von Personen verbieten, – es ist irgendwie indiskret und schamlos, ein Voyeurismus der Teleobjektive. Ganz anders verhält es sich, wenn jemand die Chance erhält, sich selbst, sein eigenes Bild in die Augen und in das Herz eines anderen einzumalen. Schaut der andere so respektvoll, andächtig, aufmerksam, wie man ein Kunstwerk in einer Gemäldegalerie betrachtet, so dass die Angeschaute als Subjekt sogar verstärkt im Betrachten hervortritt, so entsteht ein Unterschied wie zwischen Tag und Nacht! Sie selber probiert das ja, bevor sie auf die Straße geht: Sie schaut in den Spiegel, um durch Vergleich herauszufinden, wie Männer sie betrachten könnten und wie sie selber gesehen werden möchte. Kaum aber ist sie auf der Straße, ist der Spiegel fort, und sie schaut selber nur noch in diesen wunderschönen oder gierigen oder gleichgültigen oder aufregenden Augen der Anderen. Alles ist plötzlich neu, ganz anders und unvorhersehbar, ein Abenteuer.

JEAN PAUL SARTRE (1905–1980) hat solche Vorgänge en détail in »Das Sein und das Nichts« beschrieben. Er erstellte darin phänomenologisch eine Ontologie des Sehens: Was geschieht, wenn ein Bewusstsein auf ein anderes Bewusstsein trifft und es als Subjekt in ein Objekt verwandelt? Das war SARTRES Dauerproblem: Wie kommt der Erkenntnisvorgang außerhalb der Objektivierung überhaupt zustande? SARTRE hielt ein wirkliches Erkennen der Subjektivität eines andern für völlig unmöglich. Darum definierte er den Glauben an Liebe als die Illusion eines temporären Sado-Masochismus im Übergang von Selbst- und Fremdobjektivierung. Doch gerade bei SARTRE wird deutlich, dass wir auf diese Weise zu Opfern eines Erkenntnismodells werden, das in sich selber defizitär ist. Schon die Wirkungen seiner Unmenschlichkeit lassen begreifen, dass es falsch sein muss, und das hat damit zu tun, dass der Begriff des Verstehens fehlt. Dass es so etwas wie Verstehen geben könnte, gilt in der Phänomenologie JEAN PAUL SARTRES für völlig undenkbar, denn das liefe ja darauf hinaus, dass man den Anderen nicht länger zum Objekt machen würde, sondern man mit ihm als Subjekt verschmölze, – dass man sich selber als Subjekt bereichert fühlen würde von der Eigenart der Andersartigkeit der Subjektivität des Anderen.

Den Anderen als Subjekt zu »verstehen« liegt also jenseits aller Naturwissenschaft und ebenso jenseits allen objektiven Erkennenwollens, doch eben deshalb hat Verstehen zutiefst mit dem Begriff der Seele zu tun, verdient es doch selber eine seelische Begegnung genannt zu werden. Wenn PLATON im Dialog des »Symposions« von dem Gott Eros sprach, so stellte er sich vor, dass die Begegnung zweier Liebender alle Entstellungen und Verformungen des Irdischen hinwegstreicheln könnte und die Wahrheit, die eigentliche Schönheit in der Hinfälligkeit des Anderen wieder sichtbar machen würde.

So zu sprechen mag recht verträumt klingen. In Wirklichkeit aber ist es das Bemühen um genau die Art von Erlösung, die wir mit der

Person und der Botschaft Jesu verbinden. Es gibt kein Böses, das nicht ein Hilferuf ist, sagten wir. Es gibt keines Menschen Seele, die nicht auffindbar wäre wie eine Perle mitten im Morast, können wir jetzt sagen, – man müsste nur geduldig genug suchen. Es ist so ähnlich wie mit den Brunnen, welche die Mayas hinterlassen haben, die Cenotes, in welche Archäologen hinabtauchen: Man weiß, da unten liegen geopferte Tote, da sind Leichen und Gerippe, da ist alles Mögliche hineingeworfen worden; doch eben deshalb werden sich dort auch Perlen, Kostbarkeiten, Schmuck, Schönheiten aller Art befinden, welche die Zeiten überdauert haben und die uns noch einmal einen Blick in das eröffnen, was damals gewollt, gewünscht, erträumt, gefürchtet, beschworen ward, und man wird es zu Tage fördern, man muss nur lange genug hinabtauchen und sorgfältig genug suchen und sammeln.

Wenn wir diesen Vergleich übertragen auf die Art, wie Menschen einander begegnen, verhält es sich gerade so: Man müsste die Schönheit im Anderen, die verloren schien, wieder hervorlieben, man müsste in der verlorenen Seele wieder freilegen, was mit ihr gemeint ist, und man müsste die betreffenden Menschen auch subjektiv wieder glauben machen, dass sie diese ihre Schönheit selber wirklich sind, so dass sie von sich all das ablegen können, was man ihnen aufgezwängt hat. Dabei darf man bei solchem Bemühen neben allen möglichen Widerständen auch auf eine tiefe Bereitschaft und Zustimmung zählen. Es hätte ja nicht so weh getan, derart entfremdet leben zu müssen, wenn nicht ein ganz Anderes auch, wenngleich verborgen, stets gegenwärtig gewesen wäre. Man kann natürlich jegliches Schamgefühl verlieren, man kann Raskolnikows Weissagung an Sonja erfüllen und eine wirkliche Dirne werden, bis dass man aus lauter Verzweiflung nichts weiter mehr ist als ein Teil der Gosse. Aber in diesem Falle muss man wirklich alles verloren haben, was man einmal war; man muss so weit abgestumpft sein, dass alle Gefühlsreaktionen ausgeschaltet oder überlagert sind. Aber in jedem Augenblick der Liebe, in dem ein Mensch beginnt, an sich selber zu glauben, beginnt auch seine Fähigkeit, sich zu erinnern an das, was er einmal war.

Alle Seelensuche der Liebe ist insofern eine Art von Psychotherapie. Sie ist im Grunde der Versuch, gegen alle sichtbar sich darbietende Empirie an einen anderen Menschen, der behauptet, dass es keine Hoffnung für ihn mehr gibt, dass aus ihm niemals mehr etwas wird und auch schon gar nicht mehr werden kann, weil noch nie etwas aus ihm geworden ist, *mehr* zu glauben, als er je zu glauben vermocht hat.

Es gibt für solchen Glauben keinen Beweis und keine Gründe; man kann dem anderen nicht zeigen, dass das alles nicht stimmt, was er da von sich behauptet, – im Gegenteil, all das hat hundert Gründe, die man überhaupt erst kennen lernen kann, indem man sich die Gründe seiner Verzweiflung anhört. Gleichwohl beginnt man die Gespräche mit einem Vertrauensvorschuss, der empirisch zwar nicht gerechtfertigt, menschlich aber überaus wichtig ist. – Religiös gesprochen: Ich erachte diesen Anderen als ein Geschenk Gottes und als ein Geschöpf Gottes. – *Das* ist, was man seine Seele nennen kann und wovon gilt, dass es unzerstörbar ist, hier im Sosein dieser Welt schon und dann in alle Ewigkeit. Wenn sich eine solche Vorstellung mit dem Begriff Seele verbindet, besteht darin der schönste Glaube, der einen Mensch tragen kann.

Man kann es vielleicht auch noch anders sagen: Psychotherapie ist so etwas wie eine solche archäologische Aufgabe. Was man in aller Regel aus der Tiefe holt, sind deformierte Gegenstände, die durch alle möglichen tektonischen oder chemischen Einwirkungen entstellt wurden; die ursprünglichen Farben sind vergangen, Teile der Form, sogar das Gesicht betreffend, sind weggefressen worden. Aber genau an diesen Stellen des Fehlenden oder Deformierten beginnt man jetzt zu ahnen, was da einmal war, und fängt an, es zu rekonstruieren. Man sieht die Statue einer Aphrodite vor sich, – wie haben die Menschen sich damals Schönheit vorgestellt? In etwa weiß man, wie sie damals geträumt haben; wie aber waren die Träume derer, die diese Statue schufen? Das müssen wir herausfinden. – Wir sind wieder beim Verstehen: Man träumt mit den Augen einer anderen Zeit, mit den Augen anderer Menschen, die man nie gekannt hat, von denen es nur noch dieses eine kleine Zeugnis gibt, aber man versetzt sich in sie hinein und man stellt am Ende dem Betrachter im Museum etwas vor, das er für objektiv nimmt. In Wirklichkeit aber hat man einen Teil der Wirklichkeit von etwas zum Vorschein gebracht, das für vergänglich galt und das sich nun als unvergänglich erweist.

Stirbt also mit der Sterblichkeit unseres Gehirns notwendig auch der Glaube an Unsterblichkeit? Das gerade nicht! Was stirbt, ist die platonische Vorstellung, wir trügen in uns eine Wesenheit, deren Natur es sei, unsterblich zu sein. Was aber umso notwendiger wird, ist der Glaube an ein Gegenüber, das durch seine Anrede im Feld eines unbedingten Vertrauens uns allererst dahin geführt hat, dass wir uns selbst als Personen und die Welt als Schöpfung zu entdecken vermögen. Diesem Gegenüber dürfen wir vertrauen, dass seine Liebe stärker ist als der Tod und dass es uns besser kennt als wir uns selber. Die Subjektivität, mit der wir darauf antworten, lässt uns eintreten in einen Dialog ins Unendliche, der uns immer tiefer mit uns selber verbindet und mit allen Lebewesen und Menschen an unserer Seite. Dieses Hineinwachsen in die Ewigkeit Gottes mag man – symbolisch, nicht metaphysisch – als Unsterblichkeit der »Seele«, als Bild unserer Subjektivität begreifen; aber Unsterblichkeit ist keine Eigenschaft unserer Natur, sondern ein Geschenk dessen, der wollte, dass wir sind – und leben in Ewigkeit, keine Substanz, sondern ein Sein in Beziehung des sterblichen Menschen zu dem unsterblichen Gott.

Traum

»Eine Nacht? Und war ein Leben! Eine Nacht!
Es war ein Traum« (Grillparzer)

oder: Von Träumen, die uns aufwecken

MICHAEL ALBUS: Wir angeblich modernen Menschen haben ein zwiespälti-
ges Verhältnis zum Traum. Er kommt den meisten vor wie etwas, dem
man nicht so richtig trauen kann.»Träume sind Schäume« sagt der Volks-
mund immer noch. Und ein Mensch, der nicht mit beiden Beinen auf dem
Erdboden steht, realitätsbewusst, ist ein Träumer, der in den Tag hinein-
lebt.

Unsere Gesellschaft verlangt nach der Wirklichkeit oder nach dem, was
sie für die Wirklichkeit hält. Doch manchmal geschehen Dinge in dieser
Wirklichkeitswelt, die einen staunen und die Augen reiben lassen.»Ich
glaube, ich träume« sagen dann viele. Irgendetwas scheint es da zu
geben, was ein zweites, anderes Leben in uns selber führt, das uns über-
fällt und beunruhigt, das wir jedenfalls so gut wie gar nicht kontrollieren
und steuern können. Es sind Bilder, die aus dem Innern aufsteigen und
doch eine seltsame Verwandtschaft mit dem aufweisen, was uns von
außen umgibt. Die Traumforschung und Traumdeutung hat vieles zu
Tage gefördert, was uns heute Träume gründlicher verstehen lässt als
früher, aber das Geheimnis der Träume ist immer noch nicht gelüftet.
Vielleicht ist es auch gut, dass es noch ein Areal in unserem Leben gibt,
das wir unserem Verstand und unserem Willen nicht unterwerfen können.

Es gibt keinen Mythos, keine religiöse Offenbarung in der Menschheitsgeschichte, die nicht mindestens Elemente eines Traums enthalten
würde. Wichtige Botschaften – woher? – haben Menschen durch Träume
erhalten, sie haben ihr Leben danach ausgerichtet. An den Höfen der
Könige war der Traumdeuter eine wichtige und mächtige Person. Und
grundlegende Veränderungen im Leben der Einzelnen und der Völker
haben sich in Träumen angedeutet. Das Leben ein Traum? Der Traum ein
Leben?

Im Traum erreichen wir eine andere Ebene der Wirklichkeit. Aber sie
gehört zur Wirklichkeit im ganzen. Wenn wir etwas besonders schön finden, sagen wir »traumhaft«. Wir erleben dann etwas, das nach Vollkom-
menheit schmeckt, nach Ganzheit gegenüber einer »nüchternen« Wirklichkeit, die uns bedrückt und einengt, nach dem wir Sehnsucht haben.
Träume können auch Ausflüchte sein in eine Welt, die wir uns wünschen,
in eine schöne, runde, vollkommene Welt.

Aber es gibt nicht nur die schönen Träume. Auch Albträume stellen
sich ein. Sie zeigen an, unter wem oder was wir leiden, sie legen sich wie
ein rotes Schreckenstuch über unsere Tage und Nächte, sie lähmen uns.
Sie kommen aus Abgründen, die wir nur ahnen können, und legen die

Vermutung nahe, dass in uns ein fortwährender Kampf zwischen hellen und dunklen Mächten und Gewalten geführt wird. Im Wort »Traum« verbirgt sich die Wortwurzel »trügen«. Träume sind trügerisch, abgründig, rätselhaft.

Nicht nur die Heiligen Schriften der Religionen sind voll von Träumen. Die Literatur aller Zeiten erzählt von Träumen. Auch Kunstwerke zeigen uns Träume, Filme sind die sichtbaren Bilder einer unsichtbaren Innenwelt. Ja man kann ohne Zögern die Behauptung aufstellen, dass alle Äußerungen des Menschen Auslegungen einer anderen Wirklichkeit, also Träume sind, einer Wirklichkeit, die mitten durch unsere realen Tage und Nächte geht, die nicht nur ein abgespaltener, verborgener Teil der Wirklichkeit ist, sondern die die Wirklichkeit selber ist. Also keine Frage mehr: Der Traum ein Leben, das Leben ein Traum.

Wir können das Faktum zu verdrängen versuchen. Die Verdrängung wird uns nicht bekommen. Sich in die Träume zu vertiefen, sie deuten zu lernen, kann eine Hilfe zum Leben sein. Im Traum entwerfen wir, besser gesagt, entwirft sich, eine neue Welt, eine Hoffnung, ohne die wir nicht sinnvoll leben können. Exakt das beschreibt zum Beispiel Johannes, der Seher von Patmos, in der Geheimen Offenbarung des Neuen Testaments:

»Dann sah ich einen neuen Himmel und eine neue Erde; denn der erste Himmel und die erste Erde sind vergangen, und das Meer ist nicht mehr … Der Tod wird nicht mehr sein, nicht Trauer, noch Klage noch Mühsal. Denn die alte Welt ist vergangen.« (Apk 21, 1 und 4)

Das ist ein Traum, der uns träumt.

EUGEN DREWERMANN: In aller Regel gelten uns Träume für Schäume, für das Gegenteil der Wirklichkeit. Aber wie schon vermutet, kann es durchaus sein, dass sich die Wahrheit einer Mitteilung in der Zeitung gar nicht im Nachrichtenteil oder im Text des Kommentars findet, sondern im Feuilleton. Es wäre durchaus möglich, dass die Fortsetzungsgeschichte von THEODOR FONTANEs »*Effie Briest*« sich viel wahrer ausnimmt als die Tiraden etwa der Familien- oder Arbeitsministerin. Es kann sein, dass ein GRIMM'sches Märchen, das im Kinderteil derselben Ausgabe abgedruckt ist, auch den Erwachsenen viel darüber zu verraten hat, wie Ehen scheitern, indem man sich den Anderen als eine zu erlösende Königstochter vorstellt oder ihn wahrnimmt als einen verwunschenen Frosch oder als eine unheimliche Hexe, – lauter Dinge, die in die Rationalität des Zweimal-zwei-ist-Vier und Es-folgt-das-eine-aus-dem-anderen nicht hineinpassen, von denen man aber deutlich spürt, dass sie in unserem Leben und für unser Erleben eine enorme Macht besitzen. Sie beschreiben schon deshalb eine Wirklichkeit, weil sie sehr wirksam sind für unsere Gefühle, für unsere Affekte, für unsere Wünsche, kurz, für alles, was uns menschlich wichtig ist.

Träume, Märchen, Mythen sind mithin die Offenbarung einer Wirklichkeit jenseits der sehr vordergründigen kunstgezimmerten Bühne, die wir uns mit dem Verstande erschaffen haben, um mit distinkten Begriffen eine klare, nach unseren Zweckvorstellungen zu ordnende Welt zu konstruieren. Vielleicht begreift man die Entdeckung der Psychoanalyse SIGMUND FREUDs über die Bedeutung der Träume am besten so, dass man in den Träumen nicht ausschließlich die Widerspiegelung neurotischer Krankheitszustände sieht – ein Standpunkt, der ihm als Nervenarzt vor hundert Jahren am wichtigsten sein musste, um Menschen zu helfen –, sondern dass man die Träume betrachtet wie die heutige Neurologie: nicht als Produkte eines kranken Gehirns, sondern indem man dem gesunden Gehirn bei seiner Tätigkeit zuschaut. Was haben Menschen zu sagen, wenn sie Heilträume, wenn sie gesund machende Träume haben? Das ist ein Gedanke, auf den die Psychoanalyse in dieser Form zwar zurückgeht, auf den sie aber nie wirklich zurückgegriffen hat, obwohl er doch bereits am Anfang der Seelenheilkunde stand. Im Heiligtum zu Epidauros etwa behandelten vor 2600 Jahren die Ärzte des Heilgottes Asklepios, der zwischen Tag und Nacht von dem Gott der Helligkeit Apoll und der Nymphe des wechselnden Mondes Aigle-Koronis geboren wurde, Menschen, indem sie diese zum Heilschlaf in ihren Tempel einließen und am Morgen dann die Botschaft des Gottes, wie im delphischen Orakel, aus den Träumen zu eruieren suchten. Man muss nun nicht religionshistorisch den Kult des Asklepios und die Art der Traumanalyse der Ärzte in Epidauros näher betrachten; die Grundtatsache ist ganz einfach: Wenn man Menschen hindert zu träumen, müssen sie krank werden. Was SIGMUND FREUD umgekehrt den Menschen zurückschenken wollte, war im Grunde die Fähigkeit, die Dichter ihres eigenen Lebens zu sein, indem sie ihre Seele so zur Sprache brächten, dass sie unverstellt zu reden beginnt.

Das Verfahren der Psychoanalyse ist auf dem Wege dahin in humaner Weise revolutionär und genial dadurch, dass der Therapeut nicht zensiert, nicht moralisch wertet, nicht die Mechanismen der Unterdrückung objektivierend von außen her weiterführt, dass er also nicht den Standpunkt der Gesellschaft gegenüber dem Leidenden vertritt und urgiert, sondern dass er ganz im Gegenteil die Seele als einen Organismus betrachtet, der allemal weiß, was er braucht und was ihm fehlt, wenn man ihn nur lässt und nicht verstört mit immer neuen äußeren Interventionen. Ein Therapeut also hört zu und verzichtet darauf, auch nur im verborgenen, inwendig, zu zensieren. FREUD hat nun freilich auch beschrieben, dass Träume in aller Regel durchaus neurotisch sind und sein müssen, weil die innere Zensur des Patienten selbst im Schlaf noch waltet. Alle Traumsymbole interpretierte er deshalb, bildhaft sprechend, wie er es gerne tat, als eine Schmugglerware, die nur über die Grenze gebracht werden könne, wenn sie umdeklariert werde. Man darf natürlich beim Grenzübergang nicht sagen, hier liege eine Kalaschnikow im Koffer, man muss sagen, es handle sich um die Probelieferung einer Gerätefirma oder so. Dann kann es die Grenze des Bewusstseins ungestraft passieren, und überhaupt nur unter dem Etikett des Harmlosen ist diese Grenze offen. Die Aufgabe der Traumanalyse ist es von daher, den wahren Inhalt des Koffers wiederzufinden und die Gefährlichkeit der ursprünglichen Wünsche zu rekonstruieren, bis sie ihre Sprengkraft verlieren und vom Ich kontrollierbar werden. Wenn alles gut geht, braucht man am Ende der Angst und der Aggressionen keine Kalaschnikow mehr; man kann das fremde Land als erwünschter Mitbürger betreten, wenn sich nur einmal die Asylverfahren und die Gesetzgebung ändern.

Etwas Entscheidendes ist nach allem Gesagten die Aufhebung der Subjekt-Objekt-Spaltung, die im Traum geschieht. Im Traum bin ich mein innerer Beobachter. Der Traum wird gestaltet durch Bilder, die spontan sich einstellen, aber auch durch Deutungen, die schon im Traum selber stattfinden, durch Verformungen, die das Ganze ichgerecht machen sollen.

Vor einiger Zeit gab es einen neurologischen Ansatz, der den Träumen jede Bedeutung absprach. Man glaubte, dass Träume bloße Produktionen des Hirnstammes seien, die im präfrontalen Kortex gedeutet würden, aber in sich sinnlos seien, da ihre Interpretationen eigentlich nur versuchten, einem sinnlosen Hintergrundrauschen des Hirnstamms einen Sinn abzugewinnen. Dieses Rauschen bekämen wir zwar mit, aber es bedeute so wenig, wie wenn wir bei offenem Fenster schlafen und der Autoverkehr auf der Straße hörbar wird; am besten sollten wir ihn vergessen und weiter schlafen. Das war tatsächlich die Meinung mancher Neurologen. Was man dabei jedoch nicht bedachte, war die Tatsache, dass selbst das »Rauschen« psychisch offen für eine Bedeutung sein kann. Wir gehen im Nebel spazieren und sehen einen Baum, den wir undeutlich wahrnehmen; dann kann uns plötzlich alles Mögliche erscheinen, zum Beispiel ein Vergewaltiger, der schon auf uns wartet, oder ein Freund, nach dem wir uns sehnen. Mit anderen Worten: Gerade das Unscharfe wird interpretiert nach Vorgaben, die wir als eigene Erfahrung oder Erwartung in uns tragen, es wird abgeglichen mit bestimmten Vorstellungen unseres Gefühlslebens, es wird assoziiert mit Problemstellungen der Gegenwart, die ihrer Lösung harren.

Anders formuliert: Selbst wenn wir ein nebulöses Hintergrundrauschen im Hirnstamm erst einmal als Input des Traumgeschehens annähmen, ist die Art der Verarbeitung immer noch äußerst signifikant zur Interpretation unserer Seelenlage. Eben das tut die Psychoanalyse. Zudem ist der Traumvorgang selber höchst komplex und basiert, wie MARK SOLMS gezeigt hat, auf der Zusammenschaltung recht verschiedener Aktivitäten in verschiedenen Hirnregionen, die dafür sorgen, dass wir im Traume Bewegungen, Farben, Gestalten, Personen, Landschaften, Vorgänge etc. zu sehen meinen, und die Aktivierung all dieser Zentren erfolgt nach Art einer Musik, die ein Pianist am Flügel zu Gehör bringt – ein CHOPIN, der komponiert, indem er spielt, und der spielt, indem er komponiert.

Entscheidend ist nun, dass wir in unseren Träumen, den kranken wie den gesunden, uns aufwerfen, die Dichter unseres eigenen Lebens zu sein, und auf dieser Ebene: wie bei der Interpretation großer Dichtung, sollten wir Träume betrachten, inklusive der Konflikte, die sie heraufbeschwören.

Was zum Beispiel schildert WILLIAM SHAKESPEARE (1564–1616) in »*Romeo und Julia*«? Er schildert die Sehnsucht nach Liebe. Aber er zeigt zugleich eine kranke Gesellschaft, die die Liebe nicht zulässt; er zeigt einen Patriarchalismus, der die Menschen nicht glücklich sein lässt; er zeigt die Tödlichkeit des Lebendigsten im Menschen, wenn es sich wagt und sich zur Seligkeit der Liebe erheben möchte, inmitten einer Welt, die alles nur zerdrücken und zerstören muss, damit es an die herrschenden gesellschaftlichen Konventionen angepasst bleibt. Der Krieg, der gesellschaftlich draußen tobt, führt sich auf im Traumtheater der Seele, und jeder, der das sieht, weiß, dass am Ende der Himmel, der sich über einer solchen Welt rötet, das nicht will, was sich soeben noch auf Erden abgespielt hat, – niemand kann es weiter so wollen. Im Theaterstück SHAKESPEAREs ist der Traum eines Kranken dazu bestimmt, ein Heilmittel für alle zu sein. – In der griechischen Tragödie, wie wir sahen, ist das genauso. Wer »Ödipus« oder »Orest« auf der Bühne gesehen hat, soll anders daraus hervorgehen, als er vorher war.

Ähnliches geschieht auch in der psychoanalytischen Traumanalyse: Man sieht, was dargestellt wurde, man sieht das Zerstörerische darin, und man beginnt, es zu erkennen, zu verstehen und sich selber darin zu begreifen. Wenn das geschieht, kann man gerade durch diesen Läuterungsvorgang frei werden und eine andere Welt entwerfen.

Träume sind mithin Dramen der Seele, sie sind große Dichtungen wie die Mythen oder kleine Dichtungen wie die Märchen. Sie stellen Verfahren dar, die Scheuklappen, die Sichtblenden der Angst zu entfernen und die Realität so auf uns wirken zu lassen, wie sie auf jedes unverstellte menschliche Gemüt wirken müsste, indem sie Impulse freisetzen, die dann die Welt verändern. Wer Träume zu Schäumen erklärt, der will die verwaltete, geschlossene Welt beibehalten, der will den revolutionären Inhalt zurückdrängen, der in der menschlichen Seele liegt. Es geht dann ähnlich schizophren zu wie, sagen wir beispielsweise, in der *Frankfurter Allgemeinen Zeitung*: Da hat man einen Wirtschaftsteil, der natürlich »vernünftig« bleiben muss, daneben aber gibt es auch den Feuilletonteil, – den goutiert man, wie um von den Fieberkurven der Börsennachrichten Ruhe zu finden. Also bespricht man, was auf den Theaterbühnen gespielt und in den Ausstellungen der Museen gezeigt wird; auf diese Weise ergötzt man eine

Oberschicht, die sich das Leben umso ungestörter verschönert, als sie den aufregenden Inhalt aller Kunst schlicht ausblendet oder allenfalls rein historisch vermittelt. Übrig bleiben soll allein die ästhetische Faszination. Wie hat der Künstler dieses oder jenes Bild gemalt? Mit welchen Farben hat er gearbeitet? In welchen Formgesetzen hat er sich bewegt? Oder: Wie war diese Schauspielerin? Hat sie ihrer Rolle genügt? Wie war der Regisseur? Eines steht fest: Hätte er sich erdreistet, wirklich etwas bewegen zu wollen, wird man ihn in den Rezensionen niederschreiben. Indem er Gefühle ernst nahm, war er nur kitschig, ja, geradezu degoutant; in jedem Fall hat er nicht das Niveau der Vorlage erreicht. Wie aber darf oder muss man GEORG BÜCHNERS (1813–1837) »Woyzeck« spielen? Darf man ihn zeigen, wie BÜCHNER ihn gemeint hat? Aber, dann würden die Menschen ja weinend aus dem Theater herausgehen, in eine Welt hinein, in welcher man sie bis zum Wahnsinn zerstört, in welcher man sie aus verlorener Liebe zu Mördern macht! Darf man derlei wissen? – Zwischen dem Wirtschaftsteil der FAZ und ihrem Feuilletonteil gibt es noch den Finanzmarkt-Teil; der, offenbar, ist das missing link zwischen Geist und Macht. Weiß man denn nicht, dass auch die Bühne nur lebt von den Mäzenen im Hintergrund? Das ist wirklich so wie in den Tagen SHAKESPEARES: Geld ist der Nerv des Krieges, sagt man, und fügt noch hinzu: und auch der Nerv der Schönheit. Ohne Geld läuft gar nichts, wie jeder weiß … Hoffen kann man nur, dass die Künstler *nicht* die Verpflichtung verspüren, ihren Geldgebern aus der Hand zu fressen …!

Theologen sollten immerhin wissen, dass jedes Märchen, geschweige denn die Erzählungen der Bibel, eine Glaubensfrage an den Leser richtet. Woran glaubt er wirklich? An die Liebe, selbst in ihren zerstörtesten Formen? Oder an das Zweimal-Zwei derer, die sie zerstören? Wie aber interpretiert man Mythen, Legenden, und was ist so wahr an ihnen, dass sich daran etwas entscheidet wie zwischen Sein oder Nichtsein? Was einem Menschen derart wichtig ist oder sein sollte, ist selber bereits eine Entscheidungsfrage. Doch um sie zu beantworten, muss man die Träume der Menschen zu lesen verstehen und ihr Leben lesen wie sich aufführende Träume, und vor allem: Man muss die Sprache Gottes in der Seele der Menschen, man muss die Symbole der Bibel und anderer »heiliger« Schriften auszudeuten sich erlauben.

Ich selber entsinne mich eines Gesprächs mit meinem Erzbischof vor 20 Jahren in Paderborn über die Frage, was Glauben sei. Mein

Bischof erklärte: Es ist wahr, was in der Bibel steht; denn die biblischen Geschichten haben inspirierte Autoren geschrieben, und die kennen die Wahrheit! Derlei hatte ich als Kommunionkind schon gelernt, eine solche Auffassung war mir vertraut, aber sie kann nicht statthaben. Markus erzählt zum Beispiel zweimal in seinem Evangelium, Kapitel 6 und Kapitel 8, wie Jesus Brote nimmt und für Hungernde vermehrt. Der Bischof hat diese Darstellung als historisch wahr genommen, und er schrieb vor, dass man so zu glauben habe, um gläubig im Kirchensinne zu sein. Ich aber glaube *aus Glauben* so überhaupt nicht. Kein Exeget, der halbwegs vernünftig ist, wird zu den Geschichten von der Brotvermehrung heute *nicht* sagen, es handle sich dabei formgeschichtlich um Legenden. Der Bischof aber erklärte: Nein, Legenden nicht! – Die Exegeten sind schlau genug, das Wort »Legende« zu umgehen; sie sagen derzeit lieber, es handle sich um midraschähnliche Erzählungen, die uns Jesus als den zweiten Moses beim Mannawunder zeigen oder als den zweiten Elija bei der Witwe von Sarepta; es seien Konkurrenzgeschichten mit christologischem Hintergrund. Doch führt eine solche Erklärung wirklich weiter? Versuchen wir es einmal anders. Halten wir fest, es geht um Geschichten, die historisch sich so, wie geschildert, nicht ereignet haben können. »Eben, Sie glauben nicht!« sagte der Bischof. »Nein«, sagte ich: »Ich glaube an die Wahrheit dieser Erzählung und möchte jetzt sagen wie. Woran Sie, Herr Bischof, glauben, besteht in der Überzeugung, dass auch Moses und Elija nicht so wichtig sind, weil ja Jesus wirklich Brote vermehrt hat.« – »Ja, genau!« – »Also werden Sie den Vierzehnjährigen im Religionsunterricht erläutern, dass Jesus vor zweitausend Jahren solche Wunder tatsächlich, historisch real, gewirkt hat. Wenn jedoch die Vierzehnjährigen geistig bei Troste sind, werden sie weiterdenken und Sie fragen: Wenn Gott das kann, Brotvermehren, Herr Lehrer, Herr Bischof, einfach, weil die Menschen Not haben, warum tut er das dann heute nicht? 50 Millionen Menschen verhungern gerade; hat er vor zweitausend Jahren sogar zweimal Hungernde gesättigt, nur um zu zeigen, dass er das kann? Wenn wir einen Arzt hätten, der einen auf den Tod Liegenden heilen könnte und es nicht tut, werden wir ihn vor Gericht stellen wegen unterlassener Hilfeleistung. Was machen wir da mit einem lieben Gott, der alles kann, aber nichts tut? Er hat ja gezeigt, dass er es könnte. Und wenn er es jetzt nicht tut, wo wir ihn brauchen, disqualifiziert er sich selber«. – Der Bischof darauf: »Nein, gar nicht! Es ist ja doch Gott, an den wir glauben!« – »Nein«, sagte ich, »Sie glauben so nicht, im Gegenteil, sie halten sich das in den Geschichten Gemeinte vom Leibe. Im Johannesevangelium (im 6. Kapitel) fragt Jesus seine Jünger: Was haben wir? Und diese antworten: Nicht genug! Hier ist aber ein Kind, das hat ein paar Fladenbrote und ein paar Fische. Das, Herr Erzbischof, ist der Typ von Antwort, die ich bis heute höre. Wie gehen wir mit dem Hunger in der Welt um, – sozial, psychisch? Die Antwort lautet: Wir haben nie genug. Die Kirche muss noch etliche Altäre vergolden und ihre Personalausgaben tätigen, das Militär muss weiter hochgerüstet werden, sinnlose Ausgaben für die Infrastruktur müssen aufgebracht werden, wir müssen Riesenschulden anhäufen, um das alles finanzieren zu können, ja, wir machen so viele Schulden, weil wir schon wegen der Zinsen für diese Schulden wieder neue Schulden aufnehmen müssen. Man sieht: Wir haben wirklich nicht genug, um davon etwas abgeben zu können. Wir haben nie genug! Das ist die permanente Antwort der erwachsenen Jünger auf die Frage Jesu, was sie denn mit den Hungernden machen. Doch dann geschieht ein wirkliches Wunder: Das Kind, das Jesus zu sich kommen lässt, gibt ihm, was es hat! Das, Herr Erzbischof, ist das eigentliche Wunder, das sich hier ereignet: Wie kann man die Seele von rechnenden Erwachsenen, die nie genug haben können, eben weil sie nur rechnen, dahin verwandeln, dass sie ihre Herzen öffnen und geben, was sie haben? Wenn Sie diese Geschichte glauben, dann nicht weil sie vor zweitausend Jahren etwas Phantastisches als ein historisches Ereignis erzählt, sondern weil sie dazu auffordert zu tun, wovon sie wirklich spricht: von dem Wunder einer Verwandlung. Also: Glauben Sie, Herr Erzbischof, die Brotvermehrung Jesu wirklich, in der Wahrheit einer Legende, so müssen Sie sie heute Nachmittag noch bewahrheiten. Was machen Sie mit den Kirchensteuermitteln? Oder mit den Geldern der kirchlichen Hilfswerke? Kommen die wirklich bei den Hungernden an oder wird dort wieder nur eine neue Kirche gebaut? Macht sich ADVENIAT wichtig mit Missionsprojekten oder hilft es wirklich den Menschen, weil sie Menschen sind? Auch das müsste untersucht werden. In jedem Falle zeigt sich: Dass wir einander die Hände reichen und für einander die Hände öffnen, ist die Wahrheit der Geschichte von der Brotvermehrung. Das könnten wir!«

Und nun sieht man: Der Glaube an die Wahrheit einer Legende befreit das Leben aus seiner Verflachung. Plötzlich gewinnen wir Horizonte, die ohne eine solche Legende nie zu entdecken gewesen wären. Deswegen ist es so wichtig, dass es Kunst gibt, dass es Träume gibt, dass es die Wahrheit unserer Seele in Bildern gibt, auf dass sie die Wirklichkeit verändern. Damals im Gespräch mit dem Bischof habe ich mir erlaubt, PABLO PICASSO (1881–1973) zu zitieren. Der hat einmal gesagt: »Kein Mensch behauptet, dass die Kunst die Wahrheit ist. Die Kunst ist eine Lüge, aber eine Lüge, die uns hilft, die Wahrheit zu verstehen, jedenfalls die einzige Art von Wahrheit, die wir überhaupt verstehen können.« – »Nein, Lüge nicht!« sagte der Erzbischof. Dann habe ich es aufgegeben, – es hatte keinen Zweck. Der liebe Gott steckt laut Kirchendogmatik offenbar im Kochtopf. WILLIAM JAMES, dessen Auffassung soeben bei der Problematik der Seele schon recht erhellend war, hat einmal gesagt, es gebe verschiedene Formen von Religion, zum Beispiel auch die der robusten Denkungsart. Eine solche, das muss man anerkennen, gibt es wirklich, und sie braucht offensichtlich Leute, die sie vermitteln. Glücklicherweise aber gibt es nicht nur diese. Gott bewahre uns vor den Robusten und Krachledernen! Der Traum ist die eigentliche Wirklichkeit der religiösen Vorstellungen, wenn sie sich verbinden mit einem personalen Vertrauen im Absoluten.

Zum Verständnis dieser Tatsache muss man tief zurückgehen in der Geschichte der Evolution, auch um den Menschen inniger mit der Natur zu verbinden, aus der wir kommen. In unseren Träumen tauchen die Tiere, die Bäume, die Flüsse, die Höhlen, die Sterne – viele Gegebenheiten der Welt ringsum – als symbolische Bilder unserer inneren Welt auf. Mit jedem gefällten Baum stirbt dem Dichter ein Wort, pflegt man zu sagen; man kann auch ergänzen: und damit ein Bild in den Träumen der Menschen. Die Anfänge des Traums, des bildernden Denkens, sind identisch mit den Anfängen der Religion. Man vermutet, dass seit etwa 70 Millionen Jahren Wirbeltiere träumen können. Echsen und Krokodile können das nicht, aber unsere Hauskatze schon. Wovon sie träumt, entgeht uns (noch), aber vielleicht kommen wir eines Tages dahinter. Jedenfalls durchlebt sie ähnliche Traumphänomene wie wir Menschen. Man kann sogar in der Entwicklung des Gehirns in der Säugetierreihe rekonstruieren, wofür die Träume einmal gut waren. Sie dienten ursprünglich wohl der Einspeisung von Erinnerungen und deren Verarbeitung. Das ist eine ganz wichtige Funktion; denn man muss sich vorstellen, dass in der Evolution diese Funktionserweiterung nicht mit der ständigen Ausdehnung des Gehirnvolumens einhergehen konnte, und so nutzte die Natur offenbar die Nachtzeit des Schlafes, um arbeitsteilig Platz- und Betriebskosten zu sparen: Sie erfand den Traum, um notwendige

Hirnfunktionen ohne Erweiterung der neuronalen Hardware ausführen zu können; sie nutzte die Ressource Zeit intensiver aus, indem sie selbst das Schlafen mit Arbeitsvorgängen versah, die helfen können, am Tage sich besser zurechtzufinden – und trotzdem einigermaßen ausgeschlafen aufzuwachen.

Das Problem der Hirnvergrößerung besteht bei uns Menschen übrigens generell, – wir kommen eigentlich mit viel zu großem Kopf zur Welt. Darum muss der Zeitpunkt der Geburt ziemlich nach vorn verlegt werden, damit die Schädelteile noch gegeneinander verschiebbar bleiben. Das heißt, wir kommen relativ unfertig in einer Zeit zur Welt, in der wir noch enorm lange abhängig von mütterlicher Zuwendung bleiben. Das wiederum erlaubt recht eigentlich den Schritt zur Menschlichkeit, zum Aufbau von Kultur, zu ständiger Vermittlung zwischen Wunsch und Erfüllbarkeit, zu einem hohen Maß an Kommunikation, zur Entwicklung von Sprache.

Wenn wir zum Traumgeschehen das Bewusstsein, das Selbstbewusstsein und jetzt vor allem die Sprache hinzufügen, dann ändert sich allerdings auch unser Traum.

FREUD meinte, dass Sprache im Traum etwas ganz Sekundäres darstelle. Diese Auffassung scheint leicht widerlegbar. Viele werden in ihren Träumen schon erlebt haben, dass da permanent geredet wird. Richtig indessen dürfte sein, dass die Träume ihrer Herkunft nach in eine vorsprachliche Welt zurückgehen, die viel älter ist als der Spracherwerb des Menschen. Dennoch muss man sorgfältig darauf achten, was aus den Traumbildern wird, wenn wir sie versprachlichen, wenn sie mit dialogischen Kommentaren parallelisiert werden, denn das macht den Unterschied aus zwischen Sehen, Vorstellen und Begreifen. Wir Menschen beginnen, über das Sichtbare hinaus uns eine Welt vorzustellen, die überhaupt so nicht ist, wie wir sie mit den Sinnen wahrnehmen. Wir formen Szenen der Erinnerung aus einer Zeit, die mit der Gegenwart nicht identisch ist. Wir bilden mithin Vorstellungen aus Erinnerung und Phantasie und fügen sie zum Entwurf einer Zukunft, wie sie sein könnte, aber durchaus noch nicht ist, ja, von der wir noch gar nicht wissen, ob sie jemals so sein wird, wie wir sie wünschen oder fürchten.

Mit anderen Worten: Es ist die Kraft der *Imagination*, welche die Träume freisetzt und damit etwas spezifisch Menschliches ausmacht. Imagination und Sprache sind die eigentlichen Charakteristika des Menschlichen. Ansonsten ist nach Auskunft der Biologen bis zu mehr als 98 Prozent unser Genmaterial mit dem der Schimpansen identisch. Auf der Ebene des Gefühls, der Affekte besteht da im Wesentlichen kein großer Unterschied. Aber die Fähigkeit zu Imagination und Sprache ist ein Charakteristikum, das uns als Menschen auszeichnet. Und es lässt uns etwas entdecken, das Tiere zwar auch kennen, aber nicht in diesem Sinne bewusst erleben. Uns Menschen ist, infolge der Wertschätzung der Individualität, die aus der Intensität der Liebe stammt, der Einzelne etwas absolut Wichtiges, Unersetzbares; nur deshalb auch ist der Tod und der schnöde Umgang der Natur mit den Lebewesen in unseren Augen so unerträglich, so skandalös und absurd. Wir sind die einzige Spezies auf dem Globus, für die der Tod ein prinzipielles Problem darstellt.

An dieser Stelle aber tritt nun die Religion in Erscheinung. Sie entwirft in Seelenzuständen des Traums, des Schlafs, eine Welt, in der wir hinwegschweben aus Raum und Zeit, versetzt in eine Sphäre reiner Vorstellbarkeit und Geistigkeit. Das sind die ersten Erfahrungen, aus denen Religion kommt, und sie macht denn auch, im Schamanismus etwa, womöglich durch Drogen induziert, ausführlich von ihnen Gebrauch: Traumerfahrungen, Offenbarungen, Visionen, Auditionen, Bewusstseinsveränderungen in Trance, Tanz, – all das gehört zum Arsenal und zum Ensemble der Religion.

Und wenn wir jetzt sehen, dass schon die Neandertaler vor 70 000 Jahren ihre Toten bestattet haben, dann kann man annehmen, dass auch sie bereits die Sterblichkeit der Menschen ins Unsterbliche heben wollten. Sie haben sich ganz offensichtlich Gedanken über das Problem des Todes gemacht und rituell eine Antwort darauf zu geben versucht. Möglicherweise bot das Feuer eine solche Antwort: Aus dem Allertotesten, aus Flintgestein, wenn man es aneinanderschlägt und den entstehenden Funken in totes Laub und dürres Holz springen lässt, kann Wärme und Licht werden. Oder auch die Blumen konnten eine mögliche Antwort bieten: Aus der Kälte des Winters vermag neues Leben zu entstehen. Oder sogar die Sterne gaben Antwort: Manche von ihnen gehen niemals unter, andere kommen im Jahreslauf wieder zum Vorschein. Und so auch die Tiere: die Bären, die Lachse, – alles, was vergeht und wiederkommt, hilft zum Glauben an ein Weiterleben jenseits des Todes; es wird in Träumen geboren, welche die Wirklichkeit unendlich übersteigen. – Eine wichtige Folgerung ergibt sich daraus: Man muss das Unbewusste, die mythenbildenden Schichten der menschlichen Psyche, das Traumbewusstsein anregen, um die

Bildsprache der Religion in der Seele der Menschen zu allen Zeiten zu interpretieren.

Eine ernste Schwierigkeit bei diesem Projekt stellt allerdings erneut die wie hermetisch wirkende Dogmensprache der Theologen dar. Religion dürfte man eigentlich nur poetisch vermitteln. Was SHAKESPEARE oder DOSTOJEWSKI geschrieben haben, kann eigentlich jeder begreifen, – eben darum gehört es zur Weltliteratur. Was Theologen sagen, ist demgegenüber kulturabhängig von einer bestimmten Sprachwelt, die schon deshalb sehr speziell ist, weil sie sich niemals in eine fremde Kultur und Sprache übersetzen lässt. Schon die Sprachphilosophen im 20. Jahrhundert meinten, dass jede Sprache nur ein Bündel möglicher Fragen enthalte und nur eine begrenzte Zahl möglicher Antworten, entsprechend ihrer Sprachlogik, zulasse. Wenn das so ist, brauchen wir eine metasprachliche Ebene, um menschheitlich miteinander zu kommunizieren. In dieser Art dann müssten wir die Religion interpretieren, nicht in den Sprachregelungen kirchlich verordneter kulturabhängiger Kategorien und wahrheitswidriger historischer Faktenbehauptungen, sondern in der Bildgesättigtheit der menschlichen Psyche, die auf dieser Ebene überall unter den Menschen die gleiche ist. Indianer träumen nicht anders als Westeuropäer oder Mongolen; ihre Träume sind ineinander übersetzbar. Die Märchen und Mythen der Völker sind demgegenüber bereits kulturabhängig, und wir brauchen den kulturhistorischen Horizont, um sie zu verstehen, aber sie sprechen immerhin noch die Sprache unserer Seele. Wir verstehen sie in gewissem Sinne unmittelbar, ähnlich der Musik MOZARTs oder der Malerei GOYAs. Das ist etwas absolut Wunderbares.

Wir können Traum und Religion auch noch dichter aufeinander beziehen. Die äußere Wirklichkeit darf nicht isoliert stehenbleiben, sonst ist sie unerträglich, – das ist der Ursprung aller Religion ebenso wie aller Träume. Wir Menschen würden irre an einer Welt, die wir nur in ihrer äußeren Wirklichkeit beließen. Das Ungenügen an der Welt, wie wir sie antreffen, gehört wesentlich zu uns Menschen, und diese Tatsache bedeutet eigentlich auch das Ende der klassischen Religionskritik im 19. Jahrhundert. DOSTOJEWSKI meinte einmal sinngemäß: »Wenn der Glauben dazu gehört, gesund bei Verstand zu bleiben, was ist dann gegen den Glauben zu sagen? Ist er deshalb kritisch zu betrachten, weil er die einzige Art ist, um als Mensch gesund zu leben und den Rückfall in die Barbarei zu verhindern? Ist es zweckmäßig, ein Medikament den Menschen fortzunehmen, bloß weil es genau diesen Effekt hat?«

Viele Theologen haben Angst vor einer zu emotionalen, rational ungeordneten Religion, und so setzen sie ihre gedanklichen Ordnungsprinzipien dagegen, doch sie tun das eben aus Angst und aus Misstrauen. Es ist ein gewaltiger Unterschied, ob wir Menschen von außen ordnen möchten oder von innen. Es droht in aller Regel keine Anarchie, wenn wir die Menschen entängsten und ihnen Freiheit zutrauen. Dauerordner, Verwalter, Planer und Macher hingegen fürchten die Freiheit. Sie können mit dem Gedanken der Evolution schon deshalb nicht viel anfangen, weil alles, was sich von innen her bildet, sich für sie als unhandlich darstellt. Der Gedanke DARWINs von der Selbstorganisation lebender Strukturen war in der Tat auch politisch schon deshalb für die autokratischen Regimes revolutionär, weil er als möglich erscheinen ließ, dass auch die komplexesten Ordnungsformen der Welt: das Leben, das Gehirn, sich ohne Machen und Planen von außen *spontan*, von innen her, ergeben hätten. Doch diesen Eindruck kann man nur bestätigen.

Wenn wir uns vorstellen, es hätte vor 550 Millionen Jahren im Kambrium am Rande des Urmeeres jemand gesessen, der die Evolution hätte triggern wollen, so darf man annehmen, dass dabei gar nichts herausgekommen wäre, – sicher nicht wir. Er selber wäre aufgrund seiner Triggerei nie im Leben hervorgebracht worden! Diese Feststellung gilt bis in die Gruppenprozesse sozialer und politischer Entscheidungen hinein. Wir müssen offenbar realisieren, dass die spontanen, an der Basis sich ergebenden Interaktionen auf der menschlichen Ebene durch Freiheit, durch individuelle Verknüpfung persönlicher Aktivitäten in zusammengeschalteten Strukturen viel wahrer, viel richtiger, viel gesünder sind, als alle geplanten, verordneten Entschließungen der Verantwortungsträger in Regierungsämtern es je sein könnten.

Es gibt einen einfachen Vergleich, um diese These zu verdeutlichen. In der Hysterie um den Ehec-Erreger sind wir gerade jetzt damit befasst, uns zu fragen, wie unser Immunsystem arbeitet. Das Erstaunliche ist: Unser Immunsystem ist fast genauso komplex wie unser Gehirn. Es ist da kein planendes Bewusstsein am Werke, aber die Art, wie unser eigener Organismus auf fremde Eindringlinge antwortet, ist so phantastisch, dass es jede staatliche Organisation etwa des Militärs oder jede städtische Maßnahme der Feuerwehr oder der Polizei im

Abwehrkampf gegen Brandgefahr und Kriminalität bei weitem übertrifft. Es ist viel raffinierter, viel flexibler, viel stärker vernetzt, doch das alles nur, weil es keinen zentralen Gouverneur gibt; es darf ihn gar nicht geben. Die Makrophagen zum Beispiel können nicht erst darauf warten, dass ihnen jemand sagt, was sie tun sollen; es dürfen nicht die B- oder die T-Lymphozyten darauf warten, dass sie für ihren Einsatz abkommandiert werden. Alles geschieht hier ohne Bewusstsein. Es läuft einfach ab und hat eine Struktur, die das Leben schützt. – Ganz ähnlich arbeitet unser Gehirn. Man hat immer angenommen, es müsse da doch irgendeinen inneren Beobachter geben, eben eine Seele, eine substantielle Eigenregulation. Die Neurologen indessen zeigen uns, dass genau das nicht der Fall sein kann. Das Ganze organisiert sich spontan über viele Ebenen und bringt dann freilich auch die Vorstellung eines Beobachters hervor; doch diese Vorstellung ist das Ergebnis all dieser Prozesse, nicht der Anfang und der Grund. – Und jetzt einmal als Anregung für die religiöse Praxis: Wenn wir dächten, wir hätten eine Kirche, die einen Papst gar nicht benötigte, weil wir begriffen hätten, dass er gänzlich überflüssig und störend ist, so täten wir im Grunde genau das, was die Evolution, was die Biologie, was die Neurologie, was die Naturwissenschaft uns seit langem beibringt: Wir achteten darauf, wie sich bei bestimmten dynamischen Prozessen Ordnungsstrukturen spontan aus dem Chaos entwickeln, und wir gelangten zu einem völlig anderen Begriff von Kirche und Gesellschaft. Wir könnten übergehen zu einer Demokratie, die sich wirklich von unten her strukturiert.

Nebenbei gesagt, wir pflegen in Deutschland ja den Mythos, dass »wir« das Volk sind und dass »wir« den Kommunismus gestürzt haben. Der Kommunismus in der Tat war nicht lebensfähig wegen seines Zentralismus, – insofern musste man ihn gar nicht stürzen, er kollabierte an sich selber. Was aber machen wir nun im Gegenüber dazu?

Ein kühner Traum, eine echte Vision: Was wäre gewesen, wir hätten 1989 auf MICHAIL GORBATSCHOW gehört und hätten mit dem Warschauer Pakt auch die NATO aufgelöst? Dann hätten wir heute zwischen dem Ural und dem Atlantik eine waffenfreie Zone mit ungeheuren Konvertierungsmöglichkeiten von Wissen, von Kapital, von Transfer und technischen Know-hows zur Lösung der wirklichen Probleme unserer Welt. Vor nur zwanzig Jahren hätte all das sein können! Stattdessen kam unter BUSH dem Älteren die Ostausdehnung der NATO. Die haben wir jetzt überall, wo sie nicht hingehört: in Ex-

Jugoslawien auf dem Balkan, in Afghanistan, in Georgien, in Kirgisien, in Kasachstan, in Usbekistan... Wir räumen gerade die Welt auf. Wir zentralisieren wieder, wir »machen« permanent etwas, und wir bringen hekatombenweise Opfer dar für unsere Wahnideen und Machtansprüche.

Das alles ist so ausweglos, dass am Ende scheinbar nur noch die Hoffnung bleibt, es möchte Gott uns helfen, – ein Wunschtraum, ohne Zweifel und dazu ein nicht ungefährlicher. Denn als erstes müsste man klären, was man unter der Hilfe Gottes versteht. Meist wird darunter verstanden, dass Gott jetzt »eingreift«, indem er die Feuer löscht und das Blutvergießen beendet, das wir selbst verursacht haben. Dergleichen aber erfährt und sieht man nicht. Die Art wie Gott uns hilft, besteht darin, uns ein Vertrauen zu schenken, das es ermöglicht, Stand zu halten. Dafür ist die Religion am allerwichtigsten. Sie erlaubt, die eigene Identität zu bewahren, und das ist identisch damit, manchen Versuchungen zur Erringung von Macht und zur Ausübung von Gewalt gegenüber besser gefeit zu sein.

Was also trägt?

Jeden Tag stehen wir vor ungelösten Problemen. Es ist nicht zu sehen, dass die Welt gerechter würde. Im Gegenteil, die Verteilungskämpfe werden immer brutaler und globalisieren sich. Feststellen lässt sich, dass Tiere in immer größeren Zahlen gequält werden in den Massentierhaltungen, dass die Urwälder, vor allem in Brasilien und in der Südsee, weiter abgebrannt und abgeholzt werden, und das alles geht jeden Tag unentwegt so weiter. Die Militarisierung der Außenpolitik feiert Triumphe, wie sie noch vor ein paar Jahren völlig unvorstellbar gewesen waren. Die Aufstellung einer Armee von Profikillern wird als Problem schon gar nicht mehr diskutiert. Alle diese gravierenden Veränderungen treffen auf eine Öffentlichkeit, die sich durch den Nihilismus eines unsinnigen und unseligen Entertainments oder durch die Zurschaustellung von Scheinwichtigkeiten in die Irre führen und ablenken lässt. Die Garderobe der Politikerinnen und Politiker scheint ungemein viel wichtiger als das, was in ihren Köpfen vor sich geht. Man kommt sich wie vernarrt, hilflos und ohnmächtig vor.

Hinzu kommt noch, dass die Hoffnung sich immer mehr als Illusion entlarvt, mit der man noch vor dreißig Jahren meinen konnte, es sei für die nächste Zeit, zumindest unter verständigen Menschen, die Richtung der Weltentwicklung ins Positive vorgezeichnet. Nach Vietnam schien es klar, dass eine offene Gesellschaft keinen Krieg mehr akzeptieren werde, dass das Problem der Dritten und der Ersten Welt nicht anders gelöst werden könne, als dass auf dem Raumschiff Erde die Natur essentiell für den Erhalt der menschlichen Spezies betrachtet und entsprechend geschützt werde. All das glaubte man zu wissen und meinte, es könne jetzt nur noch zum Besseren weitergehen. Was man nicht vermuten musste, war die im Pentagon, im Weißen Haus, in den Zentralen der Erdöl-, Atom- und Energiebetreiber längst ausgearbeitete neue Blaupause der Geschichte, nach welcher wir Kriege noch brutaler, »asymmetrisch«, zu führen haben, den Wirtschaftsegoismus noch stärker durchsetzen müssen, die Natur noch unbarmherziger zerquälen sollen, und zwar nicht für die Lebensinteressen aller Menschen auf dieser Erde (7 Mrd. inzwischen, und in 12 Jahren schon wieder 1 Mrd. mehr), sondern nur von ganz bestimmten besonderen Menschen, auf Kosten und zu Lasten aller anderen. Inzwischen erleben wir, wie eine einzige Firma, Monsanto, dabei ist, Patente auf bestimmte – nicht einmal genveränderte, sondern nur genetisch kartierte – Pflanzen- und Tierarten anzumelden, um sich damit für immer zu bereichern, stets nach der Devise von HENRY KISSINGER, die Weltherrschaft besitze, wer die Produktion der Nahrungsmittel kontrolliere. Diesen brutalen Zynismus, mit dem man alles beiseite schiebt, was vermeintlich schon klar und bewusst war, oder mit Lügen paraphrasiert als die wahre Erfüllung der Hoffnung auf Demokratie, Freiheit, Gleichberechtigung, Menschenrechte usw., hatte man sich seinerzeit nicht vorstellen können noch mögen. – Als Beispiel nehme man nur die Partei der Grünen, die uns jetzt klar macht, dass wir allüberall vom Kosovo bis Libyen die richtigen, die moralisch legitimierten, die völkerrechtlich abgesegneten und im ganzen jedenfalls segensreichen Kriege führen mussten und müssen. Wir, die Deutschen, von deren Boden nie wieder Krieg ausgehen sollte, sind bald überall dabei und führen in »Verantwortung« (für unseren »Wohlstand«) Kriege global. Derlei muss jeden zur Verzweiflung bringen, der sich als Politiker angehalten fühlt, ein Gegenrezept dazu vorschlagen zu müssen, indem er die eigene Partei an die Schalthebel der Macht bringt. Unter solchen Voraussetzungen ist jeder verloren, der sich wesentlich nur als »Politiker« definiert und entwirft. Er müsste Fraktionen schaffen, Mehrheiten gewinnen, Geld auftreiben, Propaganda machen, und er würde sich dabei doch nur immer weiter von sich selber entfernen.

Einzig der religiöse Standpunkt erlaubt es und macht es zur Pflicht, bei dem zu bleiben, was man als gut und notwendig erkannt hat, und es zu tun, gleich, was dabei herumkommt. Die völlige Unabhängigkeit vom Erfolgsgedanken ist das, was man am Leben Jesu lernen kann: Es ist nicht wichtig, ob die Römer es begreifen, ob die Pharisäer oder die Sadduzäer es begreifen. Es ist wichtig, dass es stimmt und dass es den Menschen hilft. Was dann daraus wird, muss und möge der liebe Gott wissen. Es gilt in jedem Fall, den eigenen Traum nicht zu verraten und insbesondere den Traum des Mannes aus Nazaret vom »Reiche Gottes« sich nicht durch die Besserwisserei der sogenannten Realos zerstören zu lassen. Es gibt keine Verantwortung ohne Gesinnung, und alle Politik hat sich an die Gebote der Moral und Menschlichkeit zu halten, niemals umgekehrt.

Wir haben uns einmal 1945 auf die Fahne geschrieben „NIE WIEDER! KRIEG" Parolen und dann = Adenauer!

Unabhängigkeitsdebatte ist angesagt wie es JESU vorgelebt hat.

Was wird aus der Welt, was wird aus mir?

Que sera?

oder: Wie leben im Anblick einer ungewissen Zukunft?

MICHAEL ALBUS: Vorhersagen werden immer wichtiger. Prognosen beherr-schen weite Teile des privaten und öffentlichen Lebens. Horoskope haben Hochkonjunktur. Es ist geradezu eine Sucht geworden, in die Zukunft zu sehen. Meistens treten die Weissagungen nicht ein, und wir sind ent-täuscht.

Die beiden Fragen, wie es mit der Welt im ganzen und mit mir im ein-zelnen weitergeht, haben in ihrem inflationären Vorkommen logischer-weise auch mit der Komplexität der sogenannten modernen Welt zu tun, mit ihrer neuen Unübersichtlichkeit. Die technologische Entwicklung im Kommunikationsbereich hat ja keineswegs die Orientierung erleichtert. Ursprünglich war das so gedacht und auch so vorhergesagt. Heute sehen wir, dass uns die technischen Abläufe der Kommunikation eher behin-dern denn freier machen im Umgang mit anderen Menschen. Es entste-hen neue Formen der Abhängigkeit und neue Arten der Einsamkeit. Die neue Welt ist nicht schön wie ihre Verheißungen. Sie hat zuweilen eine erschreckende Fratze.

Die Erkenntnisse der Naturwissenschaften vermehren sich. Sie sind nicht immer nur hilfreich und haben wie alle anderen Erkenntnisse und Erfahrungen des Menschen ihre Grenzen. Zumindest haben sie erkennen lassen und lassen fortlaufend erkennen, dass etwas erklären können noch lange nicht heißt, die Frage nach dem Sinn beantworten zu können. Auf-fällig sind die Fluchtbewegungen aus der Überfülle der sogenannten Ergebnisse und Informationen. Immer mehr Menschen werden der Fülle des Fortschritts nicht mehr Herr, Frau oder Kind und suchen nach einfa-chen Lösungen, nach einer Gestalt ihres Lebens, die einfach ist. Funda-mentalistische Muster in Religion, Politik und Gesellschaft nehmen zu. Man flüchtet ins Einfache. Die Flucht führt jedoch ins Leere angesichts der vorhandenen und sich vermehrenden Vielfältigkeit. Man kann sich ange-sichts der Fortschrittsgläubigkeit, ja, des Fortschrittstaumels die Frage stellen, ob der Fortschritt wirklich ein Fortschritt zu einer neuen Welt ist oder ein Fortschritt weg von uns selber, der uns mehr entfremdet, statt beheimatet.

Der frohgemute Fortschrittsoptimismus weicht zunehmend einer wachsenden Angst vor der Zukunft. Unheilspropheten treten auf den Plan. Die Jahrtausendwende, die schon wieder über ein Jahrzehnt hinter uns liegt, hat einen Vorgeschmack darauf gegeben, was uns da noch erwarten kann. Die Entwicklungen laufen auf eine kollektive Verzweif-lung zu. Es gibt immer mehr Gründe und Anlässe für einen depressiven und resignativen Pessimismus. Er hat eine seiner tiefsten Wurzeln in der real erfahrenen und erfahrbaren Ohnmacht der Einzelnen und der Gruppen, auch in der immer deutlicher zu Tage tretenden Ohnmacht der Mächtigen in Politik und Gesellschaft.

Heute wissen wir, auch wenn es viele noch immer nicht wahrhaben wollen, dass die Welt, die wir mit großem Aufwand in den Griff der Planung nehmen wollen, nicht nach Plan verläuft. Wir wissen und erfahren es auch persönlich in den Tagen und Nächten unseres Lebens, dass unser Leben auch seine eigenen Wege, Holzwege und Irrwege mit uns geht, auf deren Richtung wir relativ wenig Einfluss haben. Was also tun in einer Situation wachsender, erlebter Ohnmacht?

Man könnte meinen, dass die Antwortversuche der Religionen in einer solchen Lage eine Orientierung im Dickicht des Lebens ermöglichen. Aber die religiösen Institutionen sind selber den genannten Bewegungen und Lähmungen unterworfen. Sie sind auch von dieser Welt. Auch wenn sie von einer anderen singen und sagen.

Wir können nicht alles alleine tragen. Wir bedürfen des Trostes der anderen Schulter, auf die wir einen Teil unserer Last legen können. Jahwe, Buddha, Shiva, Allah und Jesus können uns nur dann etwas »bringen«, wenn es Menschen gibt, die in Liebe und Freundschaft unsere Einsamkeit teilen, damit wir nicht an ihr ersticken. Im Dasein für andere erfahren wir uns selbst. Im Dasein nur für uns selbst verfehlen wir den anderen. Zwischen Resignation und Ekstase gibt es noch eine dritte Weise, unseren Lebensweg zu gehen: In leidenschaftlicher Nüchternheit und in nüchterner Leidenschaftlichkeit.

In der GEGENWART leben, nicht in der VERGANGENHEIT, nicht in der ZUKUNFT, könnte eine Lösung sein. Er-Lösung schaffen wir nicht.

EUGEN DREWERMANN: Es ist sehr wichtig, die beiden Frageebenen zu unterscheiden: Was wird aus der Welt und was wird aus mir? ERNST BLOCH (1885–1977) und fast alle, die heute im öffentlich-politischen System als Meinungsführer auftreten, haben versucht und versuchen noch immer, uns glauben zu machen, dass die Weltentwicklung, dass unsere eigene geschichtliche Dynamik sich auf einen Zustand zubewege, der eigentlich nur immer besser werden könne. Der einstige Fortschrittsglaube der christlichen Eschatologie ist heute säkular der politischen Programmatik, ihrer vermeintlich geschichtlichen Logik unterlegt.

ERNST BLOCH konnte Hoffnung darauf setzen, dass die unabgegoltenen Träume von Menschlichkeit sich unweigerlich durchsetzen würden und eine andere Entwicklung der Geschichte gar nicht möglich sei. Er glaubte, im Marxismus die rationale Interpretation unserer tiefsten Träume zu finden. Man muss ihn genau lesen, – er schrieb das wirklich: »In den kommunistischen Ländern, in der kommunistischen Verwaltung, hat die Hoffnung ihre Heimat gefunden!« Es gibt wohl kaum Sätze, die sich selbst so desavouiert haben wie diese. Was dabei jedoch immer noch erstaunlich bleibt, ist die Tatsache, dass christlich zu nennende Theologen sich vor ihren eigenen Fehlern und Fehleinschätzungen unbeeindruckt zeigen. Viele von ihnen haben vor 30 Jahren in der BLOCH'schen Ära das Prinzip Hoffnung genauso wie ihr philosophisches Vorbild definiert. Man wartete nicht auf eine jenseitige Welt, sondern hier auf Erden schon wollte man »es« wissen; da kannte man »es« schon, da griff man aus in die Zukunft und benutzte Christus als die sich erfüllende reale Utopie. Nachdem das alles nun perdu ist, verabschiedet man sich aus dem Sozialismus und findet ihn dennoch frohgemut schon wieder in der globalisierten Form des Kapitalismus. Was ist denn so traurig daran, fragt man allen Ernstes, wenn alle Menschen immer mehr verdienen? – Diese Wendigkeit und Windigkeit ist zutiefst erschreckend und lässt fragen, ob wir immer noch nicht wissen, wovon wir reden und was wir tun. Es ist noch nicht lange her, dass man kulturellen Fortschritt definierte als Anstieg des Pro-Kopf-Verbrauchs von Energie. Wir wissen heute, dass dieser Fortschritt nichts anderes bedeutet als fortschreitende Zerstörung. Aber der ständige Anstieg von immer mehr Geld und immer mehr Waffen in den Händen von immer weniger Menschen – soll diese Option an der Wall Street und im Pentagon für »Fortschritt« gelten?

Kommen wir noch einmal zurück auf die Dimensionen von Zeit und Raum, denn es ist beim Erörtern von Zukunft sehr wichtig, festzulegen, auf welchen Skalen wir Aussagen treffen. Wenn wir Entwicklung geschichtlich bedenken, sollten wir sie mit den Augen der Naturwissenschaftler als ein Epiphänomen der Gesamtevolution des Lebens auf dieser Erde zu betrachten lernen. Das heißt: Die menschliche Spezies entfaltet sich, wenn man es hochrechnet, seit fünf bis sechs Millionen Jahren nach ihrer Abspaltung von der Reihe, die zu den heutigen Schimpansen geführt hat, – der Planet Erde indessen entfaltet sich seit etwa 4,5 Milliarden Jahren, – das ist ein ganz anderes Zeitmaß, um drei Größenordnungen höher. Unser Zentralgestirn, die Sonne, wird, nach Auskunft der Astrophysiker, bis sie sich zu einem Roten Riesen mausert, noch einmal schätzungsweise 4 Milliarden Jahre die Erde bescheinen. Dann ist Leben auf unserem Planeten und eine halbe Milliarde Jahre später im gesamten Planetensystem nicht mehr möglich. Was daran wirklich bestürzend ist, zeigt sich an der simplen Tatsache, dass kein Mensch auch nur hunderttausend Jahre menschlicher Geschichte, so wie wir sie heute, seit dem Beginn des Neolithikums vor rund 10 000 Jahren, kennen, für möglich halten und mit sinnvollen Inhalten erfüllen kann. Der bereits erwähnte REINHOLD SCHNEIDER meinte deshalb, dass das, was wir Geschichte nennen, in sich selber schon ein Endzeitphänomen darstelle.

Eines jedenfalls ist klar: Es kann in diesem Unmaß der Entwicklung unter dem Fetischgesetz des ständigen Wirtschaftswachstums an der Natur vorbei und gegen die Natur nicht immer so weitergehen. Sehr viel spricht dafür, dass die Spezies des homo sapiens sapiens den Artentod sterben wird in einer Form, die sie sich selber zufügt. Im Grunde genommen ist es eigentlich schon egal, ob wir uns vorstellen, wir lebten noch einmal so lange, wie es gedauert hat, uns hervorzubringen – also, seien wir großzügig, etwa sechs Millionen Jahre lang –, oder wir gingen schon in paar Zehntausend Jahren zugrunde. In diesem Falle hätten wir nur einen Wimpernschlag dessen vor uns, was wir Evolution auf dem Planeten Erde nennen. Es wären immer noch Milliarden Jahre zukünftiger Zeit erdgeschichtlich, naturgeschichtlich, hinzuzudenken, um das, was wir heute Geschichte nennen, zu begreifen. Das aber entgeht absolut unserer Zuständigkeit, es hat absolut nichts mehr mit dem zu tun, was wir Menschen uns als Hoffnung denken.

Es ist und bleibt gerade an dieser Stelle ein schwerer Fehler, dass die christliche Theologie den Schöpfungsgedanken mit Hilfe der griechischen Philosophie konzipiert hat, indem sie meinte, die biblische Schöpfungsmythe fast naturwissenschaftlich auslegen und objektivieren zu dürfen; dadurch gerieten, wie dargelegt, bereits die Maßstäbe der Zeit für die vergangene Geschichte viel zu kurz, und der gleiche Fehler wiederholt sich notwendigerweise jetzt auch bei den Vorstellungen christlicher Theologen von der zukünftigen Geschichte. Auch da herrscht der Glaube, in Gestalt der apokalyptischen Texte der Bibel ein geoffenbartes Wissen über das reale Schicksal der Welt und des Weltalls zu besitzen. Doch es ist genauso falsch und ein Missverständnis, wenn man die Bilder der »Eschatologie«, der Aussagen über »die letzten Dinge«, als Realaussagen über die künftige Entwicklung auf dem Planeten Erde und der Zukunft des Universums vergegenständlicht, wie es ein Fehler war und ist, die mythischen Erzählungen über die »Urzeit« im Buche Genesis »wörtlich« zu verstehen. Die Darstellungen der Apokalypse sind gleichfalls Symbole, die etwas über uns selbst, über unsere »Welt« – ihr Gelingen und Scheitern – aussagen wollen, nicht aber etwas über die Welt, die sich naturwissenschaftlich beschreiben lässt.

Wenn wir den Religionen zuhören, wie sie wirklich reden, dann können wir ahnen, dass sie in der Tat auch etwas ganz anderes im Sinn haben, als uns Informationen über Unerforschliches zu schenken. Als man um 500 vor Christus den BUDDHA fragte, was den Menschen gut tue, antwortete er, sie sollten lernen, einander nicht weh zu tun, einander nicht zu verletzen, Mitleid zu haben, gütig zu werden und vor allem in sich selber ruhig zu werden, indem sie die Turbulenzen nicht geklärter Wünsche, ihre Fehlidentifikationen und Wahnvorstellungen nach und nach läuterten. Was der BUDDHA lehrte, waren ganz einfache Dinge: Wie man sich hinsetzt, wie man atmet, wie man in sich leer wird, wie man Albträume drangibt, wie man sich sammelt; all das wäre ein Medikament für die gesamte Menschheit, und es ist der Inhalt einer der weisesten Formen dessen, was die Menschheitsgeschichte jemals als Religion hervorgebracht hat. Der Buddhismus ist in vielem eine Antizipation der Psychotherapie in der westlichen Kultur des 20. Jahrhunderts gewesen.

Andere Weisheitslehrer waren die Taoisten, LAO-TSE zum Beispiel, der um etwa 300 vor Christus etwas ganz ähnliches lehrte; er wies hin auf die Verderblichkeit der Moral, wofern sie lediglich Gesetze von außen verordnet, die selber überhaupt erst notwendig werden, wenn Menschen sich verloren haben. Ist der Sinn des Tao verlorengegangen, meinte LAO-TSE, kommen die Gesetzeslehrer und die Moralphiloso-phen und die Juristen und machen alles nur noch komplizierter und entfremdeter. Wie also führt man Menschen zu dem Allereinfachsten zurück, – zum »Geist des Tales« oder zur Einfachheit des Seins? Die Gräser wissen es, die Bäume wissen es, und die Menschen könnten es auch wissen oder doch lernen. Es wäre gar nicht so schwer. Die Ein-sichten des chinesischen Weisen sprechen für sich selber: »Wo Heere lagern, herrscht Verwüstung«, sagte er. »Wer Siege auf dem Schlacht-feld mit Triumphen feiert, begründet nur schon wieder neues Leid. Man müsste einen Sieg auf dem Schlachtfeld als Trauertag begehen«...

Im Griechenland der Antike, in der römischen Philosophie kam es durch die Stoiker zu durchaus vergleichbaren Ansichten. Die Stoiker führten eine sehr einfache Unterscheidung ein. EPIKTET schreibt am Anfang seines »*Handbüchleins*«: »Man muss die Welt unterscheiden zwischen dem, was bei uns selber liegt, und dem, was nicht bei uns selber liegt.« Das ist richtig. Viel Verwirrung kommt dadurch zustande, dass wir Verantwortung übernehmen und sie dann mit großer Aufre-gung abarbeiten, im deutlichen Wissen, dass wir nicht den geringsten Einfluss auf all die Dinge haben, über die wir uns aufregen.

Schon solch eine Anweisung kann recht entspannend wirken. Vor Jahr und Tag brauchte man nur GEORGE W. BUSH den Mund aufma-chen zu sehen, und man hätte glatt die Wand hochgehen können. Dann aber gelten die Worte EPIKTETs: Was die da treiben, sollte dich nicht wirklich beeinflussen. Man kann natürlich auf jedem Markt-platz die nächste Rede gegen den Krieg in Afghanistan oder sonst wo auf Erden halten, aber doch nur in der Gewissheit, bei sich selber blei-ben zu müssen und zu dürfen: Ich bin nicht Georg W. Bush, ich bin nicht sein Berater, ich bin nicht Condoleezza Rice, ich bin nicht ein guter Geist in dem Gespensterschloss des Weißen Hauses; ich muss als Erstes für mich selber geradestehen ...

Diese Begrenzung in der eigenen Existenz, zumindest für die paar schattenverwirrten Jahre, die wir hier zu leben haben, auf das, was in der Ewigkeit Gottes absolute Bedeutung hat, ist der ganze Kern der Religion. Das Vorbild des Christus gilt: So wenig Jesus am Kreuz wis-sen konnte, was aus seiner Mission wird, die er im Namen Gottes in die Welt gebracht hatte, so wenig müssen wir das in unserem Leben wissen. Doch wie man im Vertrauen auf Gott richtig lebt, das können wir wissen, und danach sollten wir uns richten. Es ist die einzige Hoffnung, die real realisierbar ist. Was danach kommt, lässt sich in schönen Wünschen ausmalen, in manchen Aktivitäten projektieren, manches Schlimme lässt sich dann vielleicht auch verhindern, aber selbst das nur, wenn man einen Raum betritt, der weniger verzweckbar ist.

Ein Beispiel: Wir haben eine Kanzlerin, die nach Fukushima gar nicht rasch genug die Energiewende einleiten konnte. Als wenn in der Antiatomkraftbewegung irgendein neuer Satz zu sagen wäre! Als Physikerin sollte sie allemal gewusst haben, wie Plutonium wirkt mit einer Halbwertszeit von 25 000 Jahren. Es ist für jedes Kind auszurechnen, dass dieses Material, das wir durch unsere Atomkraftwerke hochgiftig in die Natur eintragen, erst in 300 000 Jahren verschwunden sein wird. Sind wir jetzt Frau oder Manns genug, die nächsten 300 000 Jahre verantworten zu können? Nein! Aber genau das haben wir uns aufgebürdet! Die Folgen sind vollkommen unabsehbar; was wir da anrichten und angerichtet haben, ist absolut verantwortungslos, weil die Zeitparameter nicht stimmen. Gleichwohl könnten wir für die Zukunft immerhin manch Nützliches bewirken, indem wir vieles nicht oder nicht mehr tun. Das klingt nicht gerade begeisternd, wäre als Warnung aber höchst willkommen, um das Schlimmste zu verhüten.

Also am Ende noch einmal die Frage, ob nicht der einzelne Mensch mit der Frage: Was kann ich denn gegen das Ganze ausrichten?, resignieren muss. Antworten darf man bei aller Vorsicht und Skepsis immerhin: Nicht alles ist aussichtslos. Man kann zum Beispiel erleben, dass das bisschen Wahrheit, das man spürt und zu leben versucht, auch anderen ein Stück zur Wahrheit verhelfen kann; dass das, was man als menschlich ansieht, sich auch an andere Menschen weitergeben lässt; dass der Glaube, den man gegen alle Erfahrung wagt, auch in Anderen fortwirkt.

Es gibt für das bisschen Licht, das man in sich trägt, außerordentliche Möglichkeiten der Ausbreitung, die man nicht vorhersehen kann, die aber existieren und die sich bestätigen oder schon als bestätigt zurückmelden. Damit lässt sich weitermachen. Wir müssen wohl nicht so vermessen sein, die ganze Welt erlösen zu wollen, nur weil wir – aus der Zeitung oder aus der Bibel – über einen informativen Input zu verfügen glauben, der uns scheinbar einen Handlungsauftrag für alle Welt erteilt. Allein das Missverhältnis von Information und Aktion liegt derzeit quälend genug auf uns. Es überfordert uns in jeder Hinsicht, und es droht, selbst aus seriösen Nachrichten nur noch reine

Unterhaltung zu machen – Divertissement und Entertainment statt Analyse und Seriösität. Was wir täglich zu sehen und zu hören bekommen, lockt uns wie ein Kinofilm in Schrecknisse hinein, die wir mit plattgedrückter Nase an der Fensterscheibe sehen, froh darüber, dass es nur draußen passiert und nicht drinnen. Dann atmen wir wieder auf, weil uns zwischendrein auch etwas Schönes gezeigt wird, das es ja auch gibt, – Korallenatolle irgendwo vor Australien, seltene Tierarten auf Borneo, und wir überhören schnell, dass selbst diese Schönheiten gerade dabei sind abzusterben und auszusterben. So geht das hin und her. Was wir zu sehen bekommen, ist nie ganz schlecht und nie ganz gut, und viel mehr will man im Durchschnitt wohl auch gar nicht wissen. Es ist also subjektiv immer noch ein Grund da, weiterzumachen.

Eigentlich ist das ein Trick der Natur: Die Welt ist gemischt, fast im Gleichmaß von Gut und Böse, aber doch so, dass wir denken können, die Gesamtbilanz falle immer noch ein bisschen besser aus als nur ganz schlecht. Das hält uns auf Trab. Doch schon der BUDDHA meinte, wir müssten klar sehen: Auch dieses Gleichgewicht stimme nicht; wir müssten uns läutern. Und Jesus meinte, wir sollten uns aus der Angst der ständigen Verwirrungen und Fehlidentifikationen erheben können. Das allein jedenfalls tut den Menschen gut, denen wir begegnen. Jesus vor 2000 Jahren hat erfahren, dass seine Haltung des Vertrauens Gelähmte zum Laufen bringen, Blinde sehend machen und Aussätzige körperrein in die Sonne zurücktragen konnte. Es ist wunderbar, so zu beginnen und darin nicht nachzulassen. Das ist allemal für jeden möglich, der es begreift. Das ist eine wunderbare Erfahrung. Und das ist es, wesentlich, was wirklich leben lässt.